본질과 내용의 회복을 간절히 필요로 하는 조국 교회에 「오늘을 위한 퓨리턴」 시리즈가 연속하여 출간된다는 소식을 들으니 너무나 감사하고 기쁘다. 전심으로 하나님을 사랑하고 그분의 말씀인 성경을 삶으로 살아내고 순종하려 했던 귀한 청교도들의 삶과 가르침은 오늘의 교회를 위한 귀한 길라잡이 역할을 할 것으로 믿어 의심치 않는다. 과거에 살았던 청교도들의 삶과 교훈은 다름 아닌 오늘 우리를 위한 것이므로 「오늘을 위한 퓨리턴」 시리즈를 적극적으로 추천하여 모두가 가까이하여 읽기를 기대한다.

화종부 남서울교회 담임목사

복 있는 사람 출판사의 「오늘을 위한 퓨리턴」 시리즈는 한국 기독교 신앙의 근본을 세우는 일이며, 그 기대에 실제로 부응하고 있다. 특히 존 오웬의 『교제』를 선택하여 번역, 출판하는 일이 그것에 대한 확실한 증거다. 「오늘을 위한 퓨리턴」 시리즈의 다른 책들인 토머스 왓슨의 『회개』와 『경건』 그리고 존 플라벨의 『슬픔』 등과 더불어, 오웬의 『교제』는 그리스도를 믿는 신앙에 관한 글이 아니라 신앙 자체를 보여준다. 도대체 믿음 생활이란 무엇이며, 과연 어떻게 하는 것일까? 이것은 신앙의 토대에 관한 질문이다. 이 책은 올바른 신앙 지식에 따라 성도의 가슴과 소망을 지배하며 나가는 특별한 신앙의 사실을 보여준다. 성부, 성자, 성령 하나님이 우리 죄인들을 위하여 행하신 일들과 그 일을 행하신 하나님 사랑의 특별함을 성경 말씀으로 보여준다. 그리고 그 사랑은 오웬의 신학과 신앙을 대표하는 특징적 표현인 "그리스도와의 연합"으로 요약된다. 이 책은 모든 성도에게 더없이 귀한 영적 길잡이다. 시간을 내어 거룩하며 복되신 삼위일체 하나님의 사랑을 갈망하는 마음으로 읽기 바란다. 성부 하나님께서 아주 가까이 계심을 깨닫게 될 것이며, 그리스도의 은혜가 새롭게 깊어질 것이며, 성령 하나님이 충만함으로 여러분의 영혼에 자리할 것이다.

김병훈 합동신학대학원대학교 조직신학 교수

존 오웬은 경건한 이들 가운데 황태자다.

찰스 스펄전

영국의 개혁파 가운데서 복음의 정통성을 수호한 최고의 수장(首長)이다.

존 스토트

오웬이 청교도 신학자 가운데서 가장 비중 있는 학자라는 사실은 누구나 동의하는 바다. 그리고 역사상 가장 위대한 개신교 신학자인 조나단 에드워즈에 버금가는 학자라고도 대다수가 말할 것이다.

제임스 패커

나는 존 오웬을 주신 하나님께 감사한다. 오웬은 하나님과 교제하려는 흔들리지 않는 열정을 가지고 있었다. 우리는 그의 능력 있는 펜과 하나님의 영광을 위한 그 열정에 빚진 자들이다.

존 파이퍼

나는 오웬의 글에 이루 헤아릴 수 없을 정도로 많은 빚을 지고 있다. 이 책은 지금까지 나로 하여금 계속해서 더 많은 "천사의 양식"으로 돌아가게 했던 최고의 책이다.

싱클레어 퍼거슨

교제

John Owen

Communion with God

교제

존 오웬 지음 · 김귀탁 옮김

오늘을 위한 퓨리탄 03

복 있는 사람

교제

2016년 11월 29일 초판 1쇄 발행
2019년 8월 5일 초판 2쇄 발행

지은이 존 오웬
옮긴이 김귀탁
펴낸이 박종현

도서출판 복 있는 사람
주소 서울특별시 마포구 연남동 246-21(성미산로23길 26-6)
전화 02-723-7183(편집), 7734(영업·마케팅) 팩스 02-723-7184
이메일 hismessage@naver.com
등록 1998년 1월 19일 제1-2280호

ISBN 978-89-6360-199-1 03230

이 도서의 국립중앙도서관 출판예정도서목록(CIP)은
서지정보유통지원시스템 홈페이지(http://seoji.nl.go.kr)와 국가자료공동목록시스템
(http://www.nl.go.kr/kolisnet)에서 이용하실 수 있습니다. (CIP 제어번호: 2016025784)

Communion with God
by John Owen

Copyright © 1991 by The Banner of Truth Trust
Originally published in English under the title *Communion with God*
by THE BANNER OF TRUTH TRUST, 3 Murrayfield Road, Edinburgh EH12 6EL, UK
P.O. Box 621, Carlisle, PA 17013, USA
All rights reserved.

This Korean translation edition © 2016 by The Blessed People Publishing Co.,
Seoul, Republic of Korea.
This Korean edition is published by arrangement of The Banner of Truth Trust
through rMaeng2, Seoul, Republic of Korea.

청교도라는 이름은 많은 이들에게 호감을 주지는 않는다. 청교
도 하면 숨 막힐 정도로 삶의 세부적인 부분까지 엄격한 윤리적
인 잣대로 규제하는 도덕적인 결벽주의자, 인생의 모든 즐거움
과 재미를 말살해 버리는 금욕주의자, 독선적이고 폭력적인 정
죄와 비판을 일삼는 바리새인의 이미지를 떠올리는 이들이 적
잖다. 이런 부정적인 선입관이 청교도의 진가를 발견하여 음미
하는 길을 원천적으로 봉쇄한다.

그렇다면 왜 지금도 청교도를 읽어야 할까? 그것은 그들 안에
시대를 초월하는 영성의 보화가 듬뿍 담겨 있기 때문이다. 특별
히 영적으로 어두운 시대에 더욱 영롱하게 빛날 보석들이 영적
인 방향감각을 상실한 이들의 좌표가 되며 그들의 발걸음을 밝
혀 주는 빛이 된다. 청교도 고전은 현재 우리의 영적인 상태가

어떤지, 우리가 서 있는 영적인 현주소가 어디인지를 보게 해준다. 그래서 비교의 대상이 없을 때 한없이 낮은 영적 수준에 안주했던 우리를 심히 불편하게 한다. 우리의 신앙이 얼마나 심각하게 성경적인 기준으로부터 하향 조정되었는지, 우리의 영성이 얼마나 얄팍하고 천박해졌는지, 그 뼈아픈 사실 앞에 무릎 꿇게 만든다. 본인도 젊은 날 리처드 백스터의 『참된 목자』*The Reformed Pastor*라는 책을 읽고 평생 지워지지 않은 강한 충격과 도전을 받았다. 그동안 당대의 어떤 책에서도 찾아볼 수 없었던 참된 목사의 선명한 기준을 처음으로 발견하였고, 그것이 지금까지 내가 추구해 온 목사상의 변함없는 척도가 되었다.

영적으로 암울한 시대의 비극은 우리를 선도해 줄 멘토, 우리에게 본이 될 만한 선생이 부재하다는 것이다. 만약 현시대에서 그런 영적 모본과 안내자를 찾을 수 없다면 과거에서 찾아야 한다. 우리는 동시대의 인물뿐 아니라 유구한 교회역사 속에 존재했던 수많은 영적 거장과 스승들과도 진리 안에서 시대를 초월한 성도의 교제를 누리는 특권을 소유하였다. 특별히 청교도들의 주옥같은 글은 우리를 지나간 시대의 위대한 영혼들과 교통하는 장으로 초대한다.

청교도운동은 16-17세기에 종교개혁의 정신과 원리를 가톨릭적 요소와 혼합하여 희석시키려는 엘리자베스 여왕의 중도주의에 대항하여 영국교회를 더 철저히 개혁하고 새롭게 하려던 운동이었다. 곧 종교개혁을 영국교회 안에 온전히 실현시켜 보려 했던 움직임이었다. 비록 청교도들 안에는 사상적인 다양성이 존재했지만 그들이 근본적으로 개혁주의 신학과 삶을 추구했다는 점에서는 일치한다고 볼 수 있다. 그들의 주된 관심은 교회개혁과 영적인 부흥 두 가지로 집약될 수 있다. 그들은 종교개혁이 단순히 이론과 교리로만이 아니라 교회의 제도와 직분과 실제 삶 속에서 구체적으로 실현되는 데 역점을 기울였다. 그래서 신학과 경건, 교리와 삶, 객관적인 진리와 주관적인 체험 사이의 긴밀한 연합을 추구하였다.

오늘날 한국교회가 안고 있는 근본 문제, 즉 신앙과 삶, 믿음과 행함, 교리와 체험 사이의 심각한 괴리를 극복하고 신앙의 균형을 회복하기 위해서 우리에게 그들의 가르침이 절실하게 필요하다. 청교도들은 바른 교리의 중요성을 강조했을 뿐 아니라, 그 교리에 부합한 경건과 영성에도 지대한 관심과 열심을 기울였다. 그들은 믿음으로 구원받은 것에 결코 안주하지 않고 하나님과의 더 깊고 풍성한 영적인 교통을 누리며 삶의 모든 영역에서 거룩하게 살려는 불타는 열정에 사로잡혔다. 그들에게 종교개혁의 칭의론은 성화의 중요성을 조금이라도 약화시키는 것이 아니라, 오히려 참된 경건과 거룩의 열정을 고취시키며 성화를 역동적으로 촉진하는 교리였다. 이런 청교도들의 신앙관은 오늘날 교회의 구원관이 얼마나 해괴하게 변질되었는지를 깨닫게 해준다. 한국교회에서는 종교개혁의 칭의론이 거룩함의 열매가 전혀 없어도 믿기만 하면 구원받는다는 식으로 곡해되었다. 그리하여 교인들의 나태와 방종을 조장하며 교회를 타락케 하는 교리로 남용되곤 한다. 이런 점에서도 한국교회가 청교도를 읽어야 할 이유가 분명해진다.

청교도 고전이 현대를 살아가는 영혼들에게 여전히 호소력이 있는 것은, 신학적인 깊이뿐 아니라 우리 모든 인생들이 공통적으로 겪는 실존적 고뇌와 아픔의 깊이를 고스란히 담아내는 메시지를 전달하기 때문일 것이다. 그들은 성경의 이상을 현실에 타협하지 않으면서도 이 땅의 엄연한 현실의 토양에 뿌리내린 영성을 전한다. 그들의 가르침은 편안한 신학의 상아탑에서 안일한 사색을 통해 나온 것이 아니라, 거친 세파에 부대끼며 모진 고난과 핍박과 유배의 상황에서 빚어진 작품이다. 청교도들이 자주 다룬 주제, "땅 위의 천국"Heaven on earth이 시사하듯, 그들의 메시지는 아골 골짜기 같은 고통스러운 이 땅의 현실 속에 임하는 하늘의 영광스러운 세계를 증거함으로써 고난받는 이들에게 큰 위로를 안겨 준다. 청교도들은 신자의 폐부를 찔러 죄악을 드러내는 날카로운 외과의인 동시에 상한 갈대를 꺾지 않는 주님의 온유한 마음으로 상처 입고 병든 심령과 영혼을 섬세하고 자상하게 위로하고 싸매어 주는 따뜻한 치유자이기도 하다.

청교도의 깊고 풍성한 영성의 샘에서 조나단 에드워즈, 조지 윗필드, 찰스 스펄전, 마틴 로이드 존스를 비롯한 수많은 설교자들과 성도들이 생수를 마시고 영혼의 만족을 얻었으며, 앞으로 그들의 저서를 읽는 독자들에게도 이런 영적인 해갈과 부흥이 계속될 것이다. "오늘을 위한 퓨리턴"The Puritans for Today 시리즈는 놀랍고 두려운 하나님의 임재 의식과 이에 수반되는 심오한 죄의식에서 나오는 깊은 회개로 우리를 인도할 것이다. 동시에 영광스러운 구주의 은혜와 사랑을 전적으로 의존하는 믿음과, 죄에서 우리를 자유케 하는 복음의 능력에 대한 확신을 갖게 할 것이다. 더불어 거룩한 삶에 대한 갈망과 추구, 하나님 나라에 대한 강렬한 열정의 불꽃을 우리 심령에 불러일으키는 영적 부흥의 촉매제가 될 것이다.

박영돈

고려신학대학원 교의학 교수

"오웬이 사용하는 '교제'라는 말은 오늘날 종교 분야에서 일반적으로 통용되는 의미보다 더 넓은 의미로 사용된다. 다시 말해, 은혜로운 성품을 지니신 하나님과 은혜로운 상태에 있는 한 영혼 사이에서 생기는 감정의 상호 교류를 단순히 가리키는 것이 아니라, 이 거룩한 상호 교류의 토대가 되는 은혜로운 관계를 말한다. 예컨대, 그리스도를 중심으로 생각해 보자면, 그분의 모든 역사와 그 결과는 대속으로부터 시작해 그 대속이 죄인의 실제적인 칭의에 영향을 끼치는 것으로 설명된다. 이와 관련한 오웬의 생각을 충분히 파악하기 위해서는 필수적으로 그가 사용하는 '교제'라는 말의 의미를 염두에 두어야 할 것이다."

W.H.굴드

『존 오웬 전집』(*Works of John Owen*: vol. 2, 1850) 서문에서

영국 청교도 시대의 두드러진 특징은 어디서 읽히든 아주 강력한 영향을 끼치는 작품들을 복음적인 저자들이 많이 썼다는 점이다. 이 저자들 가운데서 존 오웬만큼 아주 좋은 평판을 받는 사람도 없다. 그의 작품에는 성경적 통찰력과 신학이 영성과 실천적인 신앙과 더불어 조화를 이루며 어우러져 있기 때문이다. 오늘날 출판인들이 그를 얼마나 소중히 여기는지는 16권으로 된 그의 전집(1850-1853년 굴드판)이 1965년에 재출간된 이후에도 그 중요성 때문에 여전히 발행되고 있다는 사실을 보면 알 수 있다. 오웬의 모든 글이 수록된 이 전집이 계속해서 읽히는 것이 우리의 바람이며, 이번에 처음으로 제시하는 이 요약본이 전집을 대체했으면 하는 마음은 추호도 없다.

그동안 읽기 어렵다는 이유로 오웬을 비판한 자들은 일반적으로 오웬의 작품을 제대로 읽을 시간을 갖지 못한 사람들이었다. 그러나 오웬이 쓴 많은 양의 작품을 생각하면, 그의 작품을 제대로 읽어보려는 사람들마저도 동일한 이유로 그들이 바라는 것만큼 오웬과 친숙해질 수 없었다. 오웬의 책 가운데 어느 책이 최고의 작품인지 판단할 수 있을 정도로 그의 책을 읽을 수 있는 사람이 많이 없고, 우리 시대 사람들 가운데 그의 책을 모두 읽은 사람도 거의 드물다. 그 결과 오웬이 쓴 작품 가운데서 가장 중요하고 이 현실에 적합한 논문들이 오늘날 거의 알려지지 못하고 있다. 이 요약본을 낸 로R. J. K. Law 목사는 순전히 자신의 유익과 오웬의 글을 잊지 않으려는 마음으로 이 일을 시작했다. 오웬의 글을 요약하던 가운데 로 목사의 마음은 도망친 아람 군대 진영의 풍성한 재물들을 보고 "오늘은 아름다운 소식이 있는 날이거늘 우리가 침묵하고 있도다"라고 외친 나병 환자들의 마음과 점점 같아졌다.왕하7:9 그래서 로 목사는 자신이 발견한 것을 다른 사람들과 함께 나누어야 할 필요성을 느끼게 되었고, 그로 인해 그가 처음에 가졌던 단순한 생각은 변하게 되었다.

우리는 로 목사의 요약판이 지닌 특징과 장점을 검토하면서, 오웬의 제일 좋은 것을 더욱 많은 그리스도인의 손에 건네주어야겠다는 그의 열정을 공유하게 되었다.

로 목사는 상당히 많은 오웬의 작품을 본서와 비슷한 형태로 이미 요약해 두었다. 본서에 대한 독자들의 반응에 따라 다른 책들의 출판도 속히 이루어질 것으로 기대한다. 요약본 형태로 소개되는 존 오웬의 이 첫 작품은 이 청교도 지도자의 글을 처음으로 접하는 독자들에게 놀라운 출발점이 될 것이다. 또한, 오웬이 쓴 다수의 작품을 이미 갖고 있지만, 성경의 중요 주제들에 대한 오웬의 가르침에 더 빨리 다가가기를 바라는 독자들에게도 이 책은 큰 도움이 될 것이다.

※ 일러두기 이 책의 성경 인용은 『개역개정』을 따랐다.

chapter 01

성도들은 하나님과 교제한다

요한일서에서 사도 요한은 성도가 하나님과 함께하는 교제에 대한 전반적인 개요를 우리에게 제시한다. 사도 요한은 그리스도인들에게 신자는 "아버지와 그의 아들 예수 그리스도와 함께" 교제한다는 사실을 분명히 말한다. 그래서 요한은 자기 편지를 읽을 수신인들의 마음속에 이 교리를 각인하기 위해 "우리의 사귐은 아버지와 그의 아들 예수 그리스도와 더불어 누림이라"^{요일 1:3}고 말한다.

초대 교회 당시 그리스도인들은 가난하고 멸시받는 존재였다. 교회 지도자들은 세상의 오물처럼 취급되었다. 그러기에 그리스도인이 되어 그리스도인의 교제에 동참하고 그리스도인이 누리는 귀한 일들을 함께 누리라고 권면하는 것을 당시 사람들은 매우 어리석은 일로 보았다.

"우리가 그리스도인들과 교제하는 것이 무슨 유익이 되겠는가? 그리스도인들은 자기들의 환난을 함께 겪자고 우리를 초청한단 말인가? 그들은 우리가 박해와 모욕과 조롱 그리고 온갖 불행에 연루되기를 바라는 것이 아닌가?"

사도 요한은 사람들의 이런 반발을 염두에 두고 이 편지를 쓴다. 세상의 관점에서 보면 그리스도인들의 교제는 온갖 불리함을 안고 있지만, 사실은 매우 존귀하고 영광스럽고 바람직한 일이었으며, 이 교제에 참여한 자들도 머지않아 그것이 사실임을 알게 될 것이다. 바로 그런 이유로 요한은 "우리의 사귐은 아버지와 그의 아들 예수 그리스도와 더불어 누림이라"고 선언하는 것이다.

요한의 이 선언에서 우리는 성도가 하나님과 사귀는 존재 곧 교제하는 존재라는 것을 깨닫는다. 그리고 차차 알게 되겠지만, 이 교제는 거룩하고 영적인 사귐이다.

모든 인간은 죄로 인해 자연적 상태로는 하나님과 교제를 할 수 없다. 하나님은 빛이시고 우리는 어둠이다. 빛과 어둠이 어떻게 교제를 하겠는가? 하나님은 살아 계시고 우리는 죽었다. 하나님은 사랑이시고 우리는 증오다. 그러므로 하나님과 사람 사이에 어떻게 연합이 있을 수 있겠는가? 사람들이 자연적 상태에 있는 한 그리스도와 관계할 수 없다. 그래서 사람들은 세상에서 소망도 없고 하나님도 없는 상태에 있다.엡 2:12 사람들은 "그들 가운데 있는 무지함······으로 하나님의 생명에서 떠나" 있었다.엡 4:18 두 사람이 길을 갈 때도 서로 뜻이 맞지 않으면 계속 동행할 수 없다.^{암 3:3} 하나님과 인간 사이에 이런 엄청난 틈이 있다면, 어떤 사귐이나 교제를 하며 동행하는 것은 애당초 불가능하다. 우리가 처음에 하나님과 함께 누렸던 교제는 죄로 인해 상실되었고, 그 결과 이 교제를 회복할 가능성이 우리 안에는 조금도 남아 있지 않게 되었다.

따라서 하나님과 교제를 하려면 예수 그리스도에 대한 믿음 외에는 절대로 다른 방도가 없다. 구약시대 성도들도 이 믿음의 길을 통해 하나님과 교제를 했지만 담대함과 확신 가운데 교제하지는 못했다. 지성소로 들어가는 길이 아직 열리지 않았기 때문이다.^{히 9:8} 신약시대에는 지성소로 들어가는 이 길이 열렸다. 그래서 신자들은 담대함과 확신 가운데 하나님 앞에 나아갔다.^{엡 3:12,} ^{히 10:20, 엡 2:13-14, 18} 따라서 그리스도는 우리가 하나님과 함께하는 모든 교제의 근원이시고, 신자들은 성령으로 인해 지금도 담대한 믿음을 얻는다. 하나님이 우리를 얼마나 존귀하게 하셨는지 생각해 보라!

인간의 지혜로 생각해 보아도, 하나님과 인간 사이에는 무한한 틈이 있어서 절대로 교제할 수 없다는 결론에 이르게 된다. 하나님과 인간이 함께 교제하며 살아갈 길을 제공하는 지식은 그리스도 안에 감추어져 있다. 이 지식은 참으로 경이로워서 악하고 부패한 인간 본성으로는 절대 깨달을 수 없다. 사람의 지혜로 하나님 앞에 나아간다고 생각해 보자. 그러면 그저 두렵고 떨리는 마음만 생길 것이다. 그러나 우리는 그리스도 안에서 두려움 없이 하나님 앞에 나아가는 길을 알고 있다.

교제란 참여한 모든 자를 즐겁게 하는 좋은 것들을 함께 나누는 것이다. 다윗과 요나단의 교제가 바로 그랬다. 두 사람의 영혼은 사랑으로 굳게 결속되어 있었다.^{삼상 20:17} 서로에 대한 두 사람의 사랑은 다양한 방식으로 표현되었다. 그러나 이 두 사람의 사랑은 하나님과 하나님의 백성 사이에 이루어지는 사랑과 비교하면 아무것도 아니었다. 하나님과 하나님의 백성 간 사랑의 교제가 훨씬 더 경이롭다. 이 사랑의 교제를 누리는 자는 그리스도를 통해 하나님과 영광스럽게 연합되어 있고, 이 교제의 영광스럽고 탁월한 온갖 열매들을 함께 누린다.

우리가 하나님과 함께하는 교제는 하나님이 자기 자신을 우리에게 드러내 보여주시고 우리는 하나님이 우리에게 요구하시는 모든 것과 우리 자신을 하나님께 드리는 것으로 이루어진다. 또한 이 교제는 그리스도 예수 안에 있는 연합에서 나온다.

하나님과 함께하는 이 교제는 우리가 그리스도의 영광을 충분히 누리게 될 때 완전하고 온전하게 될 것이다. 그때 우리는 그리스도를 온전히 의지하게 되고, 그리스도 안에서 우리의 모든 소원을 온전히 이루며 안식할 것이다.

그러나 지금 하나님과 나누는 이 교제는 부분적일 뿐이다. 왜냐하면 현재 우리는 미래에 완성될 것의 첫 열매와 첫 징조를 누리는 초기 상태에 있기 때문이다. 그래서 나는 이 초기 교제에 대해 말하고 싶고, 이 교제는 성도들이 거룩하고 영적인 화평 속에서 하나님과 동행할 때 하나님과 주고받는 상호 사귐이라는 것을 설명할 작정이다. 이 화평의 언약은 예수의 피로 체결되었다. 그러나 먼저 기도할 것이 있는데, 그것은 자신의 풍성하신 은혜로 우리를 증오의 상태에서 자신과 교제하고 사귀는 상태로 회복시키신 우리 주 예수 그리스도의 아버지이신 하나님께서 여러분에게 이 교제의 향기롭고 달콤함을 맛보게 하심으로써, 여러분이 영원한 영광 속에서 하나님을 영원히 누리기를 더욱 간절히 사모했으면 하는 마음 간절하다.

chapter 02

삼위 하나님의 각기 구별된 인격과 함께하는 교제

사도 요한은 우리에게 이렇게 말한다. "하늘에서 증언하는 이가 셋이니 성부와 말씀과 성령이라." 요일 5:7-8, NKJV, "증언하는 이가 셋이니 성령과 물과 피라", 개역개정 그러면 삼위 하나님은 무엇을 증언하실까? 삼위 하나님은 그리스도의 아들 되심과 그리스도의 피로 이루어진 신자들의 구원에 대하여 증언하신다. 요한은 여기서 각각 칭의와 성화를 상징하는 피와 물로 이루어지는 구원에 대해 말하고 있다. 그러면 삼위 하나님은 이 구원을 어떻게 증언하시는가? 각기 구별되어 독자적인 증인으로서 증언하신다. 하나님이 우리의 구원을 증언하실 때 우리는 이 증언을 마땅히 받아들여야 할 의무가 있다. 성부가 증언하시고, 성자가 증언하시며, 또한 성령이 증언하신다. 왜냐하면 삼위 하나님은 구별된 세 증인이시기 때문이다. 따라서 우리도 삼위 하나님의 구별된 증언을 받아들여야 하고, 그렇게 할 때 우리는 삼위 하나님과 개별적으로 교제하게 된다. 왜냐하면 이 증언을 주고받는 것이 우리가 하나님과 함께 하는 교제에서 큰 부분을 차지하기 때문이다.

사도 바울은 성도들에게 주어진 은사와 은혜에 대해 말하면서, 이 은사와 은혜가 삼위 하나님 각각의 인격에서 나온다는 것을 보여준다. 고린도전서 12:4에서 바울은 "은사는 여러 가지나 영은 같고"NKJV, "성령은 같고", 개역개정라고 말하는데, 여기서 영은 성령을 가리킨다. 5절에서는 이렇게 말한다. "직분은 여러 가지나 주는 같으며." 여기서 주는 주 예수님을 가리킨다. 이어서 6절에서는 이렇게 말한다. "또 사역은 여러 가지나 모든 것을 모든 사람 가운데서 이루시는 하나님은 같으니." 여기서 하나님은 성부 하나님을 가리킨다.엡4:6

은혜가 하나님에게서 나와 성령의 역사를 통해 우리에게 주어질 때뿐만 아니라, 우리가 하나님께 나아가는 방법에서도 이와 동일한 구별이 이루어진다. 바울은 이렇게 말한다. "이는 그[그리스도]로 말미암아 우리 둘이 한 성령 안에서 아버지께 나아감을 얻게 하려 하심이라."엡2:18 우리가 하나님과 교제하기 위해 하나님께 나아가는 방법은 "그리스도로 말미암아" "성령 안에서" 그리고 "아버지께" 나아가는 것이다. 여기서 삼위 하나님의 각 인격은 복음 속에 계시된 하나님의 뜻을 이루기 위하여 각기 구별되어 독자적으로 활동하시는 것으로 간주된다.

때로는 성부 하나님과 성자 하나님이 특별히 언급된다. "우리의 사귐은 아버지와 그의 아들 예수 그리스도와 더불어 누림이라."요일1:3 "아버지와 그의 아들 예수 그리스도"에서 "-와"는 구별과 연합을 동시에 함축하고 있다. 성부 하나님과 성자 하나님께서 어떤 한 사람과 교제하실 때, 그분은 그 사람에게 가서 거처를 그와 함께 하신다.요14:23

때로는 성자 하나님만 언급된다.고전 1:9, 계 3:20

또 때로는 이 교제를 언급할 때 성령 하나님만 제시되기도 한다.고후 13:13

따라서 성도들이 성부, 성자, 성령 하나님과 갖는 이 영적이며 거룩한 교제는 성경에 아주 분명히 나타나 있다.

믿음, 사랑, 신뢰, 기쁨 그리고 다른 모든 영적 은혜는 한 영혼이 하나님과 교제하는 것을 돕는 수단들이다. 그 영혼은 이 은혜들을 하나님이 예배를 위해 정해 두신 기도와 찬양을 통해 얻는다. 성경은 이 은혜들을 통해 성도가 삼위 하나님과 구별되게 교제한다는 것을 분명히 보여준다.

성부 하나님과 함께하는 교제

성부 하나님이 성도들에게 보여주신 사랑에 대한 성도들의 반응은 믿음과 사랑과 신뢰와 기쁨과 순종이다. 성부 하나님은 자기 아들에 대하여 증거하고 증언하신다.요일 5:9 성부 하나님의 증언은 마땅히 우리의 믿음과 신뢰의 대상이 되어야 한다. 그리고 성부 하나님이 자기 아들에 대해 말씀하신 그 증언을 우리는 믿음으로 받아들여야 한다. "하나님의 아들을 믿는 자는 자기 안에 증거가 있고."요일 5:10 여기서 하나님의 아들을 믿는 것은 주 그리스도를 하나님의 아들 곧 우리를 향한 아버지의 사랑이 그 목적을 이루기 위해 하나님이 우리에게 주신 아들로 받아들이는 것이다. 그리고 우리는 성부 하나님의 신실하신 증언에 따라 주 그리스도를 우리에게 주어진 하나님의 아들로 받아들인다. 따라서 우리가 성부 하나님의 증언을 받아들일 때, 우리는 특별히 성부 하나님을 믿게 된다. 그래서 요한은 아들에 대하여 증언하시는 아버지 곧 "하나님을 믿지 아니하는 자는 하나님을 거짓말하는 자로 만드는"요일 5:10 것이라고 말하는 것이다. 우리 구주는 "너희는 하나님을 믿으니"라고 말씀하신다.요 14:1 예수님이 바로 이어서 "또 나를 믿으라"고 말씀하시는 것으로 보아 여기서 하나님은 성부를 가리킨다. 하나님은 모든 권위가 자신의 권세를 기초로 하고 있고, 궁극적으로 모든 신적 믿음이 자신의 권세에 의존하는 제일 진리가 되신다. 이런 의미에서 하나님은 어느 한 인격으로 간주하지 않고, 성부, 성자, 성령을 포괄하는 신격 전체로 간주해야 한다. 따라서 삼위 하나님 전체가 우리 신앙의 주된 대상이시다. 그러나 요한복음 14:1이 우리에게 말하는 것은 성부의 증거와 권위이고, 이에 따라 우리 믿음의 대상도 특별히 성부 하나님께 고정된다는 사실이다. 우리의 믿음이 성부 하나님을 향한 것이 아니었다면, 성자 하나님도 "또 나를 믿으라"고 덧붙여 말할 수 없었을 것이다.

사랑에 대해서도 똑같이 말할 수 있다. 요한은 이렇게 말한다. "누구든지 세상을 사랑하면 아버지의 사랑이 그 안에 있지 아니하니."요일 2:15 여기서 아버지의 사랑은 우리가 아버지에게서 받은 사랑이 아니라, 우리가 아버지에 대하여 가진 사랑을 말한다. 이 경우에 성부 하나님은 우리의 사랑의 원인이 아니라, 우리의 사랑의 대상으로 제시된다. 그리고 하나님을 아버지로 사랑하는 이 사랑은 하나님이 "나를 공경함"이라고 부르는 바로 그 사랑이다.^{말1:6}

다시 말해 이 은혜들은 우리가 특별히 성부 하나님께 돌리는 기도와 찬양과 예배에서 확인된다. 베드로는 "너희가 아버지라 부른즉"^{벧전1:17}이라고 말한다. 바울은 "이러므로 내가 하늘과 땅에 있는 각 족속에게 이름을 주신 아버지 앞에 무릎을 꿇고 비노니"^{엡3:14-15}라고 말한다. 무릎을 꿇는 것은 하나님에 대한 온전한 예배라는 의미를 함축하고 있다.^{사45:23} 이어지는 말씀인 이사야 45:24-25을 보면, 이 예배가 하나님을 우리의 공의와 힘으로 인정하는 것에 있음을 보여준다. 바울에 따르면, 무릎을 꿇는 것으로 묘사된 이 예배는 특별히 그리스도 안에서 우리에게 주어지는 모든 좋은 것의 원천이자 근원이 되시는 우리 주 예수 그리스도의 아버지에게 드려진다. 다른 곳에서 바울은 기도하고 감사할 때 아버지와 아들을 함께 언급할 뿐만 아니라 동시에 구별한다.^{살전3:11, 엡1:3-4}

성자 하나님과 함께하는 교제

예수님은 "하나님을 믿으니 또 나를 믿으라"고 말씀하셨다.^{요14:1} 여기서 "나를 믿으라"는 말은, 하나님께 합당한 초자연적인 믿음으로 하나님 곧 성부 하나님을 믿는 것과 동일하게, 그리스도를 성자 하나님으로 인격적으로 믿으라는 것을 의미한다. 말하자면 사람들은 그리스도를 세상의 구주이신 하나님의 아들로 반드시 믿어야 한다는 것이다. 예수님은 바리새인들이 이 사실을 믿지 않는 것에 대해 경고하셨다.요 8:24 이런 의미에서 볼 때 믿음은 오직 아들만을 그 직접적인 대상으로 하는 것이 아니다. 왜냐하면, 이 "믿음"은—오직 성부 하나님이 예수님에 대하여 증언하신 것에 따라—예수님이 그리스도 곧 하나님의 아들이라는 '진리'를 인정하는 것이기 때문이다. 그러나 직접 예수님 "을" 믿는 믿음도 있는데, 그것은 "하나님의 아들의 '이름'을 믿는" 것으로 불린다.요일 5:13, 요 9:36 이 "믿음"은 하나님의 아들이신 주 예수 그리스도를 우리가 신뢰하고 확신하는 것이다.요 3:16 우리는 성부 하나님이 주신 아들을 우리에게 영생을 주신 분, 멸망에서 우리를 지켜 주실 분으로 믿고 신뢰해야 한다. "그를 믿는 자는 심판을 받지 아니하는 것이요."요 3:18 "아들을 믿는 자에게는 영생이 있고."요 3:36 "하나님께서 보내신 이를 믿는 것이 하나님의 일이니라."요 6:29, 40, 요일 5:10 이상의 말씀들을 요약하면 다음과 같다. "모든 사람은 성부 하나님을 영화롭게 하는 것처럼, 성자 하나님도 영화롭게 해야 한다. 성자 하나님을 영화롭게 하지 않는 자는 성자를 보내신 성부 하나님을 영화롭게 하지 않는 것이다."

주 예수 그리스도를 사랑하는 것은 그리스도를 하나님으로 사랑한다는 것이기에, 그리스도에 대한 사랑도 당연히 예배에 포함되어야 한다. 오직 그리스도에 대한 사랑이 있는 곳에서만,

바울이 "우리 주 예수 그리스도를 변함없이 사랑하는 모든 자에게 은혜가 있을지어다"^{엡 6:24}라고 선포한 복이 주어진다.

성도들은 순종과 예배로 표현되는 믿음과 소망과 사랑을 하나님의 아들에게도 특별히 드려야 한다. 우리는 요한계시록에서 그렇게 하는 것을 쉽게 확인할 수 있다.^{계 1:5-6, 5:8, 13-14} 성부 하나님과 성자 하나님 곧 보좌에 앉으신 분과 어린양이 함께, 그렇지만 구별되어 신적 예배와 공경을 영원토록 받으신다. 그러므로 스데반은 죽음을 앞두고 엄숙하게 기도할 때, 자신의 믿음과 소망을 특별히 성자 하나님께 두었다.^{행 7:59-60} 스데반은 인자^{人子}도 죄 사함의 권세를 갖고 계신다고 알고 있었다. 그래서 사도 바울은 주 예수님에 대한 이런 경배를 성도들의 대표적인 특징으로 제시한다.^{고전 1:2} "하나님의 이름을 부르는 것"은 일반적으로 하나님을 온전히 예배하는 것을 의미한다. 따라서 예수 그리스도의 이름을 부르는 것 또한 그리스도를 온전히 예배하는 것이며, 이것은 그리스도가 하나님 곧 하나님의 아들이시므로 마땅히 받으셔야 할 예배다.

성령 하나님과 함께하는 교제

모든 예배는 성령 하나님께도 마땅히 드려야 한다. 왜냐하면 성령도 하나님이실 뿐만 아니라 은혜의 영이시기 때문이다. 성령을 반대하거나 거역하는 것은 여전히 큰 불신앙의 죄로 간주된다. 따라서 우리가 성령의 이름으로 세례를 주라는 명령에서 보는 것처럼,^{마 28:19} 성령도 모든 공적 예배를 받으시기에 합당하신 하나님이다.

그러므로 하나님께 바쳐지는 어떤 감사 행위나 하나님께 드려지는 어떤 영적인 예배 행위나 하나님에 대한 어떤 의무나 순종 행위 등 그 어떤 것도 성부와 성자와 성령 하나님께 구별되어 드려지지 않는 경우가 없다는 것을 우리는 알게 된다. 감사, 예배, 순종 등의 이런 방식들과 이와 비슷한 다른 방식들을 통해 우리는 하나님과 사귐 곧 교제를 한다. 그러므로 우리는 삼위 하나님의 각 인격과 구별되게 교제를 한다.

성도들은 하나님과 교제하면서 많은 유익을 얻는다. 이때 하나님이 행하시는 모습을 생각해 본다면, 삼위 하나님이 구별되게 우리와 교제하신다는 사실을 좀 더 분명히 알게 될 것이다. 이 사실은 아래의 두 측면에서 보인다.

(1) 은혜 및 평안과 같은 것들은 연합되지만, 동시에 구별되는 방식으로 삼위 하나님께 각각 돌려진다. 보좌 앞에 있는 일곱 영은 하나님의 거룩하신 영으로, 모든 은사와 섭리의 근원으로 여겨진다.제 1:4-5 여기서 삼위 하나님의 세 인격이 하나로 연합되어 있으나 성도들에게 은혜와 평안을 베푸시는 것과 관련해서는 세 인격이 구별하여 언급된다.

(2) 동일한 것이 삼위 하나님께 각각 구별되게 돌려진다. 인간사를 주관하시는 하나님의 명령이 없다면, 위로부터 임하는 은혜로운 감화도 없고, 빛, 생명, 사랑, 은혜 등이 우리 마음에 들어올 수도 없다. 이것은 분명한 사실이다. 한 가지만 예를 들어보자. 그런데 이 예는 아주 포괄적이어서 다른 모든 경우에도 해당

될 수 있는데, 그것은 바로 '가르치심'이다. 하나님의 가르치심은 하나님이 성도들에게 주시는 모든 것을 실제로 전달하는 것을 의미하고, 이때 성도들은 그 모든 것에 참여하는 자가 된다. "그들이 다 하나님의 가르치심을 받으리라"요 6:45는 약속의 본뜻은 하나님께서 가르쳐 주시는 것을 우리가 실제로 소유할 때까지는 우리에게 은혜로운 전적인 신비로 남아 있다. 그런데 이 가르치심은 삼위 하나님께 각기 구별되게 속해 있다.

이 가르치심은 성부 하나님께 해당된다

"그들이 다 하나님의 가르치심을 받으리라"는 약속을 이루시는 것은 특별히 성부 하나님의 일로 여겨진다. 예수님은 이렇게 말씀하셨다. "선지자의 글에 그들이 다 하나님의 가르치심을 받으리라 기록되었은즉 아버지께 듣고 배운 사람마다 내게로 오느니라."요 6:45 우리는 이 가르치심에 따라 그리스도에 대한 믿음을 통해 그리스도의 생명과 사랑에 참여하기 위하여 사망에서 생명으로 나아가는데, 이 가르치심은 특별히 성부 하나님께 속해 있고 성부 하나님에게서 나온다. 그러므로 우리는 성부 하나님께 귀 기울여 들어야 한다. 우리는 성부 하나님으로부터 배워야 한다. 우리는 성부 하나님으로 인해 주 예수님과 연합하고 교제를 한다. 성부 하나님이 우리를 그리스도께로 이끄신다. 성부 하나님이 자신의 영으로 자기 뜻에 따라 우리를 새롭게 낳으신다. 이 일을 행하실 때, 성부 하나님은 복음 사역자들을 사용하신다.행 26:17-18

이 가르치심은 성자 하나님께 해당된다

성부 하나님은 하늘에서 자기 아들이 위대한 선생이 될 것이라
고 선언하신다. "이는 내 사랑하는 아들이요……너희는 그의 말
을 들으라."마17:5 그리스도의 선지자적 직무 전체와 왕으로서 행
하는 직무의 많은 부분이 "가르치심"에 해당한다. 성부 하나님
이 자신의 가르치심을 통해 사람들을 자기에게 이끄시듯이, 그
리스도도 이 가르치심을 통해 그렇게 하신다.요12:32 그리스도는
"죽은 자가 그의 음성을 듣고 살아날" 정도로 크신 능력으로 이
가르치심을 행하신다. 성자 하나님의 가르치심은 생명을 주고
성령을 불어넣으시는 가르치심이다. 그리스도는 강력한 빛과 같
은 이 가르치심을 통해 어둠을 밝게 비추신다. 그리스도는 생명
을 주시고 죽은 자를 살리신다. 그리스도는 눈먼 자의 눈을 여시
고 완악한 자의 마음을 변화시키신다. 그리고 성령을 부어 주셔
서 온갖 일들이 일어나게 하신다. 따라서 그리스도는 유일한 지
도자인 자신의 권한을 주장하신다.마23:10

이 가르치심은 성령 하나님께 해당된다

성령 하나님 역시 가르치는 직분을 갖고 계신다.요14:26, 요일 2:27 참
될 뿐만 아니라 진리 자체인 이 가르치심의 기름부음은 곧 하나
님의 거룩한 영이시다. 따라서 성령도 가르치신다. 성령이 우리
에게 주어진 것은 "우리로 하여금 하나님께서 우리에게 은혜로
주신 것들을 알게 하려" 하심이다.고전2:12

또한 성령의 가르치심은 지금 우리가 설명하고 있는 진리를

더 깊이 깨닫게 한다. 이처럼 삼위 하나님의 구별된 역사를 통해 우리에게 은혜가 주어진다. 그러므로 성도들은 삼위 하나님의 구별된 인격과 각각 교제해야 한다.

그러나 여기서도 삼위 하나님 간에 구별이 있다. 성부 하나님은 자신이 모든 권위의 기원이 되시는 것을 기초로 우리와 교제하신다. 성자 하나님은 자신이 값 주고 사신 보화를 가지고서 우리와 교제하신다. 성령 하나님은 우리 안에서 직접적이며 인격적인 역사를 행하심으로 우리와 교제하신다.

성부 하나님은 권위를 지닌 자신의 뜻으로 온갖 은혜를 우리에게 베푸신다 요 5:21, 약 1:18

생명을 주시는 능력은 성부 하나님이 갖고 계신다. 그러므로 성부 하나님이 우리에게 생명을 주시려고 성령을 보내실 때, 그리스도는 아버지께서 그 일을 하신다고 말씀하신다. 요 14:26, 15:26 그러나 그리스도 역시 성령을 보내시는 분이다. 요 16:7

성자 하나님은 자신이 값 주고 사신 보화로 우리와 교제하신다

"우리가 다 그의 충만한 데서 받으니." 요 1:16 그러면 그리스도는 이 충만을 어디서 얻으셨는가? "아버지께서는 모든 충만으로 예수 안에 거하게 하시고." 골 1:19 바울은 이 충만이 그리스도께 주어진 이유를 우리에게 말해 준다. 빌 2:8-11 그리스도는 또한 자신의 충만을 우리에게 전달할 권세를 갖고 계신다. 요 5:25-27, 마 28:18

성령 하나님은 자신의 능력으로 우리 안에서 직접 역사하심으로 우리와 교제하신다

"예수를 죽은 자 가운데서 살리신 이의 영이 너희 안에 거하시면, 그리스도 예수를 죽은 자 가운데서 살리신 이가 너희 안에 거하시는 그의 영으로 말미암아 너희 죽을 몸도 살리시리라."롬 8:11

이 본문에서 우리는 하나님의 세 인격이 합력하여 우리를 사망에서 생명으로 일으키신 것을 볼 수 있다. 여기서 우리는 예수님을 죽은 자 가운데서 살리시고 우리의 죽을 몸에 생명을 주시는 성부 하나님의 권위를 볼 수 있다. 또한 성자 하나님의 중보 사역을 볼 수 있다. 그리스도의 죽음으로 인해 우리의 몸은 죽음에서 살아날 것이다. 마지막으로, 성령 하나님의 직접적인 역사를 볼 수 있다. 성령 하나님께서 우리 안에 거하심으로, 성부 하나님은 우리의 죽을 몸에 생명을 주실 것이다.

이렇게 해서 우리는 성도들이 삼위 하나님의 각기 구별된 인격과 교제한다는 사실을 증명하고 예증했다.

chapter 03

성부 하나님과 함께하는 교제

성부 하나님이 성도들과 교제하는 주된 방식은 사랑 곧 자격 없는 자들에게 값없이 주시는 영원한 사랑이다. 성부 하나님은 이 사랑을 성도들에게 부어 주신다. 성도들은 하나님을 자기들에게 사랑을 풍성하게 베푸시는 분으로 보아야 한다. 하나님을 자기들을 사랑하시는 분으로 받아들이고, 하나님의 사랑을 충분히 찬양하고 감사해야 한다. 그리고 하나님을 기쁘시게 하는 삶을 살아감으로 하나님의 사랑에 대한 감사를 드러내 보여야 한다.

　이것이 복음의 위대한 진리다. 대체로 삼위 하나님 가운데 첫번째 인격이신 성부 하나님은 유독 죄에 대해서만 화와 분노가 가득하신 분으로 여겨진다. 죄인들은 하나님에 대하여 이런 생각외에 다른 생각을 가질 수 없을 것이다.롬 1:18, 사 33:13-14, 합 1:13, 시 5:4-6, 엡 2:3 그러나 지금 하나님은 복음 안에서 자신을 특별한 사랑으로,

다시 말해 우리에 대한 사랑이 충만하신 분으로 계시된다. 이 중대한 진리를 깨닫도록 우리를 이끄는 것이 바로 복음의 특별한 사역이다.딛3:4

하나님은 사랑이시다

요한일서 4:8에서 "하나님"은 성부 하나님을 가리킨다. 이것은 이어지는 구절로 보아 분명하다. 거기서 하나님은 자신이 세상에 보내신 독생자와 구별된 분으로 나타난다. 요한은 이렇게 말한다. "따라서 아버지는 사랑이시다. 아버지는 본성이 무한히 은혜롭고 자비롭고 긍휼이 풍성하고 사랑이 많으시다. 그뿐만 아니라 아버지는 특별한 사랑이신 분으로, 값없이 자기 자신을 우리에게 주신다." 그래서 요한은 요한일서의 이어지는 구절에서 이 사실을 다음과 같이 선언한다. "하나님[아버지]의 사랑이 우리에게 이렇게 나타난 바 되었으니 하나님이[아버지께서] 자기의 독생자를 세상에 보내심은 그로 말미암아 우리를 살리려 하심이라."9절 "하나님이[아버지께서] 우리를 사랑하사 우리 죄를 속하기 위하여 화목 제물로 그 아들을 보내셨음이라."10절 여기서 특별히 주목해야 할 사실은 우리를 향하신 하나님의 사랑이 그리스도께서 우리를 위하여 값을 치르기 전에 이미 있었다는 것이다.엡1:4-6

사랑은 특별히 성부 하나님의 것이다

고린도후서 13:13을 보면, 바울은 은혜는 주 예수 그리스도께

속해 있고, 교통[곧 교제]은 성령께 속해 있지만, 사랑은 성부 하나님께 속한 것으로 제시된다. 성령의 교통하심이 그리스도의 은혜 및 성부 하나님의 사랑과 함께 언급되는 이유는 우리가 오직 성령을 통해서만 은혜 안에서 그리스도와 교제하고, 사랑 안에서 성부 하나님과 교제하기 때문이다.

성부 하나님이 친히 우리를 사랑하신다

요한복음 16:26-27을 보면, 예수님이 다음과 같이 말씀하신다. "내가 너희를 위하여 아버지께 구하겠다 하는 말이 아니니 이는 너희가 나를 사랑하고 또 내가 하나님께로부터 온 줄 믿었으므로 아버지께서 친히 너희를 사랑하심이라."

하지만 이 말씀은 모순이 아닌가? 예수님은 "내가 아버지께 구하겠으니"요 14:16라고 말씀하시지 않았는가?

예수님은 제자들에게 은혜의 말씀을 많이 해주셨다. 제자들을 위로하는 신실한 약속의 말씀을 많이 해주셨으며, 하늘의 진리들을 그들에게 계시하셨다. 따라서 제자들은 예수님이 자기들을 정말 사랑하신다는 것과 자기들을 계속 보살펴 주실 것을 굳게 확신했다. 제자들은 예수님이 하늘로 올라가신 후에도 자기들을 잊지 아니하실 것으로 알았다. 그러나 지금 제자들의 모든 생각은 온통 성부 하나님께 집중되었다. 성부 하나님은 제자들을 어떻게 받아 주실까? 성부 하나님은 제자들을 어떻게 대하실까?

예수님은 사실상 다음과 같이 말씀하신 것이다. "그건 걱정하지 마라. 나는 아버지께 너희를 사랑해 달라고 기도할 필요가 없다. 아버지께서는 너희를 특별히 사랑하신다. 이것이 그분이 너희를 대하는 방식이다. 아버지는 친히 너희를 사랑하신다. 나는 사실 아버지께 보혜사 성령을 너희에게 보내 달라고 확실히 기도할 것이다. 그러나 값없이 베푸시는 아버지의 영원한 사랑에 대해서는 굳이 기도할 필요가 없다. 그것은 무엇보다 먼저 아버지께서 너희를 사랑하시기 때문이다. 그러므로 너희는 아버지께서 너희를 사랑하신다는 것을 마음속으로 굳게 확신하여라. 아버지의 사랑을 믿고 아버지와 교제하여라. 너희를 향하신 아버지의 사랑을 우려하거나 조금도 의심하지 말아라. 너희가 행하는 일 가운데서, 아버지를 가장 슬프게 하고 그분에게 부담을 지우고, 그분을 아주 매정하게 대하는 것은 그분께서 너희를 사랑한다는 사실을 믿지 않는 것이다.

성령은 하나님의 사랑을 우리 마음에 비추어 주신다

로마서 5:5을 보면, 바울은 이렇게 말한다. "우리에게 주신 성령으로 말미암아 하나님의 사랑이 우리 마음에 부은 바 됨이니." 이 사랑의 주도자인 하나님[곧 성부 하나님]은 이 사랑을 우리에게 부어 주시는 성령과 분명히 구별된 인격이시다. 로마서 5:8에서도 하나님은 분명히 아들과 구별된 인격이라고 말씀하신다. 왜냐하면, 아들이 보내심을 받은 것은 하나님의 사랑에서 비롯된 일이기 때문이다. 그래서 바울은 여기서 성부 하나님에 대하여 말하고 있다. 그러면 바울이 특별히 성부 하나님께 돌리는 것은 무엇인가? 그것은 곧 사랑이다. 바울이 우리를 향한 하나님의 사랑을 이처럼 놀라운 방식으로 선포하는 것은 우리가 하나님의 사랑을 깨닫고 믿고 받아들이도록 하기 위함이다. 바울도 이 진리가 우리 마음속에 새겨지도록 성부 하나님을 "사랑의 하나님"으로 부른다.^{고후 13:11} 요한은 하나님은 사랑이시라고 말하면서, 하나님은 사랑이시므로 하나님을 알기 원하거나 하나님과 교제하기를 바라는 자는 누구나 사랑이신 그분 안에 거해야 한다고 말한다.^{요일 4:8, 16}

하나님께는 두 부류의 사랑이 있다

하나님께는 자신의 선하신 뜻을 따라 정하사 선을 행하는 사랑이 있고, 친교와 용납을 베푸시는 사랑이 있다.

하나님이 독생자를 보내신 이유는 자신의 선하신 뜻을 따라 정하사 선을 행하는 사랑 때문이었다.^{요 3:16, 롬 9:11-12, 엡 1:4-5, 살후 2:13-14, 요일 4:8-9}

또 하나님의 사랑에는 친교와 용납의 사랑도 있다. 그리스도는 이렇게 말씀하신다. "사람이 나를 사랑하면 내 말을 지키리니 내 아버지께서 그를 사랑하실 것이요 우리가 그에게 가서 거처를 그와 함께 하리라."^{요 14:23}

친교와 용납의 이 사랑은 특별히 성부 하나님의 사랑이다. 그리스도는 "우리가 그에게 가서 거처를 그와 함께 하리라"고 말씀하는데, 여기서 "우리"는 성부 하나님과 성자 하나님을 가리키고, 이 일은 성령 하나님을 통하여 이루어진다. 그러나 이 말씀에서 그리스도께서 우리에게 강조하는 사실은 사랑하는 일에서는 성부 하나님이 특별한 권리와 권한을 갖는다는 것이다. "내 아버지께서 그를 사랑하실 것이요."

이 사랑은 특별히 성부 하나님 안에 있는 것으로 여겨진다

따라서 성부 하나님의 이 사랑은 하나님이 우리에게 베푸시는 모든 다른 은혜 행위의 원천 또는 근원으로 간주된다.

그리스도인들은 하나님이 과연 자기를 사랑하시는지를 몰라 종종 전전긍긍한다. 그들은 그리스도께서 자기들에 대하여 사랑과 선하신 뜻을 갖고 계시는 것을 굳게 확신하지만, 성부 하나님이 자기들을 용납하고 사랑하시는지에 대해서는 의심한다. 빌립은 "주여, 아버지를 우리에게 보여 주옵소서. 그리하면 족하겠나이다"요 14:8라고 말했다. 그렇지만 우리는 이런 생각을 절대 해서는 안 된다. 성부 하나님의 사랑은 다른 온갖 사랑이 흘러나오는 원천으로 생각해야 하기 때문이다. 바울은 디도에게 이렇게 말했다. "우리 구주 하나님의 자비와 사람 사랑하심이 나타날 때에."딛 3:4 여기서 바울은 성부 하나님의 사랑에 대하여 말하는 것인데, 그것은 바울이 계속해서 "오직 그[아버지]의 긍휼하심을 따라 중생의 씻음과 성령의 새롭게 하심으로 하셨나니 우리 구주 예수 그리스도로 말미암아 우리에게 그 성령을 풍성히 부어 주사"라고 말하기 때문이다.5-6절 바울은 우리를 현재와 같은 성도의 지위로 이끈 것이 바로 이 성부 하나님의 사랑이라고 말하고 있다. 그것은 바울이 우리에게 다음과 같은 사실을 상기시키고 있는 것으로 보아 분명하다. "우리도 전에는 어리석은 자요, 순종하지 아니한 자요, 속은 자요, 여러 가지 정욕과 행락에 종 노릇 한 자요, 악독과 투기를 일삼은 자요, 가증스러운 자요, 피차 미워한 자였으나."[3절] 그렇다면 우리 안에 이토록 큰 변화를 일으킨 것은 과연 무엇인가? 그것은 바로 "우리 구주 하나님의 자비와 사랑"이었다.[4절] 그러면 이 하나님의 자비와 사랑은 어떻게 나타났는가? 당연히 하나님의 긍휼하신 구원 곧 우리 구주 예수 그리스도로 인해 우리에게 풍성히 부어 주신 성령의 중생의 씻음과 새롭게 하심으로 나타났다.

성부 하나님은 우리를 향하신 자신의 사랑을 확신시키기 위하여 자신을 아버지, 어머니, 목자, 새끼를 보호하는 암탉 등으로 비유하신다.[시 103:13, 사 63:16, 마 6:6, 사 66:13, 시 23:1, 사 40:11, 마 23:37] 이제는 증거는 더 필요치 않다. 따라서 우리는 성부 하나님의 인격 속에는 성도들에 대한 각별한 사랑이 있고, 그 사랑으로 인해 성부 하나님은 성도들과 교제하신다고 분명히 말할 수 있다.

우리가 성부 하나님과 사랑으로 교제하려면 두 가지가 요구된다. 첫째는 성부 하나님의 사랑을 마땅히 받아들이는 것이고, 둘째는 성부 하나님에 대하여 마땅히 감사하고 그분을 사랑하는 것이다.

신자들은 성부 하나님의 사랑을 받아들여야 한다

교제 곧 사귐은 서로 주고받는 것이 핵심이다. 성부 하나님의 사랑을 받아들이지 않는 한, 우리는 그분과 사랑으로 교제할 수 없다. 그렇다면 우리는 성부 하나님과 교제하기 위해 이 사랑을 어떻게 받아들여야 할까? 유일한 한 가지 방법이 있는데, 그것은 곧 믿는 것이다. 성부 하나님의 사랑을 받아들이는 것은 그분이 우리를 사랑하신다는 것을 믿는 것이다. 하나님은 자신의 사랑을 아주 충분히 그리고 아주 분명히 나타내셨기 때문에, 우리는 그 사실을 믿음으로 받아들일 수 있다. 예수님은 "너희는 하나님을 믿으니"요 14:1라고 말씀하셨다. 여기서 예수님이 말씀하시는 하나님은 성부 하나님을 가리키시는 것이다. 그렇다면, 성부 하나님 안에서 우리가 믿어야 할 것은 무엇인가? 하나님은 사랑이시므로 그분의 사랑을 믿어야 한다.요일 4:8

그렇다고 해서 우리가 믿음으로 성부 하나님께 직접 나아가는 것은 물론 아니다. 우리는 오직 성자 하나님 곧 예수님을 통해서만 성부 하나님께 나아갈 수 있기 때문이다. 예수님은 이렇게 말씀하셨다. "내가 곧 길이요 진리요 생명이니 나로 말미암지 않고는 아버지께로 올 자가 없느니라."요 14:6 그리스도는 하나님 집의 자비로운 대제사장이고, 이 대제사장을 통해 우리는 은혜의 보좌 앞에 담대히 나아갈 수 있다. 그리스도를 통해 우리는 성부 하나님께 나아가고 용납하심을 받는다. 그리스도로 인해 우리는 하나님을 믿는다.벧전 1:21 따라서 그리스도로 인해 우리는 성부 하나님께 나아가고, 그분의 영광을 보며, 그분의 특별한 사랑 안에서 그분과 교제를 누린다. 이 모든 것을 우리는 믿음으로 받아들인다. 우리가 그리스도로 인해 성부 하나님의 사랑에 나아가는 것처럼, 성부 하나님의 사랑은 그리스도를 통해 우리에게 주어진다. 햇빛은 광선을 통해 우리에게 임한다. 우리는 광선을 통해 태양을 보고, 태양은 광선을 통해 우리를 비춘다. 예수 그리스도는 자기 아버지의 사랑을 비추는 광선이고, 성부 하나님의 사랑은 그리스도를 통해 내려와 우리에게 임한다. 또한, 예수 그리스도로 인해 우리는 성부 하나님의 사랑을 보고 경험하고 인도함을 받는다. 우리가 신자로서 이 진리를 더 깊이 묵상하고 이 진리의 빛에 따라 산다면, 하나님과 동행하는 삶에 영적으로 큰 진전이 있을 것이다.

하나님과 동행하는 삶이 성장하는 것, 이것이 우리 삶의 목표다. 하지만 살다 보면 어둡고 혼란스러운 생각들이 많이 떠올라 우리가 하나님과 동행하는 것을 방해한다. 따라서 믿음으로 성부 하나님의 사랑 안에서 안식할 정도로 영적으로 그분의 사랑의 높이까지 올라가는 자는 거의 없다. 그들은 소망과 두려움, 폭풍과 먹구름이 교차하는 고생길에서 그 높이보다 훨씬 낮은 수준의 삶을 산다. 반면에 성부 하나님의 사랑 안에 거하는 자에게는 모든 것이 평화롭고 고요하다. 그러나 사람들은 성부 하나님의 사랑의 높이까지 올라가는 법을 모른다. 하나님의 뜻은 자신이 항상 자애롭고 자비롭고 온유하고 사랑이 많고 변함없으신 분으로 보이는 것이다. 또 하나님의 뜻은 우리가 자신을 아버지로 그리고 모든 은혜와 사랑의 위대한 샘과 원천으로 보는 것이다. 그리스도께서 이 땅에 오셔서 계시하신 것이 바로 이것이다. 그리스도는 하나님을 아버지로 계시하기 위해 이 땅에 오셨다.요 1:18 그리스도께서 세상에서 자기에게 주신 사람들에게 선언하신 것이 아버지라는 하나님의 이름이다.요 17:6 그리스도께서 우리를 이끌고 가시는 것도 이 이름이다. 왜냐하면, 그리스도는 아버지이신 하나님께 나아가는 유일한 길이기 때문이다.^{요 14:5-6} 그리스도는 우리를 사랑이신 하나님께로 이끄신다. 그렇게 하심으로 우리에게 약속하신 안식을 주신다. 우리는 그리스도를 통해 하나님을 믿는다.^{벧전 1:21} 믿음은 영혼이 안식할 거처를 찾는다. 이 안식은 중보자이신 그리스도를 통해 영혼에게 주어진다. 영혼은 그리스도로 인해 성부 하나님의 사랑으로 나아간다.^{엡 2:18} 신자들은 하나님이 사랑이신 것과 하나님이 영원부터 자기들을 사랑하신 것을 깨닫는다. 또 그리스도 안에서 세세 무궁토록 자기들을 사랑하는 것이 하나님의 뜻이자 목적이고, 그리스도 안에서 하나님이 우리에게 진노하고 우리를 자신의 원수로 대하실 모든 이유가 제거되었음을 깨닫는다. 그리스도로 인해 성부 하나님의 품에 안긴 신자는 하나님의 사랑과 또 그 사랑에서 결코 끊어지지 아니할 것이라는 굳은 확신을 하고 안식을 누린다. 이것이 신자가 성부 하나님과 함께하는 첫 번째 교제다.

하나님께서 자신의 사랑에 대한 반응으로 우리에게 바라시는 것은 바로 사랑이다. 하나님은 우리에게 "내 아들아, 네 마음을 내게 주며"^{잠 23:26}라고 말씀하신다. 그리고 또한 하나님은 우리에게 "네 마음을 다하며 목숨을 다하며 힘을 다하며 뜻을 다하여 주 너의 하나님을 사랑하라"라고 명령하신다.^{눅 10:27} 이것이 우리를 향하신 자신의 사랑에 대한 반응으로 하나님이 우리에게 원하시는 것이다. 신자가 하나님을 사랑으로 볼 때, 다시 말해 하나님을 무한히 사랑이 많으시고 다정하신 분으로 보고 그 사랑 안에서 자기 영혼의 안식과 평안을 찾을 때, 그때 사랑으로 성부 하나님과 교제를 하게 된다. 하나님이 우리를 먼저 사랑하시고, 이 하나님의 사랑에 대한 반응으로 우리가 이어서 하나님을 사랑하는 것, 이것이 바로 사랑이다. 사랑은 사랑하는 대상과 연합하고 즐거워하고 가까이 나아가 만나기를 열망하는 느낌이나 감정이다. 성부 하나님을 가혹하게 심판하고 정죄하시는 분으로 보게 되면, 영혼은 그분에게 나아갈 때마다 두려움과 무서움에 휩싸일 것이다. 따라서 성경에서 우리는 죄인들이 하나님에게서 도망쳐 숨는 것에 대한 기록을 보게 된다. 그러나 아버지이신 하나님이 사랑이 충만한 아버지로 보일 때, 영혼은 그에 대한 반응으로 하나님에 대한 사랑으로 가득 차게 될 것이다. 이것이 믿음 안에서 받으실 만한 모든 순종의 토대다._{신 5:10, 10:12, 11:1, 13, 13:3,} _{출 20:6}

바울은 하나님이 우리로 사랑 안에서 그 앞에 거룩하고 흠이 없게 하시려고 창세 전에 그리스도 안에서 우리를 택하셨다고 말한다._{엡 1:4} 이 모든 과정은 우리에 대한 하나님의 사랑으로 시작하여 하나님에 대한 우리의 사랑으로 끝난다. 그것이 영원한 하나님의 사랑이 우리 안에서 의도한 것이다.

사랑 안에서 이루어지는 이 성부 하나님과의 교제를 더 분명하게 파악하려면 다음 두 가지 사실을 고려해야 한다. 우리에 대한 하나님의 사랑과 하나님에 대한 우리의 사랑이 어떻게 비슷하고 또 어떻게 다른지를 파악해야 한다.

우리에 대한 하나님의 사랑과 하나님에 대한 우리의 사랑은 어떻게 비슷한가

우리에 대한 하나님의 사랑과 하나님에 대한 우리의 사랑은 두 가지가 비슷하다.

첫째, 이 두 사랑은 잠잠하고(안식하고) 만족하고 기뻐하는 사랑이다.

하나님의 사랑은 잠잠하고 만족하고 기뻐하는 사랑이다

"그가……너를 잠잠히 사랑하시며."will rest in his love, 습 3:17 히브리어 원문을 문자적으로 번역하면, "그가 사랑하기 때문에 조용하시며"다. '잠잠하다'(또는 '안식하다')는 말에는 '조용하다'는 뜻 곧 '불평과 불만이 없다'는 뜻이 함축되어 있다. 하나님의 사랑은 매우 충분하고 완전하고 절대적이기 때문에 자신이 사랑하는 자들에게서 어떤 불만도 찾지 아니하실 것이다. 그래서 하나님은 잠잠히 사랑하신다. 하나님은 "잠잠히 사랑하신다"고 말할 때 그 의미는 하나님은 자신이 사랑하는 대상에게 만족하고, 더 만족할 만한 사랑의 다른 대상을 찾지 않으신다는 뜻이다. 하나님은 그 사랑의 대상에게 가서, 거처를 그와 함께 영원히 하신다. 또한, 이 성경 말씀은 하나님은 자신이 택한 사랑의 대상을 기뻐하신다는 것을 말씀한다. 하나님은 자신이 사랑하기로 정하신 대상에 충분히 만족하는 분으로서 기뻐하신다. 히브리어에는 하나님이 사랑하시는 대상에 대해 즐거움과 기쁨을 표현하는 말이 두 가지가 있다. 하나는 마음의 내적 감정이나 느낌 그리고 가슴에서 우러나오는 기쁨을 가리킨다. 이것은 하나님 사랑의 격렬함이나 강렬함을 나타내며, 기쁨과 즐거움의 사랑이다. 이 것은 사랑하기 때문에 갖게 되는 즐거움에 대한 최고의 표현이다. 내면에서 느끼는 즐거움과 기쁨은 외적으로 표현된다. 그래서 하나님은 자신의 기쁨을 즐거운 소리나 노래로 드러내신다. 하나님이 이 사랑과 반대되는 마음을 보여주실 때는 "하나님이 기뻐하지 아니하셨으므로"^{고전10:5}라고 말해진다. 하나님은 이 사랑의 대상이 아닌 자에 대해서는 기뻐하지 아니하셨고, 하나님의 사랑은 그들 속에서 안식하거나 만족할 수 없었다. 우리는 또한 주의 영이 옛길로 되돌아간 자들을 기뻐하시지 않는다는 말씀을 듣는다.^{히 10:38, 렘 22:28, 호 8:8, 말 1:10} 하나님은 자기를 붙드는 자들을 기뻐하신다. 하나님의 사랑 속에는 잠잠함(또는 안식)과 기쁨이 있다. 하나님은 우리에게 선을 행하기를 원하시고, 그 뜻에 잠잠히 만족하신다. 어떤 이들은 '사랑하는 것'은 사랑의 대상에 게서 얻는 '안식'과 '만족'을 의미하는 그리스어 두 단어에서 나온다고 말한다. 따라서 하나님은 자기 아들을 "너는 내 사랑하는 아들이라"고 부르실 때 "내가 너를 기뻐하노라"^{막 1:11} 곧 "내가 네게서 잠잠히 완전한 만족을 얻노라"고 덧붙이셨다.

성도들이 자기들을 향하신 하나님의 사랑에 대한 반응으로 화답하는 하나님에 대한 사랑도 안식하고 만족하고 기뻐하는 사랑이다

다윗은 이렇게 말한다. "내 영혼아, 네 평안함으로 돌아갈지어다.

여호와께서 너를 후대하심이로다." 시116:7 다윗은 하나님을 자신의 안식처로 삼는다. 그리고 하나님을 자신의 안식처로 삼은 것에 크게 만족해서 다른 안식처를 찾을 마음을 조금도 먹지 않는다. 그래서 이렇게 묻고 고백한다. "하늘에서는 주 외에 누가 내게 있으리요. 땅에서는 주 밖에 내가 사모할 이 없나이다." 시73:25. 시편 73편은 아삽의 시다—옮긴이 이때 영혼은 오직 하나님 안에서 안식하기 위하여 지금까지 추구하던 것과 모든 방황을 멈춘다. 그 영혼은 현재와 영원의 안식을 얻기 위해 하나님 아버지를 택한다. 다윗은 기쁘게 그렇게 한다. 그래서 "주의 인자하심이 생명보다 나으므로 내 입술이 주를 찬양할 것이라" 시63:3고 말한다. 다윗은 온갖 즐거움이 넘치는 삶보다 하나님을 더 낫게 여긴다. 입 벌린 사망에 집어삼킴을 당하고, 무수한 환난을 겪으며, 무덤 속에 굴러 떨어져도, 다윗은 최상의 조건에서 삶에 기쁨과 평안을 주는 온갖 즐거움을 누리며 장수하는 삶보다 하나님과 함께하는 삶이 더 감미로웠다.

이에 대한 한 실례가 호세아서에 나온다. "우리가 앗수르의 구원을 의지하지 아니하며 말을 타지 아니하며 다시는 우리의 손으로 만든 것을 향하여 너희는 우리의 신이라 하지 아니하오리니 이는 고아가 주로 말미암아 긍휼을 얻음이니이다." 호14:3 그들은 안식과 만족을 주는 최상의 상황을 거부하고 하나님 안에서 모든 것을 찾고, 마치 자기들이 의지할 데 없는 고아인 것처럼 하나님께 자신들을 내어 맡긴다.

하나님과 성도들 간의 사랑은 그리스도 안에서 그리고 그리스도를 통해 이루어지는 사랑의 교제라는 점에서도 비슷하다

성부 하나님은 그리스도를 통해 우리에게 자신의 모든 사랑을 베푸시고, 우리도 오직 그리스도를 통해 성부 하나님을 전적으로 사랑한다. 그리스도는 성부 하나님이 자신의 영원한 사랑이라는 무진장한 광산에서 캐낸 온갖 은혜의 보화들을 담아 놓은 보고寶庫다. 또한 그리스도는 제사장으로서 그의 손에는 우리가 성부 하나님께 바치고자 하는 모든 제물이 다 놓여 있다. 따라서 하나님의 첫 번째이자 주된 사랑의 대상은 그의 아들이시다. 이 아들은 창세 전부터 하나님의 기쁨이었던 영원하신 아들이자 우리의 중보자로 아버지의 사랑을 우리에게 전달해 주시는 매개자가 되신다.^{마 3:17, 요 3:35, 5:20, 10:17, 15:9, 17:24} 그래서 성경에서도 우리는 오직 그리스도를 통해서만 하나님께 나아가고 하나님을 믿을 수 있다는 말씀을 듣는다.

성부 하나님은 우리를 사랑하시므로 "창세 전에……우리를" 택하셨다.^{엡 1:4} 그리고 사랑으로 "그리스도 안에서 하늘에 속한 모든 신령한 복을 우리에게 주셨다."^{엡 1:3} 성부 하나님은 사랑으로 우리 구주 예수 그리스도를 통해 우리에게 성령을 풍성히 부어 주셨다.^{딛 3:6} 그 사랑을 부어 주실 때, 그리스도를 통하지 않고는 단 한 방울도 우리에게 은혜를 베풀지 아니하신다. 거룩한 기름이 아론의 머리 위에 부어졌고, 거기서 그의 옷깃까지 흘러내렸다.^{시 133편} 마찬가지로 성부 하나님의 사랑도 먼저 그리스도 위에 부어지고, 그리스도로부터 우리에게 흘러내린다. 성부 하나님의 목적은 그리스도께서 "만물의 으뜸이 되려" 하시는 것이다.골 1:18 "모든 충만으로 예수 안에 거하게 하시고,"골 1:19 "우리가 다 그의 충만한 데서 받아 은혜 위에 은혜가 되는"요 1:16 것이 성부 하나님의 기쁨이다. 성부 하나님의 목적과 선한 즐거움인 사랑은 그분의 순전한 은혜와 뜻을 근거로 하지만, 하나님은 자신의 사랑이 오직 그리스도 안에서 그리고 그리스도를 통해 우리에게 부어지도록 하셨다. 하나님 사랑의 모든 열매는 먼저 그리스도에게 주어진다. 그런 다음 그리스도께서 그것을 우리에게 주신다. 성부 하나님 안에 있는 사랑은 꽃의 꿀과 같다. 꿀을 우리가 먹기 위해서는 먼저 그 꿀이 벌집에 있어야 한다. 마찬가지로 그리스도께서는 우리를 위하여 하나님 사랑의 꿀을 채취하고 준비하셔야만 했다.

또한 그리스도는 하나님의 사랑이라는 물이 흐르는 구원의 샘이다. 따라서 우리는 구원의 샘이신 그리스도에게 나아가 믿음으로 하나님의 사랑이라는 물을 긷는다.

하나님에 대한 성도들의 사랑도 그리스도 안에 있고, 그리스도로 말미암는다

이 외에, 다른 방법으로 하나님께 제물을 바치는 것은 얼마나 불완전하고 맹목적인 제사일까! 그리스도는 우리의 부정한 제물을 담당하고, 우리의 기도에 향기로운 냄새를 더하신다. 우리의 사랑은 성부 하나님께 고정되어 있다. 그러나 이 사랑은 아들을 통해 아버지께 전해진다. 그리스도는 우리의 품위와 인격이 하나님께 나아갈 수 있는 유일한 통로다. 그리스도를 통해 우리의 모든 소원과 즐거움, 우리의 만족과 순종이 성부 하나님께 전해진다.

성도들에 대한 하나님의 사랑과 하나님에 대한 성도들의 사랑은 어떻게 다른가

하나님의 사랑은 주권적인 사랑으로 값없이 주어진다. 반면에 하나님에 대한 우리의 사랑은 의무에 매인 사랑이다.

성부 하나님의 사랑은 주권적이고 값없이 주어지는 사랑이다
성부 하나님은 이 사랑으로 인해 우리에게 그리고 우리를 위하여 선하고 크신 일을 행하실 마음을 충만하게 가지신다. 성부 하나님이 우리를 위해 행하시는 모든 일 뒤에는 바로 이 사랑이 있다. 성부 하나님은 우리를 사랑하사 그의 아들을 보내셔서 우리를 위하여 죽게 하셨다. 성부 하나님은 우리를 사랑하셔서 온갖 영적인 복을 우리에게 베푸신다. 사랑한다는 것은 곧 택한다는 것이다.롬 9:11-12 그러나 성부 하나님의 사랑은 또한 징계하시는 사랑이기도 하다.

　하나님의 사랑은 비가 가득 차면 소낙비를 내려 땅이 열매를 맺게 하는 하늘과 같다. 성부 하나님의 사랑은 항상 물이 흘러 거품이 이는 샘이나 물이 솟구치는 우물과 같다. 성부 하나님의 사랑은 그 사랑을 받는 대상을 매우 아름답게 만들고, 이 사랑을 받는 사람들 속에 들어가 선을 만들어 낸다. 사랑하는 자는 자신이 사랑하는 대상에게 오직 선을 행하기를 바란다. 하나님의 능력과 뜻은 하나다. 하나님의 능력과 뜻은 합력한다. 하나님은 자신이 원하는 바를 능력으로 행하신다.

하나님에 대한 우리의 사랑은 우리가 해야만 하는 사랑이다

이 사랑은 자녀로서 행하는 사랑이다. 하나님의 사랑은 우리에게 값없이 그리고 풍성하게 내려온다. 하지만 우리의 사랑은 의무와 감사로 하나님께 올려 드리는 사랑이다. 하나님의 사랑은 우리에게 보탬이 된다. 그렇지만 우리의 사랑은 하나님께 전혀 보탬이 되지 않는다. 우리의 사랑은 곧장 성부 하나님을 향하지만, 실제로 우리에게서 나온 사랑의 열매는 하나님께 직접 도달하지 못하고 오직 그리스도를 통해서만 전해진다. 성부 하나님은 우리의 사랑을 요구하시지만, 그 사랑으로 얻는 혜택은 아무 것도 없다._{욥 35:5-8, 롬 11:35, 욥 22:2-3}

하나님에 대한 우리의 사랑은 잠잠함(안식), 기쁨, 공경, 순종으로 이루어진다. 우리는 이것들을 통해 성부 하나님의 사랑 안에서 그분과 교제한다. 따라서 하나님은 아버지인 자기에게 합당한 이 사랑을 "나를 공경함"_{말 1:6}이라고 칭하신다. "내가 아버지일진대 나를 공경함이 어디 있느냐." 따라서 우리의 사랑은 우리가 마땅히 하나님께 행해야 할 의무다.

우리에 대한 성부 하나님의 사랑과 그분에 대한 우리의 사랑은 다음과 같은 점에서도 다르다. 곧 우리에 대한 성부 하나님의 사랑은 그분에 대한 우리의 사랑보다 앞선다는 것이다. 따라서 성부 하나님에 대한 우리의 사랑은 우리에 대한 그분의 사랑이 낳은 결과다.

육신의 아버지는 자녀가 자기를 알아보지 못할 때도 자녀를 사랑한다. 하물며 자기를 사랑할 때에는 두말할 필요가 없다. 이 것은 우리의 경우에 있어서도 마찬가지다.요일 4:10 우리는 본질상 "하나님을 미워하는 자"다.롬 1:30, 개역개정 난외 역 하지만 하나님은 본성상 사람들을 사랑하는 분이시다. 따라서 하나님의 사랑이 우리의 사랑보다 앞서는 것이 분명하다.

성부 하나님의 사랑은 우리가 사랑할 그 어떤 다른 모든 이유보다도 앞선다. 성부 하나님의 사랑은 우리의 사랑을 앞설 뿐만 아니라 우리 안에 있는 사랑할 만한 어떤 것보다도 앞선다. "우리가 아직 죄인 되었을 때에 그리스도께서 우리를 위하여 죽으심으로 하나님께서 우리에 대한 자기의 사랑을 확증하셨느니라."롬 5:8 성부 하나님의 사랑뿐만 아니라 이 사랑에서 나오는 모든 경이로운 일들도 우리가 아직 죄인 되었을 때 우리에게 일어났다. 죄인은 죄로 인해 사랑스럽지 않고 불쾌하고 바람직하지 못한 존재가 된다. 죄인 속에는 하나님의 사랑을 불러일으킬 만한 것이 하나도 없다. 그러나 하나님은 우리가 죄인임에도 불구하고 우리를 사랑하신다. 우리가 선을 전혀 행하지 않았을 때뿐만 아니라 우리가 피투성이가 되어 있을 때도 하나님은 우리를 사랑하신다.겔 16:6 우리가 다른 사람들보다 더 낫기 때문이 아니라 하나님 자신이 무한히 선하시기 때문에 우리를 사랑하셨다. 하나님의 긍휼하심은 우리가 미련하고 불순종하는 상태에 있을 때 나타났다. 그래서 "하나님이 세상을……사랑하사"요 3:16라고 말한다. 다시 말해, 악한 자의 손아귀에 사로잡힌 세상에 속해서 그런 세상에 있다는 것 외에는 아무것도 내세울 것 없는 자들을 하나님께서 사랑하셨다는 말씀이다.

우리의 사랑은 하나님의 사랑에 대한 응답이다

하나님의 마음이 먼저 죄인에게 향하지 않는다면, 어떤 죄인의 마음도 하나님을 향할 수 없다.

우리가 하나님을 사랑할 수 있으려면, 하나님이 먼저 우리에게 사랑스럽고 가치 있는 존재로, 다시 말해 영혼에 안식을 주시기에 합당하고 적합한 대상으로 계시되어야 한다. 이런 의미에서 성도들은 아무 이유 없이 하나님을 사랑하는 것이 아니다. 성도들은 하나님의 사랑 때문에 그리고 하나님이 그렇게 가치 있는 분이므로 하나님을 사랑한다. 그래서 시편 기자는 이렇게 말한다. "여호와께서 내 음성과 내 간구를 들으시므로 내가 그를 사랑하는도다."시 116:1 따라서 우리도 "……때문에 우리가 여호와를 사랑합니다!"라고 말할 수 있다. 또는 다윗이 말한 것처럼, "내가 무엇을 하였나이까. 어찌 이유가 없으리이까"삼상 17:29라고 말할 수 있다.

성도들에 대한 성부 하나님의 사랑과 그분에 대한 성도들의 사랑은 다음과 같은 점에서도 다르다

하나님의 사랑은 하나님 자신과 같다. 하나님의 사랑은 자신이 사랑하기로 정하신 모든 자들에 대하여 동일하다. 하나님의 사랑은 한결같고, 늘거나 줄지도 않는다. 반면에 우리의 사랑은 우리 자신과 같다. 우리의 사랑은 한결같지 못하고, 늘거나 줄거나 또는 뜨거울 때도 있고 식을 때도 있다. 하나님의 사랑은 태양과 같아서, 비록 때때로 구름이 햇빛을 가리기는 해도 그 비추는 빛은 늘 한결같다. 반면에 우리의 사랑은 달과 같다. 따라서 때로는 보름달이 되기도 하고 때로는 기껏 초승달이 되기도 한다.

성부 하나님의 사랑은 자신이 사랑하기로 택하신 모든 자에게 동일하게 베풀어진다. 하나님은 자신이 사랑하는 자를 끝까지 사랑하시되, 그들을 모두 똑같이 사랑하신다. 성부 하나님은 자신이 사랑할 자를 영원히 사랑하신다. 하나님의 사랑은 영원 속에서 커지는 것도 아니고, 또 시간 속에서 작아지는 것도 아니다. 하나님의 사랑은 영원한 사랑으로, 시작도 없고 또 끝도 없을 것이다. 하나님의 사랑은 우리의 어떤 행위로 늘어나거나 우리 안에 있는 어떤 것으로 줄어들거나 하는 그런 사랑이 아니다.

그런데도 하나님의 사랑은 두 가지 측면에서 변화가 있는 것처럼 보일 수도 있다.

(1) 하나님의 사랑은 우리에게 전달될 때 변화가 있을 수 있다. 하나님의 사랑은 때때로 전달될 때 더 크거나 더 작을 수 있다. 성도들 가운데 누가 이것이 사실임을 모르겠는가? 때로는 하나님의 사랑이 얼마나 큰 생명력과 빛과 힘을 갖고 우리에게 나타나는가? 또 때로는 하나님의 사랑이 얼마나 시들고 어둡고 약하게 나타나는가! 우리 안에 있는 성령의 모든 은사와 우리가

누리는 모든 거룩한 기쁨은 모두 하나님의 사랑으로 맺혀진 열매들이다. 이 열매들이 우리 가운데 얼마나 다양하게 맺히는지! 같은 사람이라도 하나님의 사랑이 때와 시기에 따라 얼마나 다르게 느껴지는지는 경험이 충분히 말해 줄 것이다.

(2) 하나님의 사랑은 "성령으로 말미암아……우리 마음에 부은 바 됨이니."^{롬 5:5} 성령은 우리가 그 사랑을 깨닫게 해주신다. 성령은 그 사랑을 우리에게 알려 주신다. 따라서 그 사랑은 다양하고 변화가 있을 수 있다. 때로는 더 주어지기도 하고, 덜 주어지기도 한다. 성령이 때로는 밝게 드러나기도 하고, 자신의 얼굴을 숨기시기도 한다. 그러나 성령이 이렇게 하시는 것은 모두 우리의 유익을 위해서다. 아버지는 우리가 침체해 있을 때 반드시 꾸짖기만 하시지 않을 것이다. 성부 하나님은 우리가 자신의 사랑을 당연히 여기거나 등한시할 때 반드시 미소만 짓고 계시지 않는다. 이런 변화에도 불구하고 하나님의 사랑은 항상 동일하시다. 잠시 자신의 얼굴을 숨기실 때도 하나님은 영원한 인자로 우리를 안아 주신다.

반론 하지만 여러분은 다음과 같이 말할 것이다. "이것은 신성모독에 가깝다! 당신은 지금 하나님이 자기 백성을 그들이 죄를 범하고 있을 때나 엄격하게 순종하고 있을 때나 사랑하신다고 말하고 있다. 만일 이것이 사실이라면, 누가 힘들게 하나님을 섬기거나 하나님을 기쁘시게 하겠는가?"

답변 그리스도의 진리 가운데 미련한 사람들의 무지로 크게 오해되거나 왜곡되지 않은 것은 거의 없다. 하나님의 사랑은 본질상 하나님의 영원한 목적이자 행위다. 그것이 하나님의 뜻이다. 이것은 하나님 자신만큼이나 절대로 변할 수 없다. 만일 변한다면 아무도 구원받을 수 없었을 것이다. 그러나 하나님의 사랑은 변하지 않는다. 그래서 우리는 하나님이 진노하실 때도 진멸되지 않는다. 그러면 하나님은 자기 백성이 죄를 짓는 동안에도 그들을 사랑하시는가? 당연히 사랑하신다! 하나님은 자기 백성을 사랑하시지만, 그들이 죄를 범하는 것을 사랑하시는 것은 아니다. 자기 백성에 대한 하나님의 사랑이 변한 것 아닌가? 자기 백성을 사랑하기로 한 하나님의 뜻, 그 목적은 변하지 않았지만, 그들에 대한 하나님의 은혜로운 행위의 방식과 징계의 실행이 변한 것이다. 하나님은 자기 백성을 책망하고, 그들을 징계하시며, 그들에게서 자기 얼굴을 숨기시고, 그들을 치시고, 자신의 분노를 그들이 충분히 느끼도록 하신다. 그렇지만 하나님의 사랑이 변하거나 우리에게서 자신의 인자하심을 거두신다면, 우리에게는 화가 미칠 것이다! 우리에 대한 하나님의 사랑이 변하는 것처럼 보이는 일들도 실은 하나님이 우리를 사랑하시기 때문에 생기는 일이다. "그렇지만 이런 생각은 죄를 조장하지 않겠는가?" 이런 주장을 하는 것은 하나님의 사랑을 맛보지 못했다는 것을 인정하는 것이다. **교리**로서의 은혜는 악을 행하는 것에 대한 핑계로 악용될 수 있지만, **원리**로서의 은혜는 절대로 그럴 수 없다. 그리고 우리는 더 나아가 하나님이 자기 백성이 범하는 죄를 미워하고 싫어하시는 것이 그들의 인격을 용납하고 그들에게 영생을 주기로 택하신 것과 모순되지 않는다고 주장할 수 있다.

하나님에 대한 우리의 사랑은 들쭉날쭉하기도 하고, 차거나 기울기도 하고, 늘어나거나 줄어들기도 한다. 우리는 우리의 처음 사랑을 잃어버리기도 하고, 사랑을 다시 회복하기도 한다. 우리는 그리스도와 달리 어제나 오늘이나 영원토록 동일하지 않다. 우리는 얼마나 가련한 피조물인지! 주님과 주님의 사랑과 얼마나 다른지! 우리는 르우벤이 들었던 말과 같은 처지이다. "물의 끓음 같았은즉 너는 탁월하지 못하리니."^{창 49:4} 잠시 우리는 서 있는 것처럼 보인다. 그래서 베드로처럼 우리도 "모두 주를 버릴지라도 나는 결코 버리지 않겠나이다"^{마 26:33}라고 말한다. 그렇지만 금방 넘어지고 그리스도를 부인한다. 어느 날 우리는 "나는 절대로 흔들리지 않고, 내 언덕은 매우 튼튼하다"고 말한다. 그러나 그다음 날 우리는 "모든 사람이 거짓말쟁이이고, 나는 멸망할 것이다"라고 말한다.

이렇게 해서 우리는 성부 하나님에 대한 우리의 사랑과 우리에 대한 성부 하나님의 사랑이 어떻게 비슷하고 다른지를 보았다.

chapter 04

성부 하나님과 사랑 안에서 교제한다는 교리에서 나오는 결론

그리스도인들은 성부 하나님과 사랑으로 교제하는 일을 너무 등한시한다. 우리에게 주어진 긍휼과 특권에 무지한 것은 죄일 뿐만 아니라 우리가 겪는 환난의 원인이기도 하다. "우리로 하여금 하나님께서 우리에게 은혜로 주신 것들을 알게 하려 하심이라" 고전2:12 하신 성령의 음성에 우리는 귀를 기울이지 않는다. 그래서 그리스도인들은 즐거워해야 할 때 슬퍼한다. 또한 강해야 할 때 약하다. 성부 하나님과 사랑의 교제를 나누는 이 엄청난 특권을 실제로 알고 있는 자는 얼마나 적은지! 성부 하나님의 선하신 뜻과 인자하심에 대하여 그들은 오히려 얼마나 두려움과 의심에 사로잡혀 있는지! 많은 사람이 우리를 향하신 성부 하나님의 선하신 뜻은 기껏해야 예수의 피로 비싼 값을 치르고 취하신 것 외에는 없다고 생각한다. 우리가 오직 그리스도를 통해 성부 하나님과 교제할 수 있게 된 것은 사실이다. 그러나 하나님께서 우리와 자유롭게 교제하려는 모든 바람의 원천은 사실 성부 하나님의 마음에 있다. "이 영원한 생명……이는 아버지와 함께 계시다가 우리에게 나타내신 바 된 이시니라."요일 1:2

그러므로 우리는 성부 하나님을 우리에 대한 사랑이 가득한 분으로 보아야 한다

성부 하나님을 진노하시는 하나님으로 보지 말고 아주 자비롭고 자애로우신 하나님으로 바라보라. 우리는 성부 하나님을 영원부터 항상 우리를 향하여 자비로운 생각을 하고 계신 분으로 바라보아야 한다. 우리가 성부 하나님에게서 도망쳐 숨고자 하는 것은 그분을 완전히 오해하는 것이다. 시편 기자는 "주의 이름을 아는 자는 주를 의지하오리니"시 9:10라고 말했다. 영적으로 묵상하면서 우리가 하나님과 함께 오랫동안 머물러 있지 못한 것은 얼마나 슬픈 일일까! 성부 하나님이 자기 백성과 교제하지 못하는 것은 그들이 자기들을 향한 하나님의 사랑에 대하여 너무 무지하기 때문이다. 성도들은 단지 하나님의 두려운 엄위하심과 엄격하심과 위대하심만 생각한다. 그래서 하나님께 사랑으로 나아가지 못한다. 우리는 하나님의 영원한 자비하심과 긍휼하심에 대하여 생각하는 법을 배워야 한다. 우리를 향한 하나님의 긍휼하심이 영원부터 있었다는 사실을 기억해야 한다. 우리가 하나님을 받아들이기를 그분이 얼마나 열렬히 바라시는지 유념해야한다. 만약 이것을 기억한다면 우리는 한 시간도 하나님 없이 지내는 것을 견디지 못할 것이다. 그렇지만 우리는 하나님과 한 시간을 함께 보내는 것조차 힘들다고 느낀다. 그러므로 성부 하나님에 대하여 우리가 먼저 이렇게 생각하자. 곧 성부 하나님은 우리를 향한 사랑으로 충만하신 분이다. 그러므로 우리의 인생길에서 많은 낙심 거리가 있을지라도, 우리의 마음과 생각을 우리를 향한 성부 하나님의 사랑으로 가득 채우자.

우리의 마음이 성부 하나님에 대한 이런 생각으로 가득하기 위해서는 다음과 같은 사실을 생각해야 한다.

우리를 사랑하시는 하나님이 어떤 분인지 생각하라

하나님은 스스로 자기 충족적이며, 자신에 대해 무한히 만족하시며, 그분 자신의 영광은 탁월하고 완전하시다. 우리가 받는 사랑은 이런 하나님의 사랑이다. 또 자기 자신을 위하여 다른 존재들의 사랑을 구할 필요가 전혀 없고, 굳이 자기 피조물을 사랑하심으로써 만족하실 이유도 결코 없으신 하나님께서 우리를 사랑하신다. 하나님은 원하신다면, 자기 충족성으로 영원토록 기뻐하고 만족하실 수 있었다. 그리고 하나님께서는 독생자 곧 영원부터 즐거워하고 기뻐하실 영원한 지혜도 있었다.[잠 8:30] 성부 하나님으로서는 자신의 독생자만으로도 충분했고 기뻤다. 하지만 이 모든 기쁨에도 불구하고, 아버지는 자신의 성도들을 또한 사랑하기로 하셨다. 이처럼 성부 하나님의 사랑은 자기 자신의 만족이나 기쁨만을 구하지 않으시고, 우리의 행복이나 기쁨도 생각하셨다. 성부 하나님의 속성은 인자와 관대함이다. 우리가 받는 사랑은 이러한 하나님의 사랑이다.

성부 하나님의 사랑이 어떤 종류의 사랑인지 생각하라

성부 하나님의 사랑은 영원한 사랑이다. 성부 하나님은 창세 전에 우리를 사랑하셨다. 우리가 존재하기 전에, 최소한 어떤 선을 행하기도 전에 우리를 생각하셨고, 우리를 사랑하셨으며, 우리를 기뻐하셨다. 하나님의 아들이 자기에 대한 아버지의 기쁨을 보고 즐거워하신 것 또한 창세 전이었다.잠 8:30 이 구절에 언급된 바와 같이, 아들을 향한 아버지의 기쁨은 자기 인격과 빛나는 자기 영광을 형상화해 표현한 자기 속에 있는 절대적인 기쁨, 다시 말해 전적으로 탁월하고 완전한 자기 자신이 반영된 것이 아니라, 인자들[우리 인간들]을 향한 그분의 사랑과 기쁨이 반영된 것이다. 단어의 순서를 보면 이런 결론이 가능하다. "내가……날마다 그의 기뻐하신 바가 되었으며"잠 8:30 "인자들을 기뻐하였느니라."잠 8:31 이로써 아들은 자신이 인자들을 위하여 행한 긍휼하심과 구속에 대한 생각을 선언하신다. 성부 하나님은 바로 이런 이유로, 곧 아들을 통해 인자들을 구속하고 인자들에게 자신의 긍휼하심을 보여주려는 목적이 드러나게 된 것 때문에 아들을 기뻐하셨다. 성부 하나님은 영원부터 마음속에 우리를 영원한 행복으로 이끄시려는 계획을 갖고 계셨다. 이것을 생각하면, 엘리사벳의 아기가 복중에서 기뻐서 뛰노는 것처럼 우리 안에 있는 모든 것이 기뻐 뛰놀기에 충분하다. 성부 하나님의 이 소중하고 영원한 목적을 깨닫기만 한다면, 우리의 영혼은 가장 겸손하고 매우 거룩한 공경의 자세로 하나님 앞에서 떨며 즐거워하지 않을 수 없을 것이다.

성부 하나님의 사랑은 우리에게 값없이 주어진다. 성부 하나님은 우리를 사랑하신다. 왜냐하면 그분이 그것을 원하셨기 때문이다. 하나님이 우리를 사랑하실 만한 이유가 우리 속에는 지금까지 하나도 없었고 현재도 없다. 만일 하나님의 사랑을 받을 만한 자격이 있다면, 우리는 하나님의 사랑을 그리 높게 평가하지 않아도 될 것이다. 우리에게 마땅히 돌려져야 할 것을 감사하며 받는 경우는 거의 없다. 그러나 우리가 존재하기 전 영원 속에 있었던 것이 우리의 행복을 위하여 주어진다면, 그것은 당연히 아무 값없이 주어지는 것이 틀림없다. 성부 하나님은 이처럼 자신이 사랑하고 싶은 자들을 자유롭게 선택하여 그들을 사랑하고, 자신을 사랑하도록 그들에게 생명을 주어 살아가게 하신다. 이러한 선택도 또한 그분이 우리를 사랑하시는 이유와 그 사랑의 가치를 우리에게 설명해 준다.롬 9:11, 엡 1:3-4, 딛 3:5, 약 1:18

성부 하나님의 사랑은 변함이 없는 사랑이다. 우리는 날마다 변하지만, 하나님의 사랑은 변함이 없다. 만약 우리 속에 있는 것이나 우리 형편에 따라 우리에 대한 하나님의 사랑이 중단될 수 있었다면, 하나님은 이미 오래전에 우리를 외면하셨을 것이다. 성부 하나님이 우리에게 무한히 참고 인내하시는 것은 그분의 사랑이 확정적이고 불변하는 사랑이기 때문이다. 만약 하나님의 사랑이 불변의 사랑이 아니었다면 우리는 이미 멸망하고 말았을 것이다.벧후 3:9

성부 하나님의 사랑은 선택적인 사랑이다. 하나님은 세상에 있는 모든 사람을 사랑하기로 정하지 아니하셨다. 하나님은 "내가 야곱은 사랑하고 에서는 미워하였다"롬 9:13라고 말씀하신다. 성부 하나님은 왜 우리를 사랑하고, 우리와 아무 차이가 없는 수많은 사람을 간과하기로 정하셨는가? 하나님은 왜 우리에게 자신의 사랑과 이 사랑이 우리에게 가져오는 놀라운 것들을 모두 나누어 주시고, 세상의 강하고 지혜 있는 자들에게는 자신의 사랑을 베푸시지 않는가?

따라서 여러분은 이 사실을 자주 생각하고, 이 사실을 생각하면서 하늘에 계신 사랑하는 아버지와 더 깊이 교제를 나누어야 한다.

또한 여러분은 믿음으로 성부 하나님의 사랑을 받아들여야 한다. 믿음으로 받아들이지 않는 한, 여러분은 어떤 것으로도 하나님과 교제를 하지 못할 것이다. 하나님이 우리를 사랑하신다는 것과 하나님의 마음이 우리를 향하신 사랑으로 가득 차 있다는 것을 믿고, 이에 대한 하나님의 말씀을 받아들여야 한다. 하나님의 감미로운 사랑을 받아들이지 않으면, 그 사랑을 결코 경험하지 못할 것이다. 따라서 끊임없이 하나님이 우리를 사랑하신다는 것과 값없이 주시는 그분의 영원한 사랑으로 우리를 품으신다는 것을 상기해야 한다. 하나님의 말씀이 주님을 여러분을 사랑하시는 아버지로 제시하면, 그것에 대하여 생각하고 그대로 받아들이라. 또 주님을 믿음으로 받아들이고, 여러분의 마음을 하나님의 사랑으로 가득 채우라. 온 마음으로 하나님의 사랑을 받아들이고, 여러분의 마음을 이 사랑의 줄에 매라.

또한, 성부 하나님의 사랑이 여러분을 자극해 하나님을 사랑하도록 하라. 그러면 여러분은 하나님의 얼굴빛을 따라 살고, 온종일 성부 하나님과 거룩한 교제를 할 것이다. 하나님이 여러분에게 긍휼하심을 크게 베푸실 때, 하나님을 무정하게 대해서는 안 된다. 하늘에 계신 사랑하는 아버지에게 배은망덕한 태도를 보여서는 안 된다.

여러분은 이 의무에 자극을 받아 매일 쉬지 않고 실천해야 한다. 이를 위해 나는 중요한 사실들을 추가로 다음과 같이 제시하고자 한다.

여러분이 성부 하나님과 사랑의 교제를 하는 것이 그분의 가장 큰 바람이라는 것을 생각하라

성부 하나님의 가장 큰 바람은 여러분의 영혼이 그분을 여러분에 대한 사랑과 자비와 인자가 넘치는 분으로 받아들이는 것이다. 혈과 육은 다음과 같이 생각한다. 즉, 하나님은 항상 진노하고 죄를 범한 피조물을 절대로 기뻐하실 수 없는 분이고, 자기들은 이런 하나님께 가까이 나아가지 못하며, 세상에서 가장 바람직한 일은 하나님의 임재 속에 들어가지 않는 것으로 생각한다. 이처럼 하나님에 대하여 완고한 생각을 하는 경향이 있다. 시온의 죄인들은 이렇게 말한다. "우리 중에 누가 삼키는 불과 함께 거하겠으며 우리 중에 누가 영영히 타는 것과 함께 거하리요."[사 33:14] 또 복음서에 나오는 악한 종은 "당신은 굳은 사람"[마 25:24]이라고 말한다. 그런데 이와 같은 생각만큼 주님을 슬프게 하는 것이 없고, 이것은 사탄의 목적에 부합하는 생각이다. 사탄은 여러분의 마음이 하나님에 대하여 이런 완악한 생각으로 채워질 때 기뻐한다. 처음부터 사탄의 목적은 인간에게 하나님에 대한 거짓말을 채워 넣는 데 있었다. 살인자가 흘리게 한 최초의 피는 바로 이런 수단을 통해서였다. 사탄은 우리의 첫 조상에게 하나님에 대한 완악한 생각을 심어 놓았다. "하나님이 그렇게 말씀하시더냐? 하나님이 죽음으로 너희를 경고하시더냐? 하나님은 이 열매를 따 먹으면 그것이 너희에게 훨씬 더 좋으리라는 것을 충분히 알고 계신다." 사탄은 이런 거짓말로 모든 인간을 즉각 넘어뜨리는 데 성공했다. 그리고 이 큰 승리를 기억하고 사탄은 우리에게도 가차 없이 같은 방법을 사용한다. 따라서 하나님이 지극히 사랑하는 자들의 마음속에서도 이런 비방이 일어나면 하나님의 영은 크게 근심할 것이다. 이때 하나님은 자기 백성을 얼마나 질책하실까! 하나님은 이렇게 물으신다. "너희가 내게서 무슨 불의함을 보았느냐? 내가 너희에게 광야가 되었느냐? 캄캄한 땅이 되었느냐?" 이에 시온은 이렇게 대답했다. "여호와께서 나를 버리시며 주께서 나를 잊으셨다."[사 49:14] 그리고 이에 대한 여호와의 대답은 이렇다. "여인이 어찌 그 젖 먹는 자식을 잊겠으며, 자기 태에서 난 아들을 긍휼히 여기지 않겠느냐. 그들은 혹시 잊을지라도 나는 너를 잊지 아니할 것이라."[사 49:15]

성부 하나님은 자기 백성이 자신에 대하여 이처럼 완악한 생각을 하는 것이 사랑으로 충만한 자신의 마음에 상처 준다는 것을 알고 계신다. 이보다 더 큰 상처는 없을 것이다. 하나님은 이 쓴 뿌리가 어떤 열매를 맺을지 너무나 잘 알고 계신다. 이 쓴 뿌리가 마음의 격리, 퇴보, 불신앙을 가져올 것을 익히 알고 계신다. 그리고 가장 끔찍한 것은 그것이 어떻게 하나님과 동행하지 못하도록 우리를 이끄는지를 하나님이 알고 계신다는 것이다. 자녀가 성난 아버지 앞에 나오는 것은 얼마나 내키지 않은 일일까! 그러므로 성부 하나님을 우리를 사랑하시는 분으로 받아들이는 것은 그분에게 합당한 영광을 돌려드리는 것이며, 그분을 크게 기쁘시게 하는 것이다. 성경이 제시하는 다음과 같은 성부 하나님의 사랑은 주목할 만하다. "하나님께서 우리에 대한 자기의 사랑을 확증하셨느니라." 롬 5:8 "보라, 아버지께서 어떠한 사랑을 우리에게 베푸사 하나님의 자녀라 일컬음을 받게 하셨는가." 요일 3:1 그런데 어찌하여 우리는 이처럼 어리석을까? 어찌하여 우리는 하나님에 대하여 좋은 생각하기를 두려워할까? 하나님을 선하고 은혜롭고 인자하고 사랑이 많고 자비로우신 분으로 생각하는 것이 이토록 힘든 일일까? 나는 지금 성도들에 대하여 말하는 것이다. 우리는 하나님을 완고하고 가혹하고 엄격하고 기뻐할 줄 모르는 지독한 분으로 얼마나 쉽게 생각하는가? 이런 속성들은 사람들의 자질 중에서도 가장 나쁜 것이다. 그래서 하나님도 지극히 싫어하시는 것이다. 롬 1:31, 딤후 3:3 사탄은 또 얼마나 쉽게 우리를 속이는지! 처음부터 우리의 마음속에 하나님에 대하여 이런 생각들을 집어넣는 것이 사탄의 목적이 아니었던가? 따라서 성부 하나님이 예수의 피로 죄인들에게 흘러넘치는 이 온갖 풍성한 은혜의 영원한 원천이라는 생각을 우리의 마음속에 가득히 채우는 것만큼 하나님을 기쁘시게 하는 일이 결코 없음을 확신하자.

많은 성도가 가진 마음의 큰 짐은 삶 속에서 하나님을 항상 기뻐하고 즐거워하지 못한다는 것이다. 그들 속에는 여전히 하나님과 긴밀한 동행을 가로막는 것이 있다. 왜 그럴까? 그것은 그들이 슬기롭지 못해 성부 하나님과 사랑의 교제를 하는 것을 등한시하기 때문이 아닐까? 그러나 우리는 하나님의 사랑을 보면 볼수록 하나님을 그만큼 더 기뻐하게 될 것이다. 우리가 하나님을 우리에게 자상하고 자비로우신 분으로 보지 않는다면, 하나님에 대하여 알면 알수록 그만큼 더 하나님을 두려워하게 될 것이다. 그렇지만 여러분의 마음이 성부 하나님의 주된 속성인 사랑으로 채워진다면, 그분의 능력에 압도되고, 그분에게 정복되어 그분의 품에 안길 것이다. 그렇게 되면 하나님을 우리의 영원한 거처로 삼고 싶은 마음이 솟구칠 것이다. 만일 자녀가 아버지의 사랑 때문에 아버지를 즐거워하지 못한다면, 무엇으로 즐거워하겠는가? 그러므로 이렇게 하라. 여러분의 생각을 성부 하나님의 영원한 사랑에 고정하고, 마음속에서 하나님을 즐거워하는 감정이 일어나지 않는지 확인해 보라. 이 즐거운 생명수 샘에 잠시 앉아 있어 보라. 그러면 여러분은 곧 그 흐르는 샘물이 얼마나 달콤하고 상쾌한지 알게 될 것이다. 그렇게 되면 하나님에게서 도망치는 데 익숙한 자들도 잠시도 하나님과 거리를 둘 수 없게 될 것이다.

반론 반면에 어떤 이는 이렇게 말할 것이다. "성부 하나님과 사랑으로 교제하는 것이 어떻게 가능한가? 나는 성부 하나님이 나를 사랑하시는지 어떤지 잘 모르겠다. 그러니 내가 어떻게 성부 하나님의 사랑에 감히 의지할 수 있겠는가? 받아 주시지 않으면 난 어떻게 되는가? 주제넘다는 이유로 망하게 되지 않을까? 내게는 하나님이 소멸하시는 불과 영원히 태우시는 분으로만 보인다. 나는 그런 하나님께 다가가는 것이 두렵다."

답변 하나님의 사랑은 영적 감각과 경험을 통해 알려지기는 해도 오직 믿음으로 받는다. 그리고 우리에 대한 하나님의 사랑을 아는 근거는, 사랑이 이미 계시되었기 때문에 우리가 그것을 믿음으로 받아들이는 것이다. "하나님이 우리를 사랑하시는 사랑을 우리가 알고 믿었노니 하나님은 사랑이시라."요일4:16 이것은 우리가 하나님과 동행할 때 하나님의 사랑에 대하여 가질 수 있는 확신이다. 진리이신 하나님이 그렇게 말씀하셨다. 당신의 마음이 어떻게 말하든 간에 또는 사탄이 어떻게 말하든 간에, 하나님이 당신에 대하여 가진 사랑을 믿지 않으면 당신은 하나님을 거짓말하는 자로 만드는 것이다.요일 5:10

반론 "나는 하나님이 다른 사람들을 사랑하시는 것을 믿을 수 있다. 왜냐하면 하나님은 우리에게 자신이 사랑이라고 말씀하셨기 때문이다. 그러나 하나님이 나를 사랑하신다는 것은 믿기가 정말 어렵다. 하나님이 나에게 사랑과 인자를 베푸신다고 생각할 만한 이유가 세상에도 없고, 내 안에도 없기 때문이다. 그러므로 나는 하나님의 사랑을 의지하지 않겠다. 그분의 특별한 사랑 안에서 하나님과 교제를 나누지 않겠다."

답변 하나님은 세상의 어떤 사람에게 말씀하신 것과 똑같이 당신에게도 특별히 그것을 말씀하셨다. 창세 이후로 성부 하나님의 이런 사랑을 믿고 그분에게 다시 돌아온 자 가운데 속은 자는 하나도 없었다. 세상 끝날까지 그렇게 함으로써 성부 하나님께 속을 자 또한 아무도 없을 것이다. 그러므로 당신은 확실한 근거를 갖고 있다. 만약 당신이 성부 하나님을 사랑으로 믿고 받아들인다면, 비록 다른 사람들은 그분의 엄격하심 아래 멸망할 수 있을지 몰라도, 당신은 틀림없이 하나님의 사랑 아래 있게 될 것이다.

반론 "나는 하나님을 사랑할 수 없다. 만약 내 영혼이 하나님을 사랑하는 것을 확인한다면, 그때 비로소 하나님이 나를 사랑하신다는 것을 믿을 수 있을 것이다."

답변 이것은 사람이 할 수 있는 말 가운데 가장 터무니없는 말이다. 이 말은 하나님의 영광을 빼앗는 말이기 때문이다. 성령 하나님은 이렇게 말씀하신다. "사랑은 여기 있으니 우리가 하나님을 사랑한 것이 아니요 하나님이 우리를 사랑하사."요일4:10 하나님이 먼저 우리를 사랑하셨다는 사실을 유념하라. 그런데도 당신은 이것을 뒤집어서 "사랑은 여기 있으니 하나님이 나를 사랑한 것이 아니요 내가 먼저 하나님을 사랑하사"라고 말하겠는가? 이것은 하나님의 영광을 하나님에게서 찬탈하는 것이다. 하나님은 우리가 그분의 사랑을 받을 만한 것이 우리 안에 전혀 없을 때도, 그리고 그분이 우리를 사랑할 이유가 전혀 없을 때도 우리를 사랑하신다. 반면에 우리는 세상에서 하나님을 사랑할 만한 이유를 다 갖고 있다. 그렇지만 당신은 그것을 반대로 생각하고 있다. 다시 말해, 당신은 하나님이 당신을 사랑할 만한 이유가 당신 안에 있어야 한다고 생각한다. 그대는 자신이 먼저 하나님을 사랑했기 때문에 하나님이 당신을 사랑해야 한다고 생각할 것이다. 그리고 하나님 안에서 사랑할 만한 어떤 것을 보기 전에 당신은 하나님을 사랑했다고 생각할 것이다. 당신은 당신이 하나님을 사랑하기 전에 하나님이 당신을 과연 사랑했는지를 먼저 알아보고 싶어 할 것이다. 그러나 이것은 타락한 불신자들의 길이다. 불신자는 먼저 확인하지 않고서는 믿지 못할 것이다. 그렇지만 그런 길은 하나님께 영광을 돌리지도 못하고, 당신의 영혼에 평안을 주지도 못할 것이다. 그러므로 이런 악한 의심은 버려야 한다. 성부 하나님이 당신을 사랑하는 것을 믿고, 주님과 사랑의 교제를 나누며 마음의 문을 열어라.

얼마나 놀라운 특권이 성도들에게 주어졌는지 생각하라

이것은 하나님이 피조물에게 주실 수 있었던 가장 놀라운 특권이다. 세상이 그리스도인을 어떻게 생각하든 간에, 그리스도인은 세상이 알지 못하는 양식을 갖고 있다. 성도들은 성부 하나님과 긴밀하게 교제하고 사귄다. 성도들과 성부 하나님 간의 관계는 사랑의 관계다. 사람들은 일반적으로 사귀는 친구로 평가를 받는다. 비록 종의 신분이라고 해도 왕 앞에 선다면, 그것은 영예다. 따라서 모든 성도가 성부 하나님 앞에 담대히 서고, 거기서 하나님의 사랑을 누리는 것은 얼마나 큰 영예일까! 스바의 여왕은 솔로몬 앞에 서서 그의 지혜를 듣는 종들을 얼마나 크게 축복하였는가! 그러나 솔로몬의 하나님 앞에 계속 서서 하나님의 지혜를 듣고 하나님의 사랑을 누리는 자들이 훨씬 더 복이 있다! 다른 사람들은 사탄과 자신의 정욕과 교제하지만, 그리스도인들은 성부 하나님과 영원토록 이 감미로운 교제를 한다.

그리고 세상으로부터 조롱과 비난과 추문과 오해를 받을 때, 성도들이 피할 수 있는 이 교제는 또한 얼마나 안전한지! 아이는 거리에서 낯선 사람들에게 위협을 당하고 겁에 질리면 재빨리 아버지의 사랑과 보호가 있는 집으로 도망친다. 거기서 아버지에게 모든 것을 털어놓고 위로를 받는다. 성도들은 세상이라는 거리에서 직면하는 온갖 악한 말과 비방 속에서 자기들의 아버지 집에 나아가 그분에게 모든 괴로움과 슬픔을 털어놓고 위로를 받을 수 있다. 여호와는 "어머니가 자식을 위로함 같이 내가 너희를 위로할 것"[사 66:13]이라고 말씀하신다. 그러면 영혼은 다음과 같이 말할 것이다. "세상에서 미움을 받지만 나는 내가 사랑받을 것으로 아는 그곳으로 갈 것이다. 다른 모든 사람이 나를 미워해도, 내 아버지는 인자하고 긍휼이 풍성하시다. 나는 아버지에게 나아가 그 품에서 행복을 찾겠다. 세상에서 나는 하찮은 자로 취급된다. 환영받지 못하고 거부를 당한다. 그러나 '주의 인자하심이 생명보다 나으므로'[시 63:3] 나는 아버지를 존귀히 여기고 그분을 사랑할 것이다. 다른 사람들은 아버지로부터 조금밖에 받지 못하지만, 나는 모든 것을 풍성히 받을 것이다. 내 아버지의 사랑 안에는 내가 바라는 모든 것이 들어 있다. 그 사랑 안에서 나는 아버지께서 주시는 한량없이 많은 긍휼의 달콤함을 맛볼 것이다."

그런데도 그리스도인들은 세상에서 가장 오해받는 사람들인 것이 분명하다. 그리스도인들이 "나와서 우리와 교제하자"라고 말하면, 세상 사람들은 즉각 다음과 같이 반박할 것이다. "너희와 교제를 나누다니! 너희가 누군데? 너희는 미련한 사람들이다. 우리는 너희와 함께하는 교제를 멸시한다. 정직한 모든 사람 및 알 만한 가치가 있는 사람들과 사귐을 포기할 마음이 생길 때, 그때 너희에게 가겠다." 그러나 정말 애석하게도 세상은 오해하고 있다! 사실 그리스도인들과 함께하는 교제는 곧 성부 하나님과 함께하는 교제다. 세상은 자기들이 원하는 대로 생각하도록 놔두자. 그래도 그리스도인들은 친밀하고 영적이며 거룩한 기쁨을 누리고 있다. 왜냐하면 그들의 교제는 성부 하나님과 나누는 사랑의 교제이기 때문이다. 그리스도인들은 세상에서 가난하고 비천하고 멸시받는 사람으로 취급당하지만, 사실은 유일하게 위대하고 고상한 사람들이다.^{고후 6:8-10} 그리스도인들이 사귀는 대상을 생각해 보라. 그들은 영광의 아버지와 교제한다. 따라서 그리스도인들은 정말로 땅에서 존귀한 자다.^{시 16:3}

이것은 또한 참 그리스도인과 거짓 그리스도인 간의 차이를 극명하게 드러낸다. 겉으로 보면 둘 다 똑같은 일을 하고 똑같은 특권을 누린다. 그러나 그들의 은밀한 기도와 생각을 들여다보

라. 얼마나 큰 차이가 있는지 모른다! 참된 성도는 하나님과 교제를 한다. 반면에 위선자는 대부분 세상 및 자신들의 정욕과 교제한다. 위선자는 자기들의 정욕이 말하는 것을 듣고, 그 요청에 응한다. 반면에 성도는 자기들의 아버지 사랑에 달콤하게 사로잡혀 있다. 종종 신자들은 겉으로 보기에는 부패한 마음을 가진 자들보다 더 나아 보이지 않는다. 그러나 그리스도인이 성부 하나님과 함께하는 교제를 위선자는 전혀 모른다. 그들은 성부 하나님의 잔칫집에서 이 진수성찬을 먹지만, 위선자들은 이것을 맛보지 못한다. 그리스도인들도 무수한 생각을 하지만, 아버지가 되시는 하나님의 위로를 받아 그 영혼이 소생한다.

적용 만약 이것들이 사실이라면, "우리는 경건한 행위를 통해 어떤 종류의 사람이 되어야 할까?" "우리 하나님은 소멸하는 불이심이라."$^{히12:29}$ "빛과 어둠이 어찌 사귀며."$^{고후 6:14}$ 성부 하나님께 사랑을 받고 또 그분을 사랑하는 생각들 속에 죄와 정욕이 있을 수 있겠는가? 하나님 앞에서는 영원히 거룩함이 요구된다. 부정한 영은 하나님께 나아갈 수 없다. 불결한 마음은 하나님과 함께 거할 수 없다. 음탕한 사람은 순결한 사람과 교제하기를 바랄 수 없다. 그렇다면 허탄하고 어리석은 생각을 하는 사람이 지극히 거룩하신 하나님과 교제하고 함께 거할 수 있겠는가? 성부 하나님의 사랑을 많이 생각하는 것은 거룩함의 강력한 동기가 되고, 거룩한 영혼이 되게 한다. 에브라임은 "내가 다시 우상과 무슨 상관이 있으리요"$^{호 14:8}$라고 말했다. 에브라임은 언제 이 말을 했는가? 하나님 안에서 구원을 찾았을 때 그렇게 말했다. 하나님과 교제하는 것과 단정하지 못한 삶을 살아가는 것은 전혀 어울리지 않는다.요일 1:6, 2:4 하나님 아버지와 교제를 한다고 주장하면서 그의 계명을 지키지 않는 자는 거짓말쟁이다. 세상을 사랑하는 것과 하나님 아버지를 사랑하는 것은 함께할 수 없다.

얼마나 많은 사람이 그리스도인을 자처하면서 실제 삶은 그리스도인답지 못한지! 얼마나 많은 그리스도인이 성부 하나님과 교제하는 이 사랑의 비밀에 무지한지! 얼마나 많은 사람이 자기들의 정욕 및 세상과 교제하면서도, 스스로 훌륭한 그리스도인으로 여기고 있는지 모른다! 많은 사람이 새 이름 곧 자기들의 이름이 새겨진 흰 돌계 2:17이 없지만, 하나님의 백성을 자처한다. 그들은 하나님과 교제하기는커녕 실상은 그들의 모든 생각 속에 하나님이 없다. 주님께서 그들의 눈을 열어주셔서 하나님과 동행하는 것은 겉으로 드러나는 외형적인 문제가 아니라, 실제적인 내면의 문제임을 그들이 보고 알게 되기를 바란다.

chapter 05

하나님의 아들 예수 그리스도와 함께하는 교제

성도들이 하나님의 아들 곧 우리 주 예수 그리스도와 함께하는 교제는 중보자이신 예수 그리스도와 함께하는 교제다. 그리스도는 우리를 위하여 곧 "여자에게서 나게 하시고 율법 아래에 나게 하신 것은 율법 아래에 있는 자들을 속량하시고 우리로 아들의 명분을 얻게 하려"갈4:4-5 자신을 복종시켜 이 중보자의 직분을 취하셨다.

성경은 그리스도인들이 예수 그리스도와 이런 교제를 한다고 증언한다.고전1:9 모든 성도는 이 교제로 부르심을 받았고, 하나님의 신실하심으로 그들은 이 교제를 계속 유지할 수 있다. 우리를 사랑하시는 하나님 아버지께서 우리를 부르셔서 하나님의 아들이신 우리 주님과 이 교제를 하게 하신다.

예수님은 다음과 같이 말씀하신다. "볼지어다. 내가 문 밖에

서서 두드리노니 누구든지 내 음성을 듣고 문을 열면 내가 그에게로 들어가 그와 더불어 먹고 그는 나와 더불어 먹으리라."^{계3:20} 만일 이것이 교제가 아니라면, 무엇이 교제인지 나는 모르겠다. 그리스도는 신자들과 함께 식사하실 것이다. 그리스도께서는 성령으로 자기 백성들에게 은혜를 베풀어 주셨다. 그리고 그리스도는 그 백성들 속에 있는 자기 자신의 은혜로 새 힘을 얻는다. 주님이신 그리스도는 성도들이 맺은 성령의 달콤한 열매들을 보고 크게 기뻐하신다. 이에 대한 한 실례가 아가서에 나타나 있다. 거기 보면 술람미 여인은 사랑하는 자가 자기에게 왔을 때 그를 즐겁게 해줄 수 있는 것을 위하여 기도한다.^{아4:16} 성도들의 영혼은 예수 그리스도의 동산이며, 이 동산은 하나님이 복을 베푸시는 기름진 땅이다.^{히6:7} 그리스도는 성도들의 영혼을 즐거워하신다.^{잠8:31} 또 "성도들로 말미암아 기뻐하신다."^{습3:17} 그리스도를 따르는 백성들의 영혼은 열매 곧 상큼한 열매로 가득 차 있는 동산이다.^{아4:12-14} 달콤하고 상큼한 것은 무엇이든, 상쾌하고 감미로운 것은 무엇이든, 치료에 유용하고 유익한 것은 무엇이든, 이 동산 안에 다 있다. 성도들의 영혼은 주 예수님을 위한 온갖 영적인 것들로 가득하다. 이런 이유로 술람미 여인은 사랑하는 자가 약속한 만찬을 즐길 수 있도록 자기 속에 이런 영적인 것들이 더 풍성해지기를 간절히 기도했다. "오, 은혜가 풍성하신 성령님의 탄식과 예배로, 그분께서 주신 모든 은사와 내 속에 있는 은혜들이 자극을 받게 하소서. 그래서 내 영혼이 사랑하는 주 예수님께서 나와 교제하실 때, 더 큰 환대와 기쁨을 누리게 하소서."

하나님은 자신의 포도원에 열매가 없음을 한탄하신다. 사 5:2, 호 10:1
술람미 여인이 우려하고 미리 방지하고자 했던 것은 사랑하는
자가 즐길 좋은 음식이 없는 상황이었다. 열매 없는 마음은 그리
스도를 영접하는 데 합당치 않다. 그리스도는 성령의 열매를 취
하실 때, 이루 형언할 수 없을 정도로 기뻐하신다. 이 사실을 알
고 있는 우리가 어떻게 열매 맺지 못해 부적절한 우리의 마음을
그분께 드릴 수 있겠는가? 나아가 그리스도는 자신이 성도들과
만찬을 나누시는 것처럼 성도들도 자신과 만찬을 나누게 될 것
이라고 약속하셨다. 그리스도는 정말 놀라운 방법으로 성도들
의 즐거움을 예비하신다. 잠 9:2 그리스도는 자신이 성도들을 위하
여 마련하신 좋은 것을 "잔치", "혼인 잔치", "기름진 것과 오래
저장하였던 포도주가 있는 연회"로 부르신다. 잔치의 즐거움을
위하여 살찐 송아지를 잡았다. 이것이 바로 교제다. 이런 교제를
통해 그리스도와 그의 성도들은 서로 환대하며 기쁨을 나눈다.

술람미 여인이 사랑한 자는 이렇게 말한다. "나는 사론의 수
선화요 골짜기의 백합화로다." 아 2:1 주님이신 그리스도는 피조물
가운데 가장 찬란하고 아름다운 것으로 비유된다. 하늘에 있는
것으로 비유하자면, 그리스도는 해처럼 찬란하고 새벽별처럼 빛
나는 분이시다. 동물로 비유하자면, 사자 곧 유대 지파의 사자와
같다. 꽃으로 비유하자면, 수선화와 백합화처럼 아름답고 찬란
하다. 향기는 수선화처럼 감미로운 향이 나고, 아름다움은 백합
화처럼 아름답다. 솔로몬의 모든 영광으로도 입은 것이 이 꽃 하
나만 같지 못하였다. 그러나 그리스도는 보통의 수선화와는 다

르다. 그리스도는 "사론의 수선화"다. 사론은 가축을 기르는 데 가장 적합한 기름진 평야였다.^{대상27:29} 사론 평야는 교회에 사론의 아름다움이 주어질 것이라고 약속될 정도로 매우 아름답고 기름진 곳이다.^{사35:2} 의심할 것 없이 이 기름진 평야에서 가장 아름다운 수선화가 자랐다. 그리스도께서 지니신 아름다운 사랑과 의를 생각할 때, 그분은 바로 이 아름다운 수선화와 같아서 성도들의 마음을 자기에게 이끌고도 남는다. 하나님이 그리스도께서 흘리신 속죄의 피에서 향기를 맡으신 것처럼, 성도들은 하나님이 그들을 위하여 그리스도께 기름 부어 주신 은혜들에서 새 힘이 나는 사랑의 향기를 맡는다. 여기서 향기는 하나님이 받으시고 기뻐하실 만한 모든 것을 상징한다.^{창8:21}

그리스도는 또한 "골짜기의 백합화"다.^{아2:1} 모든 꽃 가운데서 백합화가 가장 아름답다.^{마6:29} 마찬가지로 그리스도 역시 인격의 아름다움과 완전성에서 가장 사모할 만한 분이다. 그리스도는 사람들과는 비교할 수 없을 정도로 아름다우시고, 자기 백성의 모든 영적 감각을 넉넉히 충족시키며, 그들의 활력과 아름다움과 즐거움과 영광이 되신다. 더 나아가 그분은 그들이 자기에게 어떤 존재인지 말씀하신다. "여자들 중에 내 사랑은 가시나무 가운데 백합화 같도다."^{아2:2} 그리스도와 교회가 동일한 꽃 곧 백합화로 묘사되는데, 이것은 그리스도와 교회의 연합이 내주하시는 동일한 성령으로 이루어진다는 것과 성도들은 미리 정하신 대로 그리스도의 형상과 모양을 본받는다는 것^{롬8:29}을 보여 준다. 교회는 그리스도께 백합화처럼 아주 아름답다.

교회가 "가시나무 가운데 백합화"아2:2 같은 것은 그리스도의 백성이 다른 모든 사람보다 뛰어나기 때문이다. 백합화가 가시나무보다 뛰어난 것처럼, 그리스도의 눈에는 그분 안에 있는 신자들이 모든 불신자보다 뛰어나다.

또 교회가 "가시나무 가운데 백합화" 같은 것은 교회가 혹독한 시련 아래에서도 신실하고, 자신의 아름다움을 지키기 때문이다. 세상은 "찌르는 가시와 아프게 하는 가시"겔28:24로 묘사된다. "그들의 가장 선한 자라도 가시 같고 가장 정직한 자라도 찔레 울타리보다 더하도다."미7:4 이렇게 해서 우리는 그리스도가 자기 백성에게 어떤 존재인지, 또 교회가 그분에게 어떤 존재인지를 알게 된다.

이제 교회가 그리스도를 어떻게 평가하는지 확인해 보자. "남자들 중에 나의 사랑하는 자는 수풀 가운데 사과나무 같구나. 내가 그 그늘에 앉아서 심히 기뻐하였고 그 열매는 내 입에 달았도다."아2:3

여기서 술람미 여인은 자기 생각을 말하기 시작한다. 술람미 여인은 사랑하는 자에 대하여 기뻐하는 모습을 보여주고 있다. 마찬가지로 교회도 사랑하는 자 곧 그리스도를 기뻐한다. 그리스도께서 교회를 가시나무 가운데 백합화로 비유하는 것처럼, 술람미 여인도 그리스도를 "수풀 가운데 사과나무"로 비유한다. 왜냐하면 사과나무에는 다른 나무에 없는 두 가지 특징이 있기 때문이다. 곧 사과나무는 먹을 열매와 위로를 위한 그늘을 제공한다. 술람미 여인은 사과나무의 열매를 먹고 사과나무의 그늘에서 쉬면서 큰 즐거움을 누린다. 마찬가지로 교회도 그리스도를 먹고 자라고, 그리스도의 사랑의 그늘에서 쉰다.

"남자들 중에 나의 사랑하는 자는." 천사나 하나님의 아들들로 지음받은 자나 또는 아브라함의 후손이나 옛 창조의 아들들이나 어쨌든 다른 모든 남자는, 세상에서 아무리 높은 평가를 받는다고 할지라도, 주리고 지친 영혼에게 곧 오매불망 그늘과 열매를 찾는 영혼에게 열매나 그늘을 조금도 제공하지 못하는 열매 없고 잎이 없는 숲의 나무들과 같다. 교회는 이렇게 말한다. "그리스도 안에는 열매 곧 맛있는 열매가 있다. 그리스도의 살은 참된 양식이요, 그리스도의 피는 참된 음료다."["내 살은 참된 양식이요 내 피는 참된 음료로다."요 6:55] 나아가 그리스도는 어떤 주린 영혼도 충분히 만족하게 할 영원한 의를 가져오심으로써, 양식을 얻고자 많은 나무를 찾아다녔으나 아무 열매도 찾지 못한 주린 영혼을 만족하게 하신다. 그리스도는 보배롭고 활력 있는 은혜로 충만하고, 그리스도로부터 나는 얼마든지 가져다 먹을 수 있다. 사실 그리스도는 먹으라고 나를 부르시고, 배부를 때까지 먹게 하신다. 그리스도께서 주시는 열매들이 이런 것들이다. 그리스도는 생명에 필수적인 것은 무엇이든 맺는 나무다. 그리스도는 영생에 필수적인 것은 무엇이든 맺는 생명나무다. 그리스도 안에는 우리가 갈망하는 바로 그 의가 있다. 그리스도 안에는 마시는 자는 누구나 다시는 목마르지 않는 바로 그 생명수가 있다. 오, 그리스도의 중보의 열매들은 성도들의 믿음에 얼마나 달콤한지! 긍휼, 용서, 은혜, 하나님의 인정, 거룩함,

성화 그리고 구원에 필수적인 다른 모든 것들이 신자들만을 위하여 마련된 것임을 전혀 모르는 자는 이것들을 누릴 수 없다.

그리스도는 또한 위로와 보호를 제공하는 그늘이시다. 그리스도는 외적인 진노를 피하게 하시고, 내적인 피곤함을 위로해 주신다. 그늘의 일차적인 용도는 요나의 박넝쿨과 같이 사람을 태양의 열기에서 보호하는 것이다. 하나님의 진노의 열기가 영혼을 태워 버릴 때, 그리스도는 그 열기에서 영혼을 지키는 그늘이 되신다. 우리가 그리스도의 날개 그늘 아래 고요히 그리고 안전하게 앉아 있는 것은 그분을 의지하기 때문이다. 나아가 우리는 이 모든 일들을 매우 즐겁게 행한다. 누가 주 예수의 의의 옷을 입음으로써 진노에서 안전하게 피하는 영혼의 기쁨을 제대로 묘사할 수 있겠는가? 또한, 그늘에는 피곤함에서 벗어나게 하는 위로가 있다. 그리스도는 "곤비한 땅에 큰 바위 그늘"사 32:2과 같다. 그리스도 안에는 타락의 권세, 시험의 괴로움, 박해의 고통 가운데서도 누리게 되는 평화와 안식과 고요함이 있다.마 11:27-28

술람미 여인은 서로에 관해 설명하고, 서로가 하는 이 교제와 사귐에서 즐거워할 수밖에 없음을 분명히 한 다음, 계속해서 이 교제에 대하여 상세히 묘사한다. 우리는 이 묘사를 통해 그리스도와 그의 백성들이 누리는 교제의 즐거움에 대하여 배울 수 있다.

"그가 나를 인도하여 잔칫집에 들어갔으니 그 사랑은 내 위에 깃발이로구나. 너희는 건포도로 내 힘을 돕고 사과로 나를 시원하게 하라. 내가 사랑하므로 병이 생겼음이라. 그가 왼팔로 내 머리를 고이고 오른팔로 나를 안는구나."아 2:4-6

이 교제는 즐거운 잔칫집과 같다

"그가 나를 인도하여 잔칫집에 들어갔으니." 이 교제는 가장 달콤하고 가장 맛있는 진수성찬이라는 이미지로 설명된다. 술람미 여인은 "내가 마치 어떤 대단한 사람인 양 그가 나를 대접한다"고 말한다. 큰 연회에서 대단한 사람들은 잔칫집, 포도주가 있는 집, 고급 음식이 차려진 집 등으로 인도된다. 이곳에는 은혜와 자비, 사랑과 인자 외에 모든 것—복음 속에 약속되고 성도들이 모일 때 선포되고 성령으로 계시된 것들—이 음식으로 차려져 있다. 이 "사랑이 포도주보다 나음이로구나."^{아1:2}

그것은 "먹는 것과 마시는 것이 아니요 오직 성령 안에 있는 의와 평강과 희락이다."^{롬14:17} 복음의 약속들은 맛있는 진수성찬이다. 여기서 잔칫집이 성경, 복음, 성례 또는 어떤 놀라운 특별한 사랑의 계시 가운데 어느 것을 가리키는지는, 잔치가 날마다 있는 것이 아니고 자주 즐기는 것이 아니므로 문제가 되지 않는다. 포도주는 사람의 마음을 기쁘게 하고, 삶의 불행을 잊게 하며, 기분 좋은 얼굴을 하게 한다고 성경에 약속되어 있다.^{잠31:6-7,} ^{갈4:9,12}

성례를 통해 그리스도께서 주시는 은혜는 성도들의 영혼에 활력과 힘과 위로를 충분히 제공한다. 꿀이 가득한 이 벌집을 싫어하는 영혼에게는 화가 있으리로다! 그리스도는 이런 식으로 자신의 모든 모임을 잔칫집으로 만드신다. 거기서 그리스도는 성도들에게 풍성한 연회를 선사하신다.

이 교제는 즐겁다

"너희는 건포도로 내 힘을 돕고 사과로 나를 시원하게 하라. 내가 사랑하므로 병이 생겼음이라."아2:5 확실히 술람미 여인은 이 풍성한 연회에 압도되어 있다. 마찬가지로 그리스도의 백성들도 성도들의 모임에서 그리스도께서 부어 주신 사랑과 보호와 긍휼하심에 압도된다.

영혼은 이 잔칫집에서 그리스도의 탁월하심과 감미로움을 발견하고서 이에 압도되어 그리스도의 충만하심에 참여하겠다고 외친다. 영혼은 하나님 사랑의 강력한 힘에 압도되어 "상사병"에 걸린다. 이 잔칫집에서 그리스도의 감미로움을 일단 맛보고 배불리 먹지 못할 때 마음은 병에 걸린다. 그러므로 영혼은 다음과 같이 외친다. "저를 살려주세요. 왕의 아름다움을 보고서, 저는 한눈에 왕에게 반했습니다. 저는 그분의 의의 열매를 맛보았습니다. 내 영이 그분을 사모합니다. 오, 부디 이 혼을 굽어살피셔서 왕이 임하시는 그분의 성례에 참여하게 하소서. 그렇지 않으면, 쓰러져 정신을 잃게 될 지경입니다. 오, 복되신 예수님, 당신은 지금까지 어떤 일을 하셨나이까! 나는 당신을 보았고, 내 영혼은 당신의 사랑에 압도되었나이다. 나를 도우시어 제가 당신으로부터 무언가를 얻게 하옵소서. 그렇지 않으면 나는 죽게 될 것입니다."

사람이 정신을 잃을 지경이 되면 두 가지 도움이 필요하다. 땅에 넘어지지 않도록 하는 힘이 필요하고, 기력이 없는 그의 영을 새롭게 하고 기운을 회복시키기 위한 내적 위로가 필요하다. 영혼은 이 두 가지를 위하여 기도한다. 즉 자신이 가진 사랑의 힘으로 무기력함을 이겨내고, 그리스도의 사랑을 의식하고서 다시 일어서게 해달라고 기도한다. 정신이 혼미해져 가는 영혼은 자신을 일으켜 세울 강한 은혜를 받아 자신의 사명을 감당하기를 갈망한다. 그리고 성령의 위로를 받아 다시 일어서서 그리스도를 충분히 누리기를 갈망한다.

이 교제는 영혼이 안전과 보호를 찾는 교제다

"그 사랑은 내 위에 깃발이로구나."아 2:4 깃발은 안전과 보호의 상징이자 주인의 존재를 암시하는 표시였다. 어떤 군대에 소속된 자들은 안전을 위하여 그들의 깃발 아래 모였다. 광야에서 이스라엘 자손의 각 지파는 각기 자기 지파의 깃발 아래 진을 쳤다. 깃발은 또 성공과 승리의 상징이다.시 20:5

그리스도는 자기 성도들을 위하여 깃발을 갖고 계시고, 그 깃발은 사랑을 상징한다. 성도들이 받는 모든 보호는 그리스도의 사랑에서 나오고, 성도들은 그리스도의 사랑이 그들에게 줄 수 있는 보호를 모두 받는다. 이로써 성도들은 지옥과 사망 그리고 원수들의 온갖 위협에서 안전하게 보호를 받는다. 누구든 또는 무엇이든 그리스도의 백성을 해치려면 주 예수의 사랑의 깃발을 통과해야만 한다. 따라서 그리스도의 백성은 강력한 영적 안전을 갖고 있고, 이것은 주 예수님과 함께하는 교제가 가진 또 하나의 엄청난 혜택이다.

이 교제는 영혼이 힘과 위로를 얻는 교제다

"그가 왼팔로 내 머리를 고이고 오른팔로 나를 안는구나."[아 2:6]
그리스도는 여기서 병들었거나 슬퍼하는 자의 어떤 한 친구로
묘사된다. 영혼은 사랑에 빠져 병이 걸렸다. 영혼은 그리스도의
임재를 누리고 싶은 영적 갈망을 하고 있다. 그러자 그리스도는
영혼에게 다가와 사랑으로 안아 주신다. 그리스도는 자신의 교
회를 양육하고 보호하신다.[엡 5:29, 사 63:9] 따라서 "왼팔로 머리를 고
이는" 것은 시련과 난관 속에 있을 때 도와주고 붙들어 주시는
은혜를 상징한다. 그리고 "오른팔로 안는" 것은 가슴에 손을 얹
는 것을 가리키는 것으로, 기쁨과 위로를 준다. 이 두 경우 모두
그리스도는 "신랑이 신부를 기뻐함 같이"[사 62:5] 기뻐하는 것으로
묘사된다. 따라서 그리스도의 사랑의 팔에 안겨 도움과 위로를
받으려면 끊임없이 그리스도와 교제를 해야 한다. 그래서 술람
미 여인은 이렇게 말한다. "예루살렘 딸들아, 내가 노루와 들사
슴을 두고 너희에게 부탁한다. 내 사랑이 원하기 전에는 흔들지
말고 깨우지 말지니라."[아 2:7] 술람미 여인은 매우 간절하게 교제
가 방해받지 않기를 바라고, 그래서 자신이 사랑하는 자가 화가
나 떠나지 않게 조심해 달라고 모든 사람에게 부탁한다. 마찬가
지로 교회도 그리스도와 함께하는 교제가 방해받거나 그리스도
께서 화가 나 떠나가지 않게 해달라고 기도한다.

"솔로몬의 노래"로 불리는 아가서는 전체적으로 주님이신 그
리스도와 성도들 간의 교제에 대하여 묘사하고 있다. 그러므로
아가서에서 굳이 예증을 끌어내는 것이 더는 필요치 않다. 다만

나는 여기에 잠언 9:1-5을 예증으로 덧붙이고자 한다.

성부 하나님은 자신의 영원한 지혜이신 주 그리스도를 우리에게 지혜가 되게 하신다. 주님이신 그리스도는 자신의 지혜로 영적인 집을 지으시고, 이 집에 사람들을 자유롭게 초청하시고, 그 손님들이 즐기도록 양식을 준비하신다. 그리스도의 교회는 튼튼한 기초를 의지하여 안전하도록 완전한 수의 기둥으로 세워진 집이다. 그리스도의 식탁에 차려져 있는 고기와 혼합한 포도주는 복음이 지닌 영적이고 풍부한 사실들을 상징하고, 이것들은 그리스도께서 자신의 초청에 응하여 나아온 사람들을 위하여 은혜로 마련하신 것이다. 확실히 이 떡을 먹고 이 잔을 마시는 것은 하나님의 영원한 아들이신 주 예수 그리스도와 교제를 하는 것이다.

chapter 06

은혜 안에서 그리스도와 함께하는 교제

은혜는 성경 곳곳에서 예수님의 주된 특징의 하나로 설명된다. 그리스도는 우리 가운데 거하셨고, "은혜와 진리가 충만"요 1:14한 분이시다. 그리스도 이전에 살았던 모든 자들에게는 은혜가 상징적으로 그리고 일부분만 주어졌다. 그러나 오직 그리스도의 오심으로, 은혜는 진실로 그리고 실제로 임했다. "은혜와 진리는 예수 그리스도로 말미암아 온 것이라."요 1:17 "우리가 다 그의 충만한 데서 받으니 은혜 위에 은혜러라."요 1:16 말하자면 우리는 은혜 안에서 그리스도와 교제를 한다. 우리는 예수님에게서 온갖 은혜를 받는다. 따라서 은혜 안에서 우리는 예수님과 교제한다.

사도들의 축복기도를 보아도, 은혜는 우리 주 예수 그리스도에게 속해 있는 것으로 제시된다.고후 13:13 바울은 은혜를 자신의 좌우명으로 삼을 정도로 굉장히 은혜를 좋아한다.살후 3:17-18 바울은 "은혜가 너희와 함께 있을지어다"와 "주 예수께서 너희와 함께 있을지어다"라는 표현을 대등하게 사용한다. 따라서 은혜는 우리가 특별히 주 예수님 안에서 발견하는 특성이다. 은혜는 우리가 그리스도로부터 받는 것이다. 복음 속에 계시되어 있는 은혜는 우리를 예수 그리스도와 교제하게 하는 은혜다. 그리스도는 하나님의 성전의 머릿돌이고, 이 머릿돌에 대하여 "은총, 은총이 그에게 있을지어다"라고 외쳐져야 한다.^{슥4:7}

은혜는 다양한 의미를 지닌 말이다. 그러나 주로 은혜는 다음 세 가지 의미가 있다.

(1) 은혜는 인품과 아름다움을 의미할 수 있다. 그래서 우리는 "그는 은혜롭고 아름다운 사람이다"라고 말한다. 아가서는 주로 그리스도의 인격에서 나오는 은혜와 아름다움을 다룬다. 시편 45:2도 보라.

(2) 은혜는 값없는 호의와 인정을 의미할 수 있다. "너희는 은혜로 구원을 받았다." 즉 우리는 그리스도 안에서 하나님이 베푸시는 값없는 호의와 긍휼하신 인정으로 구원을 받았다. 그래서 "내가 참으로 주의 목전에 은총을 입었사오면"^{출33:13}이라는 표현이 종종 사용된다. 이 표현을 사용하는 자는 자신이 값없이 그리고 호의로 인정받기를 바란다. 마찬가지로 하나님도 겸손한 자에게 "은혜를 베푸신다." 즉 호의를 베푸신다.^{약4:6, 창39:21, 41:37, 행7:10, 삼상2:26, 왕하25:27}

(3) 은혜는 우리의 본성을 거룩하고 새롭게 하며, 하나님이 우리를 향해 계획하신 좋은 일들을 행할 수 있게 하며, 우리가 악을

저지르지 못하게 하는 성령의 열매를 의미할 수 있다. 주 그리스도는 "내 은혜가 네게 족하다"라고 말씀하신다. 말하자면 하나님이 이미 베푸신 도움이 바울에게 충분했다.^{고후12:9, 8:6-7, 골3:16, 히12:28}

은혜라는 말의 둘째와 셋째 의미는 그리스도와 관련된 것으로, 그리스도께서 우리를 위하여 값으로 사신 것이므로 나는 그것을 "값으로 산 은혜"라 부른다. 그리고 이 값으로 산 은혜로 우리가 예수님과 함께하는 교제는 "그 부활의 권능과 그 고난에 참여함^{fellowship}"으로 불린다.^{빌3:10}

그러므로 이제 우리는 은혜라는 말의 첫째 의미와 그 용법을 다루는 것으로 시작하며, 나는 이것을 "인격적 은혜"라 부르고자 한다.

그리스도의 인격적 은혜는 중보자이신 그리스도를 가리킨다. 그러므로 나는 그리스도의 인격적 은혜를 신-인으로서 우리를 위하여 취하신 중보자 직분과 분리해서 그리스도의 신격에서 드러나는 영광스러운 탁월함을 가리키는 의미로 보지 않는다. 그렇다고 여기 이 땅에 계실 때나 하늘에 오르셨을 때, 갖고 계셨던 인간 본성의 외적 현상을 가리키는 의미도 아니다. 이런 것들은 단지 "그리스도를 육신을 따라 아는 것"^{고후5:16}에 불과하다. 반면에 내가 가리키는 의미는 중보자인 그리스도의 인격에서 나오는 은혜다. 내가 말하고 싶은 것은 그리스도의 영적인 영광과 아름다움이다. 이 영광과 아름다움은 하나님께서 택한 모든 이들을 천국으로 인도하려는 대역사를 위해 하나님께서 정하시고 기름 부으신 것이기도 하다.

이와 관련하여 성경은 그리스도를 매우 탁월하고 아름답고 사모할 만한 분으로 묘사하고 있다. 중보자 곧 신-인이신 그리스도는 가장 위대하게 지음받은 그 어떤 것과도 비할 수 없다.[시45:2] 그리스도는 비교할 수 없는 분이시다. 그리스도는 여기 땅 위에 있는 어떤 것보다 더 아름답고 은혜로우시다. 선지자 이사야는 메시아를 "여호와의 싹", "그 땅의 소산"이라 부르며, 그리스도는 "영화롭고 아름다운 것"이라고 선언한다.[사4:2] 그리고 바울은 "그 안에는 신성의 모든 충만이 육체로 거하시고"[골2:9]라고 말한다.

술람미 여인은 사랑하는 자의 인격적 탁월함에 대하여 질문을 받자 이렇게 대답한다. "내 사랑하는 자는 희고도 붉어 많은 사람 가운데에 뛰어나구나."[아5:10] 술람미 여인은 5장이 끝날 때까지 계속해서 사랑하는 자의 인격적 훌륭함에 대하여 설명하고, "그 전체가 사랑스럽구나"[16절]라는 말로 결론을 맺는다. 하지만 주목해야 할 것은 술람미 여인이 사랑하는 자를 특별히 "희고도 붉다"고 말한 점이다. 곧 흰색과 붉은색이 아름답게 조화를 이루었음을 말한 것이다.

그리스도는 신성의 영광에 있어서는 희고, 인성의 고귀함에 있어서는 붉다. 야곱은 실로 메시아에 대하여 묘사하면서 이렇게 말했다. "그의 눈은 포도주로 인하여 붉겠고 그의 이는 우유로 말미암아 희리로다."[창49:12] 흰색은 영광을 상징한다.[단7:9, 마17:2, 막9:3, 계1:14] 항상 그리스도를 바라보고 그리스도와 동일한 영광의 형상으로 변화된 천사와 영화된 성도들은 흰옷을 입고 있는 것으로 말해진다. 따라서 그리스도의 모습이 희다는 것은 그분의 신성과 그분의 신성의 영광을 가리킨다.

그리스도는 또한 인성의 아름다움에서는 붉다. 사람은 지음받은 붉은 흙으로 인해 아담이라 불렸다. 이 말에 따라 그리스도는 둘째 아담 곧 자기 자녀들이 혈과 육에 속했기 때문에 혈과 육을 함께 지니신 분이라 불린다.^{히 2:14} 주 예수의 아름다움과 영광은 한 인격 속에 이 두 본성이 연합된 것에서 확인된다.

그리스도는 또한 그분의 죄 없으심과 거룩하심의 아름다움에서는 희고, 그분의 속죄의 피에 있어서는 붉다. 흰색은 죄 없으심과 거룩함의 상징이다. 거룩함의 상징인 나실인에 대해서는 "눈보다 깨끗하고 젖보다 희며"라고 말해진다.^{애 4:7} 그리고 이사야는 주홍색, 진홍색, 붉은색은 죄와 죄책의 색이고, 흰색은 죄 없음의 색이라는 것을 보여준다.^{사 1:18} 그리스도는 "흠 없고 점 없는 어린 양"이셨다.^{벧전 1:19} 그리스도는 "죄를 범하지 아니하시고 그 입에 거짓도 없으신" 분이다.^{벧전 2:22} 그리스도는 "거룩하고 악이 없고 더러움이 없고 죄인에게서 떠나"^{히 7:26} 계신다. 죄가 없으셔서 흰색을 지니신 분이 자신의 피로 붉게 되셨다.

그리스도는 자신의 피 곧 보혈을 쏟으심으로써, 또 땀이 땅에 떨어지는 핏방울같이 될 정도로 영혼의 고뇌를 겪으심으로써 붉게 되셨다.^{눅 22:44}

그리스도는 또한 채찍과 가시관, 못과 창에 피를 엄청나게 흘리심으로써 붉게 되셨다.^{요 19:34} 말하자면 자기 자신의 피로 그 몸이 온통 적셔짐으로써 붉게 되셨다.

그리스도께 붉은색과 진홍색인 죄가 전가됨으로써 그분은 붉게 되셨다.^{고후 5:21} 흰색이셨던 분이 우리 죄를 위한 제물로 피를 흘리심으로써 붉게 되셨다. 그분은 자신의 흰색으로 율법을 이루셨다. 그리고 자신의 붉은색으로 공의를 충족시키셨다.

왕이신 그리스도는 희고 붉으신 분이다. 그리스도는 자기 백성에게 보여주신 사랑과 긍휼에서는 희다. 하지만 자기 원수들에게 보여주신 공의와 복수에서는 붉다.^{사 63:3, 계 19:13}

주 예수 그리스도의 인격적인 탁월함과 은혜는 연합의 은혜와 교제의 은혜에서 보여진다

그리스도께서 베푸시는 연합의 은혜를 볼 때, 그분은 합당한 구원자이시다

한 인격 속에 하나님의 속성과 인간의 속성이 연합해 있는 그리스도는 구주가 되시기에 참으로 합당한 분이시다. 그리스도는 하나님의 속성에 참여함으로써 하나님께 자신의 손을 드리우신다.^{슥 13:7} 그리고 우리의 본성에 참여함으로써 우리에게 자신의 손을 드리우신다.^{히 2:14, 16} 따라서 그리스도는 하나님과 사람 사이에 중재자 또는 조정관이 되어 양 당사자가 상대방에 대한 약속과 의무를 지키도록 확실히 하신다. 이것은 그리스도께서 죄로 분리된 사람과 하나님을 연결하신다는 것을 의미한다. 멀리 있던 우리가 그리스도로 인해 하나님께 가까워졌다. 바로 이것 때문에 그리스도는 여유로운 마음으로 우리를 받아들이고, 영으로 우리에게 주어진 모든 진노를 감당하셨다. 죄는 무한하신 하나님을 거역한 허물이므로 무한한 형벌을 가져왔다. 그리스도는 인간 속성을 가지신 무한한 하나님이시므로, 죄인이 받아야 할 무한 형벌을 받으셔야 했다. 따라서 우리는 그리스도 안에 있는 이 인격적 연합을 통해 구원받는다.

그리스도께서 베푸시는 교제의 은혜를 볼 때, 그분은 우리를 온전히 구원할 능력이 충만한 분이시다

"우리가 다 그의 충만한 데서 받으니 은혜 위에 은혜러라."요 1:16 이 연합의 결과가 은혜로 값없이 우리에게 주어진다. 따라서 그리스도는 "자기를 힘입어 하나님께 나아가는 자들을 온전히 구원하실 수"히 7:25 있다. 그리스도께서 온전히 구원하실 수 있는 것은 성부 하나님으로부터 성령을 통해 우리의 구원에 필요한 모든 것을 받으셨기 때문이다. 우리의 구원을 위한 모든 충만이 그리스도에게 전달되었다. "아버지께서는 모든 충만으로 예수 안에 거하게"골 1:19 하시기 때문이다. 그리고 그리스도는 "성령을 한량없이" 받으셨다.요 3:34 따라서 이 충만으로 자기 백성의 모든 필요를 채우시는 데 조금도 부족함이 없으시다.요 1:16 만약 그리스도께서 성령을 제한적으로 받으셨다면, 우리에게 주어지는 그리스도의 공급은 금방 중단되고 말 것이다. 따라서 자신이 받은 충만으로 인해 그리스도는 인간 영혼이 원하는 모든 것을 주시기에 완전히 충분하시다. 영혼이 죽었는가? 그리스도가 영혼의 생명이다. 영혼이 연약한가? 그리스도가 영혼의 힘이다. 영혼이 무지한가? 그리스도가 영혼의 지혜다. 영혼이 죄가 있는가? 그리스도가 영혼의 의와 칭의가 되신다.

가련한 많은 피조물이 자신의 필요는 알고 있으나 어디서 그 필요를 채워야 할지는 모르고 있다. 그 필요가 생명이나 빛이나 능력이나 기쁨이나 어떤 것이든, 모든 것이 그리스도 안에 분명히 있다.

그러므로 그리스도는 구원 역사를 온전히 이루는 데 필요한 연민과 능력, 긍휼하심과 권능을 갖추신 최고의 구주시다.

그리스도께서 충분하고 완전한 구주이신 것은 그분이 우리에게 구속과 의로움과 거룩함이 되고, 또 우리에게 자신의 영을 주시기 때문이다. 그리스도는 또한 우리 영혼의 모든 필요를 충분히 채우신다. 따라서 그리스도는 지극히 사모할 만하고 완전히 사랑스러운 분이다. 이런 상황에서 성도들은 주 그리스도와 각별한 교제를 한다.

오직 그리스도만이 영혼을 만족하게 할 수 있다. 그리스도 외에 다른 모든 길과 일은 결국 실망으로 끝날 뿐이다.

아가서를 보면, 일반적으로 그리스도를 찾는 사람들로 상징되는 예루살렘의 딸들이 사랑하는 자에 대하여 설명하는 술람미 여인의 말을 듣고 그녀와 함께 그분을 찾아다닌다.아 5:10-16, 6:1 바울이 그리스도를 십자가에 못 박은 자들에 대하여 말하는 것은 그리스도를 거부하거나 그리스도와 교제를 거부하는 모든 사람에게 적용될 수 있다. 그리스도는 자신의 은혜로운 초청을 무시하는 자들을 "어리석은 자들"과 "미련한 자들"과 "거만한 자들"잠 1:22로 부른다. 그리스도를 모르는 자들만이 그분을 무시한다. 그리고 그들이 그리스도를 무시하는 것은 이 세상의 신이 그들의 눈을 멀게 하여 그리스도의 영광을 전혀 볼 수 없게 만들었기 때문이다. 사람들의 영혼은 마음에 안식과 평안을 줄 뿐만 아니라, 만족과 즐거움까지 주는 것을 자연스럽게 찾기 마련이다. 사람들은 자기들이 바라는 것을 얻기 위해 동분서주할 때 아래와 같은 두 가지 모습을 보인다. 첫째는 자기 앞에 어떤 목표를 확실히 세우는 것이다. 자신이 세운 목표에 따라 어떤 이들은 쾌락을 추구하기도 하고, 또 어떤 이들은 이익을 추구하기도 한다. 종교의 영역에서는 하나님의 인정을 받는 것을 추구하기도 한다. 둘째는 인생의 목적으로 삼을 어떤 것을 계속 찾기만 하는 것이다. 다시 말해, 설령 찾았다 해도 그 목적에 대한 확신이 없어 그저 계속 찾기만 한다. 그들은 이런저런 길을 추구하고, 지칠 때까지 추구하며 아무것도 찾지 못하지만, 그래도 그만두지 못한다. 혹시 이런 자들의 삶이 여러분의 상황일 수도 있다. 다시 말해 여러분이 탐욕 속에서 헛된 세속적 목표나 종교적 목표를 추구하거나 아니면 어리석은 상상 속에서 헤매거나 오로지 절망에 사로잡혀 있을 수도 있다. 현재 여러분이 어떤 상태에 있는지 정확히는 모르지만, 현재 목표로 삼고 있는 것이나 여러분이 현재 행하고 있는 것이 있다면, 그것을 예수 그리스도에 대하여 이미 들은 것과 비교해 보라. 위에서 열거한 그런 상황에서 여러분이 추구하고 있는 것이 만약 그리스도를 목표로 삼은 것과 같거나 그와 대등한 것이라면, 그리스도께는 사모할 만한 것이 아무것도 없다고 생각하고서 그분을 내팽개쳐도 좋다. 하지만 그리스도와 비교해 볼 때 여러분의 모든 삶이 어리석음과 괴로움으로 가득 차 있다면, 어찌하여 "양식이 아닌 것을 위하여 은을 달아 주며 배부르게 하지 못할 것을 위하여 수고하는가"^{사 55:2} 하신 말씀을 곰곰이 생각해 보아야 한다.

이제 아직 젊기에 건강하고 힘이 있고 어떤 매력적인 야망 또는 어떤 즐거운 쾌락을 좇는 자들에게 한마디 하겠다. 잠시 멈추어 서서 깊이 생각해 보라. 참된 사랑의 대상인 그리스도와 비교할 때 여러분이 사랑하는 모든 것은 어떠한가? 여러분이 사랑하는 것들이 어떤 만족과 행복을 가져다주었는가? 그것들이 여러분에게 어떤 평안과 안정과 영속적인 행복을 보장하는지 우리에게 보여 달라. 그것들이 제시하는 길은 굽었다. 그것들을 따라 걷는 자는 누구나 평강을 얻지 못할 것이다. 그러므로 여러분이 최고로 사랑할 수 있는 적합한 대상 곧 그 안에서 영혼의 안식을 찾을 수 있는 대상, 영원히 여러분을 슬프게 하거나 괴롭게 하는 것을 절대 찾아낼 수 없는 그런 대상이 있는지 알아보라. 그런데 보라, 바로 그런 분이 여러분의 영혼의 문을 두드리고 서 계신다. 그분을 거부하지 말라. 만약 거부하면, 여러분이 그분을 찾아도 만나지 못할 것이다. 어찌하여 여러분은 게으름과 어리석음에 빠져 금쪽같은 시간을 허비하고 있는가? 어찌하여 신앙과 하나님의 일을 조롱하는 자들과 사귀는가? 여러분이 단지 그렇게 하는 것은 주 예수 그리스도를 모르기 때문이다. 그리스도께서 여러분에게 나타나셔서 자신을 여러분이 경시하고 거부한 하나님의 아들이라고 말씀하실 때, 그때 여러분은 그분을 등한시한 것 때문에 여러분의 마음은 얼마나 찢어지고, 얼마나 슬픔과 후회로 가득 차겠는가? 그리스도를 알아보려고 한 번도 나온 적이 없다면, 여러분은 차라리 태어나지 않는 것이 더 좋았을 것이다. "오늘 너희가 그의 음성을 듣거든 너희 마음을 완고하게 하지 말라."[히 4:7]

이제는 자기 자신의 노력과 선행으로 진지하게 의를 추구하는 자들에게 한마디 하고자 한다. 여러분 자신에 대하여 조금만 더 생각해 보라. 그리스도야말로 유일하게 완전하신 의 곧 하나님을 만족하게 하실 유일한 의가 아니신가? 하나님이 그리스도를 여러분에게 의로움이 되도록 보내셨는데도, 여러분은 어찌하여 여러분 자신의 의를 의지하는가? 그리스도는 여러분의 마음속에서 계셔야 할 자신의 합당한 자리에 계시는가? 그리스도가 여러분에게는 무엇을 의미하는가? 그리스도가 여러분의 모든 생각 속에 있는가? 여러분은 그리스도의 모든 영광과 아름다움을 알고 있는가? 그리스도를 더욱더 사모하는가? 정말로 그리스도와 비교하여 모든 것을 "배설물"[빌 3:8]로 여기는가? 아니면 그리스도보다 세상에 있는 어떤 것을 더 사랑하는가? 이에 대해서는 나중에 말할 것이다.

chapter 07

신자들이 주 예수 그리스도와 은혜 안에서 교제하는 법

우리는 주 예수님과 결혼 관계로 은혜 안에서 교제한다고 성경은 말한다. 그리스도는 우리와 결혼하고, 우리는 그리스도와 결혼한다. 이 영적 결혼 관계는 서로에 대한 사랑을 수반한다. 따라서 그리스도와 교제할 때 우리는 그분 안에 있는 좋은 모든 것을 경험하고 누리게 된다.

술람미 여인은 이 관계를 다음과 같이 표현한다. "내 사랑하는 자는 내게 속하였고 나는 그에게 속하였도다."^{아 2:16} 그리스도는 내 것이다. 나는 그리스도를 소유한다. 그리스도를 나의 머리이자 남편으로 간주한다. 그리고 나는 그리스도의 것이다. 그리스도는 나를 소유하고, 나를 차지하며, 나를 자신과 인격적인 결혼 관계로 이끄신다.

이사야서에서 우리는 다음과 같은 말씀을 본다. "이는 너를 지으신 이가 네 남편이시라. 그의 이름은 만군의 여호와이시며 네 구속자는 이스라엘의 거룩한 이시라. 그는 온 땅의 하나님이라 일컬음을 받으실 것이라."^{사54:5} 이것은 교회가 시련과 환난을 겪는 와중에도 부끄러워하거나 당황하지 않을 이유로 제시된다. 교회는 자기를 지으신 이와 결혼하고, 교회의 구속자가 남편이므로, 우리는 그리스도의 영광과 교회의 영광이 함께함을 확인한다. "내가 여호와로 말미암아 크게 기뻐하며 내 영혼이 나의 하나님으로 말미암아 즐거워하리니 이는 그가 구원의 옷을 내게 입히시며 공의의 겉옷을 내게 더하심이 신랑이 사모를 쓰며 신부가 자기 보석으로 단장함 같게 하셨음이라."^{사61:10} 그리스도와 성도들은 마치 혼인날의 신랑과 신부와 같다. 그리스도는 성도들의 남편이다.

주님은 또 이렇게 말씀하신다. "내가 네게 장가들어 영원히 살되 공의와 정의와 은총과 긍휼히 여김으로 네게 장가들며 진실함으로 네게 장가들리니 네가 여호와를 알리라."^{호2:19-20} 따라서 복음 사역의 주된 목적은 주님이신 그리스도께서 긍휼을 베푸셔서 우리의 남편이 되신 것을 기꺼이 보여줌으로써, 사람들이 그분을 의지하도록 설득하는 것이다. 그래서 바울은 고린도 교회 교인들에게 이렇게 말했다. "내가 너희를 정결한 처녀로 한 남편인 그리스도께 드리려고 중매함이로다."^{고후11:2}

그리스도는 이 관계를 기뻐하시며, 다른 사람들도 자신의 이 영광스러운 모습을 보도록 초대하신다. 그리스도는 다음과 같이 말씀하신다. "시온의 딸들아, 나와서 솔로몬 왕을 보라. 혼인날 마음이 기쁠 때에 그의 어머니가 씌운 왕관이 그 머리에 있구나."[아3:11] 여기서 "시온의 딸들"은 신앙을 고백하는 모든 그리스도인을 상징하는데, 그리스도는 이들에게 자기를 자신의 교회와 약혼하고 결혼한 자로 생각하라고 하신다. 이것 때문에 그리스도는 자기 백성에게 그들이 자기에게 영광과 기쁨이라고 말씀하신다.

신자는 그리스도께 존귀하다

이 혼인날은 그리스도의 대관식 날이다. 이날 그분이 쓰시는 관이 바로 그분의 신부다. 그리스도께서 "자기 백성의 남은 자에게 영화로운 면류관이 되시며 아름다운 화관이"[사28:5] 되시는 것처럼, 그의 교회는 "여호와의 손의 아름다운 관, 네 하나님의 손의 왕관"이 될 것이다.[사28:5, 62:3] 그리스도는 성도들과 맺은 이 관계를 자신의 영광과 명예로 삼으신다.

신자는 그리스도께 큰 기쁨이다

죄로 얼룩진 가련한 영혼들이 그리스도의 사랑의 보살핌 속에 들어가는 이 혼인날은 그리스도께서 진심으로 기뻐하시는 날이다. 세례 요한은 그리스도께서 신부를 취하실 때 옆에 서서 신랑의 음성을 들은 친구에 불과했지만 그래도 그는 크게 기뻐했다.[요3:29] 그렇다면 신랑의 기쁨과 즐거움은 얼마나 더 컸을까! 이것은 스바냐 선지자가 말하는 것과 같다. "그가 너로 말미암아 기쁨을 이기지 못하시며 너를 잠잠히 사랑하시며 너로 말미

암아 즐거이 부르며 기뻐하시리라."슥3:17

그리스도는 가련한 죄인들을 자신과 결혼 관계로 이끄신다. 이것이 그리스도께서 마음으로 기뻐하는 일이며, 영으로도 기뻐하시는 일이다. 그리스도는 영원 전부터 그것을 생각하며 즐거워하셨다.잠8:31 그리고 이 관계를 실현하는 데 요구되는 힘든 일을 기꺼이 감당하셨다.시40:7-8, 히10:7 그리스도는 이 일을 다 이루실 때까지, 여인이 해산할 때 겪는 산고와 같은 어려움을 겪으셨다.눅12:50 교회를 사랑하셨기 때문에 교회를 위하여 자신을 바치셨다.엡5:25 수치를 개의치 아니하시고 십자가를 참으셨다.히12:2 그리스도께서 이 모든 일을 감당하신 것은 신부를 기쁘게 하기 위해서였다. 오로지 신부를 위한 일이었으며, 신부 또한 다른 사람이 아니라 신랑을 위했다.호3:3 이것은 또한 그리스도의 어머니께서 그분에게 관을 씌워주실 때 갖는 기쁨이기도 하다. 그러면 여기서 그분의 어머니는 누구를 말하는가? 솔로몬이신 이 그리스도께 어머니와 형제와 자매가 되는 이들은 바로 신자들이다.마12:49-50 신자들은 그리스도의 혼인날에 그분에게 관을 씌우고, 그분에게 자신을 드리며, 그분의 영광이 된다.고후8:23

그리스도께서 교회를 자기에게 이끄시는 날이 바로 그분의 혼인날이고, 이때 교회는 그분의 신부 곧 아내가 된다.계19:7-8 그리스도께서 성도들을 위하여 마련하신 잔치가 바로 혼인 잔치다.마22:3 그리스도 교회의 은혜는 왕후의 보석들과 같다.시45:9-14 그리고 그리스도께서 성도들과 함께하는 교제는 사랑하는 남편과 아내가 서로 나누는 교제와 똑같다. 그래서 바울은 인간의 결혼 제도를

설명하면서 그리스도와 교회 간의 결혼에 비유한다.엡 5:22-32

이 결혼 관계에서 우리는 그리스도와 어떻게 교제해야 할까?

이 결혼 관계에는 그리스도와 성도에게 공통된 것이 있고, 또한 특별한 몇 가지 것들도 있는데, 그것은 이 관계를 위해 서로 필요한 것들이다.

이 결혼 관계에서 우리가 특별히 주목해야 할 것은 두 가지 사실인데, 곧 이 결혼의 연합에는 상대방에 대한 상호 헌신이 있어야 한다는 것과 이 연합에서 서로에 대한 사랑이 나와야 한다는 것이다.

이 결혼 연합에는 상대방에 대한 상호 헌신이 있다

이것은 그리스도의 은혜로 이루어진 인격적 연합에서 나오는 첫 번째 교제다. 그리스도는 마치 남편이 아내에게 그러는 것처럼, 신부된 그 영혼에게 헌신적이 되셔서, 영혼을 사랑하고 영혼을 보살피며 긍휼을 베푸신다. 이에 대한 화답으로 그 영혼은 자신을 완전히 주 그리스도께 드려, 그분을 사랑하고 순종하는 사랑스러운 아내가 된다. 선지자 호세아는 이것을 자신의 부정한 아내 고멜과의 관계를 통해 설명한다.호 3:3 주 그리스도는 이렇게 말씀하신다. "가련한 음녀야, 내가 너를 내 피로 값을 치르고 샀다. 이제 우리가 서로 맺은 언약은 이것이다. 곧 나는 너를 위하고 너는 다른 사람이 아니라 나를 위해야 한다."

이 관계는 그리스도께서 그 영혼에게 구주, 머리, 남편이 친히 되어 주셔서 그와 영원히 함께 사는 것으로 시작된다. 그리스도는 성도들의 영혼을 즐겁게 바라보신다. 성도들의 영혼을 사랑하고, 성도들을 깨끗하고 아름다운 존재로 보신다. 왜냐하면 그리스도께서 성도들을 그런 존재로 만드셨기 때문이다.아 1:5, 겔 16:14 그러므로 그리스도는 자신의 신부와 즐겁게 교제하기를 원하신다. "바위 틈 낭떠러지 은밀한 곳에 있는 나의 비둘기야, 내가 네 얼굴을 보게 하라. 네 소리를 듣게 하라. 네 소리는 부드럽고 네 얼굴은 아름답구나."아 2:14 이것은 다음과 같이 말하는 것과 같다. "바위틈으로 도망치는 자처럼 숨지 말라. 은밀한 곳에 숨어 나오기를 무서워하는 자처럼 겁먹거나 두려워하지 말라. 너의 연약한 기도 때문에 낙심하지 말라. 나를 향해 하는 너의 탄식과 신음을 내가 들을 것이다. 그 소리가 내 귀에는 감미롭고 즐겁다. 하늘의 것을 구하고 바라는 너의 영적인 얼굴을 내가 보리라. 너를 보는 것이 내게는 큰 기쁨과 즐거움이다."

그리스도는 단지 이런 말을 하고 그만두는 것이 아니라 신부에게 자신과 더 깊은 연합을 하도록 권면한다. "내 신부야, 너는 레바논에서부터 나와 함께 하고 레바논에서부터 나와 함께 가자. 아마나와 스닐과 헤르몬 꼭대기에서 사자 굴과 표범 산에서 내려오너라."아 4:8 이것은 다음과 같이 말하는 것과 같다. "너는 옛날 이스라엘 백성처럼 너에게 사자와 표범이 되는 죄와 괴로움 속에서 방황하고 있다. 내게 나아오라. 그러면 내가 평안과 위로를 줄 것이다."마 11:28 참조 그래서 신부는 그리스도의 소원이 자신과 교제하는 것이고, 확실히 그리스도는 자기를 사랑하여

자기를 소유하기로 하신 것으로 담대하게 결론을 내린다.^{아 7:10}
그리스도는 이 연합을 이루실 때에 그리스도는 값없이 자기 자신을 그 영혼에게 주신다. 그리하여 우리는 보배롭고 훌륭하신 그분의 것이 된다. 그리스도는 자신의 모든 은혜와 함께 자기 자신을 우리에게 주신다. 그래서 신부는 이렇게 말한다. "내 사랑하는 자는 나의 것이다. 그리스도가 갖고 계시는 모든 것과 함께 그분은 나의 것이다. 그리스도는 의로움이시므로 그분은 여호와 나의 공의다. 그리스도는 하나님의 지혜와 능력이시므로 그분은 내게 지혜가 되신다."^{렘 23:6, 고전 1:30} 따라서 "여호와의 싹이 아름답고 영화로울 것이요 그 땅의 소산은 이스라엘의 피난한 자를 위하여 영화롭고 아름다울"^{사 4:2} 것이다. 이것이 그리스도와 신자의 영적 연합에서 그리스도께서 행하시는 첫째 교제다. 그리스도는 자기 자신을 값없이 주심으로써, 우리의 그리스도, 우리의 사랑하는 자가 되셨다. 그래서 자신의 사랑과 긍휼과 은혜와 영광의 모든 목적을 이루셨다. 그리스도는 하나님과 택함받은 자 사이의 중보자로 세움받았고, 자기 백성과 절대로 깨지지 않을 결혼 언약을 맺으셨다.

따라서 주 예수 그리스도는 성도들 곧 자신의 교회의 남편으로 세움받고 예비되었다. 그리스도는 특별히 성령으로 충만하게 되어 중보자의 사역을 감당하셨다. 중보자인 그리스도는 자기 백성을 위하여 은혜와 영광을 취하셨다. 그러므로 그리스도는 복음의 약속에 따라 자기 자신을 성도들에게 제공하고, 성도들로부터 사모의 대상이 되신다. 그리스도는 성도들에게 자신의 선한 뜻을 이해시키고, 자신이 그들의 온갖 필요를 충분히 채우신다는 것을 확신시키신다. 성도들이 자기를 받아들이는 데 동의하는 것, 이것이 그리스도께서 성도들에게 요구하거나 기대하는 것의 전부다. 성도들이 동의하면, 그리스도는 성도들과 결혼 언약을 맺고 영원토록 그들의 소유가 되신다.

성도들 쪽에서 보자면, 그들에게 요구되는 것은 남편이자 주와 구주이신 주 예수님을 자유로운 마음으로 기꺼이 인정하고 영접하고 복종함으로써, 그리스도와 함께 살면서 자기들의 영혼까지 그리스도께 복종시켜, 그분의 다스림을 영원히 받는 것이다.

이것이 그리스도와 연합을 이룰 때 영혼이 행하는 첫 번째 행위다. 이 첫 번째 행위에 이어 모든 삶 속에서 그리스도를 받아들이고 영접하는 새로운 행위가 뒤따른다. 그리스도와 진정한 교제를 한다는 것은 바로 이 두 번째 행위를 뜻한다.

영혼은 그리스도의 아름다움과 은혜와 충만하심을 사랑한다. 영혼은 그리스도를 다른 어떤 것보다 더 사랑하는 분으로 본다.아 5:9 그리스도는 "그 전체가 사랑스러운" 분이다.아 5:16 그리스도는 가장 높고 가장 큰 선보다 무한히 더 좋은 분이다. 영혼은 세상에 있는 모든 것을 "육신의 정욕과 안목의 정욕과 이생의 자랑"으로 보고, "이 세상도, 그 정욕도 지나가기" 때문에 그 모두를 헛된 것으로 본다.요일 2:16-17 이런 사랑의 대상들은 결단코 그리스도와 비할 수 없다. 영혼은 율법의 의, 사람들의 흠 없는 모습, 도덕적이고 정직한 행실, 신속한 의무 수행 등을 보고 바울처럼 이렇게 말한다. "모든 것을 해로 여김은 내 주 그리스도 예수를 아는 지식이 가장 고상하기 때문이라. 내가 그를 위하여 모든 것을 잃어버리고 배설물로 여김은 그리스도를 얻고자 함이니."빌 3:8 영혼은 일관되게 다른 모든 것보다 그리스도를 더 좋아하고, 자기 마음을 차지하려고 애쓰는 다른 모든 것을 그리스도와 비교하여 잡동사니로 간주한다. 소중한 평화, 소중한 인간관계, 소중한 지혜와 학문, 소중한 정의, 소중한 의무 등 모두가 그리스도와 비교하면 쓰레기에 불과하다.

영혼은 그리스도를 자신의 유일한 남편이자 주님이며 구주로 기꺼이 받아들인다. 이것은 그리스도를 "영접하는 것"으로 불린다.요 1:12 이것은 단번에 이루어지는 의지의 행위가 아니라, 그리스도를 지속적으로 받아들이며 그분과 함께 살고 그분을 우리의 주로 영원히 인정하는 것을 의미한다. 이것은 영혼이 그리스도가 정하신 조건에 따라 그분을 받아들이겠다고, 다시 말해 그분이 정하신 방법과 수단에 따라 영혼을 구원하시는 것에 동의할 때 일어나는 일이다. 이때 영혼은 다음과 같이 말할 것이다. "주님, 저는 저의 방식과 저의 조건에 따라, 부분적으로는 저의 노력과 또 저의 선행에 따라 주님과 구원을 받아들였습니다. 그러나 이제는 주님의 방식에 따라 곧 단순히 은혜로 기꺼이 주님을 영접하고 구원을 받겠습니다. 그동안에는 제 생각이 지시하는 대로 행동했지만, 이제는 제 자신을 포기하고 주의 영의 인도를 온전히 받겠습니다. 왜냐하면 오직 주님 안에서만 의와 능력이 있기 때문입니다. 오직 주님 안에서만 의롭다 함을 얻고, 오직 주님 안에서만 영광을 얻기 때문입니다." 이리하여 영혼은 은혜 안에서 그리스도와 지속적인 교제를 한다. 이것이 그리스도의 아름다움과 극진한 영광을 받는다는 의미다. 신자들은 이 교제를 마음으로 풍성히 누려야 한다. 그때 신자들은 얼마나 큰 즐거움을 누리겠는가!

그러므로 우리는 그리스도께서 자신을 우리에게 주셨음을 생각하고서, 그분의 모든 탁월함과 영광을 받아들여야 한다. 죄, 세상, 율법적 의 등 사람들이 사랑하는 것들을 그리스도와 비교하면서, 믿음으로 그분을 자주 생각해 보라. 그러면 여러분은 그런 모든 대상보다 그리스도를 더욱 좋아하게 될 것이다. 그리스도와 비교하여 다른 모든 대상을 쓰레기처럼 여길 것이다. 그리고 여러분의 영혼은 자신과 자신에게 속해 있는 모든 것을 여러분에게 주셔서 영원히 여러분의 것이 되게 하시는 그리스도의 신실하심과 자원하심을 확신해야 한다. 또 우리는 전심을 다해 우리 자신을 그리스도께 드려야 한다. 예수님께 다른 사람이 아니라 예수님만 위하겠다고 말해야 한다. 예수님이 우리에게서 이런 말을 들으시게 하자. 그리스도는 우리 입술에서 이런 말을 들으시는 것을 즐거워하신다. 그리스도는 이렇게 말씀하신다. "네 소리는 부드럽고 네 얼굴은 아름답구나."^{아 2:14} 그런데도 우리는 그리스도와 함께하는 이런 교제를 등한시함으로써 그분을 실망하게 하겠는가?

chapter 08

그리스도의 영광과 탁월하심

우리의 마음을 더 충실히 주 예수 그리스도께 드리기 위해 우리
는 그분의 영광과 탁월하심을 생각해 보고자 한다.

그리스도의 신성은 지극히 영광스럽고 탁월하시다

그리스도는 "세세에 찬양을 받으실 하나님"이시다.[롬 9:5] "여호와
우리의 공의"이시다.[렘 23:6] 가장 높은 영광을 누리던 천사들도 그
분 앞에서 자기들의 얼굴을 가렸다.[사 6:2]

**시온의 하나님이신 그리스도 안에 있는 심연처럼 끝이 없고 한이 없는
은혜와 긍휼하심을 생각하라**

우리의 모든 필요를 충족시키는 것은 피조물의 은혜도 아니고,

어떤 피조물의 본성 속에서 발견할 수 있는 어떤 은혜도 아니다. 우리는 너무나 곤고하여 단순한 피조물을 통해서는 만족할 수 없다. 그러나 그리스도의 인성 속에는 충만한 은혜가 있는데, 그것은 그분이 "성령을 한량없이" 받으셨기 때문이다.요 3:34 그리스도 안에는 태양의 빛 혹은 바다의 물과 같은 충만이 있다. 이 충만은 천사들의 충만과 비교할 수 없이 월등한 충만이다. 그러나 그리스도의 인성 속에 있는 충만은 피조된 것이므로 제한된 충만이다. 만일 그리스도의 인성이 신성과 분리될 수 있다면, 목마르고 죄로 얼룩진 영혼들은 곧 그리스도의 충만을 바닥나게 할 것이다. 그리스도의 인성은 그 자체가 우리의 모든 필요를 채워 줄 수가 없다. 물론 도덕적인 필요는 예외이다. 그러나 그리스도 인성의 샘이 무한하고 절대 고갈되지 않는 그분의 신성의 저수지와 떨어지지 않게 단단히 결합해 있다면, 누가 그리스도의 충만을 바닥나게 할 수 있겠는가?

모든 평안과 확신과 위로의 근거는 온 세상의 하나님이며 우리의 조물주이신 그분의 은혜와 긍휼에 있다. 또 그분 안에는 사랑과 능력도 있다. 그분은 우리의 하나님이시고, 우리의 친족이신 구속자이시다. 그분은 죄인들에게 "내게로 돌이켜 구원을 받으라. 나는 하나님이라. 다른 이가 없느니라"사 45:22고 말씀하신다. 그리고 우리는 "공의와 힘은 여호와께만 있다"24절고 말할 수 있다.

설령 온 세상 사람이 구원의 샘인 그리스도로부터 값없는 은혜와 긍휼과 용서를 받아 마신다 해도, 다시 말해 온 세상 사람이 단 하나의 약속에서 자기들이 필요한 모든 힘을 다 받아 낸다고 해도, 그 약속이라는 은혜가 담긴 수조의 수위는 머리카락한 올 높이만큼도 내려가지 않을 것이다. 무수한 세상 사람들이지은 죄에 대한 하나님의 약속 하나에도 충분한 은혜와 긍휼과용서가 들어 있다. 왜냐하면 이 약속은 무한하고 바닥을 알 수없는 저수지에서 공급되기 때문이다. 이 무한하고 영원한 은혜의 저수지 앞에 있는 하나의 유한한 죄는 어떤 형국일까? 자신의 죄를 무한히 확대할 수 있는 죄인을 내게 보이라. 그러면 나는 이 무한하고 영원한 은혜와 긍휼의 저수지를 그에게 보여줄것이다. 그러므로 여러분에게서 그리스도의 신성을 빼앗으려는자들을 조심하라. 비록 나를 위한 은혜가 한낱 피조물 속에 있는것이라 해도, 나의 영원이 하나님의 진노에서 영원히 감추어져바위와 산들 아래 있다면, 나는 기뻐할 것이다.

그리스도의 영원하고 값없는 불변의 사랑을 생각하라

만일 우리에 대한 그리스도의 사랑이 단순한 인간의 사랑이라면, 아무리 탁월하고 순수하고 영광스럽다 해도 시작과 끝이 있고, 항상 효력을 발휘하지는 못할 것이다. 자신의 인성 안에서자기 백성에게 베푸시는 그리스도의 사랑은 더 깊고 자애롭고보배롭고 자비롭고 숭고하다. 왜냐하면 그 사랑은 우리의 슬픔과 필요와 시험을 압도할 정도로 크기 때문이다. 그리스도의 사랑은 우리의 유익을 위하여 그리고 우리의 모든 필요를 채우도록 그분에게 주어진 은혜와 연민과 동감의 큰 저수지에서 흘러

나온다. 그렇지만 그리스도의 인성에서 나오는 이 사랑만으로는 무한할 수도 없고, 영원할 수도 없고, 항상 효력을 발휘할 수도 없다. 그것만으로는 그리스도께서 "아버지께서 나를 사랑하신 것 같이 나도 너희를 사랑하였으니"요 15:9라고 말씀하실 수 없었다. 그리스도의 사랑이 단순히 인간적이기만 하다면, 성부 하나님의 신적 사랑과 비교되거나 동등시될 수 없었을 것이다. 단순한 인간적 사랑은 영원히 생산적인 사랑도 아니고, 불변적인 사랑이 될 수도 없다. 따라서 신적 사랑은 그리스도의 사랑 그 자체를 의지하는 영혼들의 주된 닻이다.

그리스도는 하나님이시므로 그리스도의 사랑은 영원하다

그리스도의 사랑은 영원하다. 왜냐하면 그분이 영원하시기 때문이다. 그리스도는 "알파와 오메가라 이제도 있고 전에도 있었고 장차 올 자요 전능한 자"이시다.계 1:8

그리스도는 하나님이시므로 그리스도의 사랑은 변하지 않는다

우리의 사랑은 우리 자신과 같다. 마찬가지로 그리스도의 사랑은 그리스도 자신과 같다. 우리는 어떤 사람을 오늘은 사랑하다가 내일은 미워한다. 그러나 예수 그리스도는 "어제나 오늘이나 영원토록" 동일하시다.히 13:8, 1:10-12 그리스도는 주님이시고, 변하는 분이 아니다. 그러므로 우리는 소멸하지 않는다.말 3:6 그리스도의 사랑은 시작도 없었고 끝도 없을 것이다.

그리스도는 하나님이시므로 그리스도의 사랑은 반드시 효력이 있다

사람은 다른 사람을 자기 영혼처럼 사랑할 수 있지만, 그 사랑에
도 불구하고 그를 도와줄 힘을 갖고 있지 못할 수 있다. 사람은
감옥에 갇혀 있는 자를 위로할 수 있지만, 어떤 위로도 실제로는
그에게 도움이 되지 못한다. 우리는 괴로워하는 사람의 괴로움
에 동참할 수 있지만, 실제로 도울 수는 없다. 우리는 사랑한다
고 자녀를 은혜 속으로 이끌 수 없고, 또 사랑한다고 친구를 긍
휼 속으로 이끌 수 없다. 우리는 사랑한다고 어떤 사람을 천국으
로 이끌 수도 없다. 다만 그렇게 되기를 간절히 바랄 뿐이다. 그
러나 하나님의 사랑인 그리스도의 사랑은 반드시 효력이 있다.
그 사랑은 그리스도께서 자기 백성에게 주고 싶은 온갖 좋은 것
을 제공한다. 그리스도는 우리를 사랑하시므로 생명과 은혜와
거룩함을 우리에게 주신다. 또 우리를 사랑하시므로 자신과 맺
은 사랑의 언약으로 우리를 이끄신다. 그리고 우리를 사랑하시
므로 우리를 천국으로 인도하신다. 그리스도 안에 있는 사랑은
자신이 사랑하는 자에게 좋은 것을 주기 원하는 그분의 뜻이다.
그리스도께서 어떤 사람에게 사랑으로 어떤 선을 베푸시면, 그
것이 어떤 것이든 간에 그 사랑은 반드시 이루어진다.

그리스도의 사랑은 이 세 가지 특징(영원하며, 변하지 않으며, 반
드시 효력이 있다―옮긴이)으로 볼 때 참으로 경이롭다. 그래서
우리는 그리스도를 크게 사모하지 않을 수 없다. 택함받은 모든
자의 무수히 많은 죄 곧 그들을 정죄하기에 충분한 모든 죄가 그
리스도의 사랑으로 정복된다! 그리스도의 사랑은 엄청난 불신

앙의 산들을 옮겨 버렸다! 어느 한 성도의 행동을 살펴보라. 그의 마음을 살펴보라. 수많은 죄악의 흠과 얼룩들, 그의 삶을 더럽힌 오점과 약점들을 보라. 그러면 이 모든 것을 감당하는 그리스도의 사랑을 어찌 대단하다고 말하지 않겠는가? 그리스도의 사랑은 날마다 수많은 사람에게 동일하지 않은가? 깨끗이 하고 용서하고 소생시키고 도와주시는 은혜의 물줄기가 날마다 그리스도의 사랑으로부터 얼마나 풍성하게 흘러나오는가!

그리스도는 인성의 영광으로 지극히 탁월하고 크게 사모할 만하다

그리스도의 인성은 죄에서 벗어나 있다

그리스도는 흠 없고 점 없는 하나님의 어린양이시다.^{벧전1:19} 우리의 대제사장으로서 "거룩하고 악이 없고 더러움이 없고 죄인에게서 떠나 계시다."^{히7:26}

> **반론** 그리스도는 어떻게 우리의 본성을 취하면서 죄책과 오염에서 벗어나 있을 수가 있는가? 만약 레위가 아브라함으로 인해 십일조를 바쳤다면, 그리스도께서 어떻게 아담의 허리에서 난 자로서 죄를 범하지 않을 수 있었겠는가?^{히7:9-10}
>
> **답변** 아담은 법적으로 그리스도를 대표하지 않는다. 따라서 아담의 죄가 그분에게 전가될 수 없다. 만일 그리스도가 아담의 후손이어서 그분에게 죄가 전가되었다면, 그리스도는 우리를 위하여 제사를 드리는 합당한 대제사장이 되지 못하셨을

것이다. 왜냐하면 그렇게 되면 그리스도는 "죄인에게서 떠나 계시지" 못한 분이 될 것이기 때문이다.^{히 7:26} 아담이 죄를 범하지 않았다면 그리스도는 성육신하지 않으셨을 것이다. 또 죄인들의 중보자가 되실 필요도 없으셨을 것이다. 그러므로 그리스도께서 성육신하셔야 할 도덕적 필연성은 오직 타락 이후에 제기되었다. 따라서 아담은 법적으로 그리스도를 대표하실 수 없었고, 그러기에 아담의 죄는 그리스도께 전가될 수 없었다. 성육신하신 그리스도는 행위 언약에 따라 죄를 조금도 범하지 않고 하나님께 온전히 순종하심으로 하나님을 섬겼다. 만약 아담의 죄가 그리스도께 전가되었더라면 그렇게 할 수 없었을 것이다.

그리스도는 아담에게서 오염된 죄의 속성을 물려받지도 않으셨다. 인성을 지닌 그리스도를 잉태한 동정녀 마리아의 체질은 성령으로 성결하게 되었다. 따라서 태어난 아기는 거룩하고 죄로 더럽혀지지 않았다.^{갈 4:4, 눅 1:35} 동정녀 마리아의 태에 잉태된 순간부터 그리스도는 죄인들을 구원하는 거룩한 역사를 위하여 성별되고 구별되셨다. 성령의 거룩하게 하시는 이 역사로 그리스도는 "거룩하고 악이 없고 더러움이 없고 죄인에게서 떠나 계시다."^{히 7:26} 베드로는 그리스도는 "죄를 범하지 아니하시고 그 입에 거짓도 없으시다"^{벧전 2:22}고 말한다. 그리스도는 "모든 의를 이루셨다."^{마 3:15} 성부 하나님은 항상 그리스도의 온전한 순종 때문에 "기뻐하셨다."^{마 3:17} 지금까지 그리스도는 이런 분이셨으며, 지금도 그리스도는 이런 분이시다.

우리를 위하여 기꺼이 가장 악한 자로 취급당하셨을 뿐만 아니라, 가장 악한 죄인이 받는 형벌 또한 받으셨다.

그리스도의 인성은 은혜로 충만하시므로 사랑스럽고 사모할 만하다

그리스도는 태 속에 있을 때부터 은혜로 충만하셨다.[눅 1:35] 그리스도는 은혜가 충만한 가운데 성장하셨다.[눅 2:52] 온갖 종류의 은혜와 모든 완전한 은혜가 그리스도 안에 있었고, 그것들이 그리스도 안에서 충만했다. 그러나 여기서 내가 다루고자 하는 것은 그리스도께서 받으신 은혜다.

그리스도는 모든 은혜의 저수지 격인 성령을 한량없이 받으셨다. 그리고 그리스도는 성령으로부터 은혜를 모두 전달받으셨다. 그것은 "아버지께서 모든 충만으로 예수 안에 거하게 하시기"[골 1:19] 때문이다. 그래서, 그리스도는 모든 면에서 탁월하시다.

그리스도는 은혜와 진리로 충만하시다. 그리스도는 은혜가 충만하시므로 은혜의 목적을 충분히 이루신다. 은혜가 충만하시므로 사람과 천사들에게 순종의 본보기가 되신다. 은혜가 충만하시므로 하나님과 제약 없는 교제를 하신다. 은혜가 충만하시므로 자기 백성의 온갖 필요를 채워 주신다. 은혜가 충만하시므로 인성을 통해 신성의 영광을 나타내신다. 은혜가 충만하시므로 자기 백성이 온갖 시련과 시험을 이기고 완전한 승리를 거두게 하신다. 은혜가 충만하시므로 자기 백성이 공의롭고 거룩한 하나님의 모든 법에 순종할 수 있게 하신다. 은혜가 충만하시므로 제한적이고 상대적인 유한한 본성에 최대한 능력을 부여하신다. 은혜가 충만하시므로 성부 하나님께 최고의 기쁨과 즐거움을 드리신다. 은혜가 충만하시므로 성부 하나님이 인자에게 상상할 수 없는 이런 탁월함을 주실 때, 그것은 하나님의 영광에 대한 영원한 기념비가 된다.

이상은 우리 영혼을 사랑하시는 주 예수님을 사랑하기 위하여 우리가 생각해야 할 두 번째 사실이다.

그리스도는 이 모든 것을 한 인격 속에 갖고 계신다는 것을 생각하라

지금까지 우리는 두 인격 곧 하나님과 인간을 다룬 것이 아니라, 하나님이자 인간이신 한 인격을 다루었다. 그분이신 예수 그리스도를 인간이 되게 한 것은 영혼과 육체의 연합에 있었다. 예수 그리스도를 "그 사람"THE MAN이 되게 한 것—그것이 없으면, 그분은 "그 사람"이 아니었다—은 두 본성 곧 하나님 아들의 인격 속에서 일어난 인성과 신성의 연합이었다. 하나님 아들의 인격 속에서 일어난 신성과 인성의 이 연합에서 교회의 은혜와 평안과 생명과 안전이 나온다.

그리스도는 한 인격을 가진 하나님이자 인간이셨기에, 우리에게 내려질 그 어떤 형벌도 능히 감당할 수 있었으며, 실제로 감당하셨다마 20:28,
행 20:28, 요일3:16

그리스도의 가슴에는 율법이 우리를 향해 겨누고 있던 모든 칼날을 받아들일 충분한 공간이 있었다. 또 그리스도의 어깨에는 우리가 받아야 할 저주의 무게를 감당할 충분한 힘이 있었다. 이

것 때문에 그리스도는 우리의 대속 사역을 기꺼이 감당하실 수 있었다.[히 10:7-8] 만일 그리스도께서 인간이 아니셨더라면 인간들을 위하여 고난을 겪을 수 없었을 것이다. 또 그리스도께서 하나님이 아니셨더라면 당하신 그 고난이 무한한 공의를 충족시킬 수도 없었을 것이다. 만약 위대하고 의로우신 하나님이 창세 이후로 택함받은 백성들이 지은 죄를 하나로 모으고, 세상 끝날까지 존재할 모든 사람의 마음을 감찰하여 찾아낸 죄를 몽땅 취해 어느 한 거룩하고 순수한 피조물 위에 짐 지운다면, 이 피조물은 이 죄의 무게에 짓눌려 땅에 파묻히게 될 것이며, 하나님의 사랑의 임재에서 영원히 제외될 것이다. 그래서 히브리서 저자는 우리의 죄를 제거하신 그리스도에 대하여 말할 때, 먼저 그리스도의 영광스러운 능력을 찬미한다.[히 1:2-3] 오직 그리스도만이 우리의 죄를 제거하실 수 있다.

그리스도는 한 인격을 가진 하나님이자 인간이셨기에, 믿는 모든 자에게 한이 없고 끝이 없는 은혜의 저장소와 원천이 되셨다

성부 하나님은 기뻐하시며 신성의 모든 충만을 그리스도께 맡기셨다. 그러므로 그리스도는 하나님 교회의 큰 보고와 저장소이신데, 그것은 인간으로서 인성을 취하셨기 때문이 아니라 신인(神人)으로서 인성을 취하셨기 때문이다. 그리고 그리스도는 자기 백성에게 은혜를 전하시는데, 그것은 그들이 범한 죄에 대한 신적 의를 충족시켰기 때문이다. 그분은 그 죄에 대한 모든 은혜를 공로로 취하셨을 뿐 아니라, 그 죄에 대한 모든 은혜를 값 주고 사셨다. 모든 은혜는 먼저 그리스도의 것이 된다. 새 언약의 모든 것, 하나님의 약속들, 약속된 모든 긍휼과 사랑과 은혜와 영광은 먼저 그리스도의 것이다. 생각해 보면, 그것들은 모두 언약에 따라 그리스도의 것이 분명하다. 그래서 그리스도는 자신이 가장 좋다고 생각하시는 대로 그것들을 자기 백성에게 전해 주신다.

　은혜의 참된 전달은 그리스도께서 성령을 보내심으로 우리를 거듭나게 하고, 우리 안에 은혜의 모든 습관이 생기게 하며, 우리 마음속에 날마다 은혜를 공급해 주시기 때문에 가능하다. 성령은 중보자이신 그리스도께서 보내는 분이고, 그리스도는 이 사실을 제자들에게 가르치신다.요 14-16장 이것이 그리스도 안에 있는 은혜 충만의 의미로 내가 설명하는 것이다. 이것 때문에 그리스도는 교회의 알파와 오메가 곧 처음과 나중이 되신다. 그리스도는 우리의 믿음의 시작과 끝이 되시는 분이다. 그리스도께서 우리를 위하여 큰 대가를 치르고 무한한 공의를 넉넉히 충족시켰기 때문에 모든 은혜는 그분의 것이 되었고, 그분은 자신이 기뻐하시는 대로 이 은혜를 자기 백성에게 베풀어 주신다. 그리스도는 자신의 무한한 지혜로 은혜가 가장 필요한 곳이 어디인지 아시기 때문에, 성령을 통해 자기 백성들의 마음속에 은혜를 베푸시고 역사하신다. 이것을 생각할 때 그리스도는 영혼에 얼마나 영광스러운 분인지 모른다! 우리에게 필요한 모든 것이 그리스도 안에 있다. 그리스도는 우리 영혼의 생명이자 우리 마음의 기쁨이신데, 그것은 그분이 우리를 죄로부터 구원하신 구주이고, 다가올 진노에서 우리를 해방하신 분이기 때문이다.

그리스도는 한 인격을 가진 하나님이자 인간이셨기에, 하나님과 사람 사이의 합당한 중보자가 될 수 있는 유일한 분이시다

그리스도는 하나님과 하나이시고, 동시에 우리와 하나이시고, 신성과 인성의 연합으로 그분 자체도 하나이시다. 중보자인 그리스도는 "하나님의 능력이요 하나님의 지혜"다.고전1:24 하나님의 무한히 영광스러운 지혜가 그리스도를 통해 밝게 드러난다. 우리가 그리스도의 품 안에서 안식과 평강을 찾는데 다른 무엇을 알 필요가 있겠는가? 불신앙만이 우리를 그리스도로부터 멀어지게 한다. 우리가 받는 것 가운데, 우리를 그리스도께로 이끄는 것은 그리스도에 대한 이 영광스러운 계시 외에 다른 것은 없다. 이것은 숨겨진 비밀이고, 논란이 야기될 수 없는 위대한 사실이며, 모든 신자가 영원토록 놀라서 찬미할 진리다. 우리의 생각과 우리의 마음에 항상 그리스도가 있어야 하지 않겠는가?

그리스도의 탁월하심과 영광도 이 인격 안에 있어 그리스도는 높임을 받고 모든 권세를 부여받았다

야곱은 자기 아들 요셉이 애굽에서 크게 성공한 소식을 듣고 요셉이 자신을 위하여 보낸 수레들을 보고서, 기절초풍했으나 정신을 차린 다음 기쁨이 충만하여 자기 아들을 다시 보고 싶은 마음이 간절해졌다. 우리도 "우리를 위하여 이 땅에서 가난하게 살고 박해를 받고 모욕을 받고 십자가에 못 박혀 죽으신 사랑하는 우리 그리스도를 잃어버렸는가?"라고 물을 수 있다. 하지만 잃어버리지 않았다! 그리스도는 죽으셨으나 살아 계신다. 그것도 세세토록 살아 계시며, 사망과 음부의 열쇠를 갖고 계신다.[계 1:18] 주와 그리스도가 되신다.[행 2:36] 하나님은 그리스도를 자신의 거룩한 산 시온에 왕으로 세우셨다.[시 2:6] 그리스도는 만물을 자기 발아래에 복종하게 하신다.[히 2:8] "하늘과 땅의 모든 권세"를 받으셨다.[마 28:18] "아버지께서 아들에게 주신 모든 사람에게 영생을 주려고 만민을 다스리는" 권세를 받으셨다.[요 17:2] 그리고 여호와의 능력으로 택함받은 자를 다스리신다.[미 5:4] 원수들을 두려움과 공포와 무서움에 떨게 하여 그들을 굴복시키신다. 때때로 그리스도는 외적 심판을 통해 그들을 짓밟고 깨뜨리고 박살 내심으로 자신의 옷이 그들의 피로 얼룩지게 하고, 땅을 그들의 주검으로 채우신다. 그리고 결국에는 그들 곧 짐승, 거짓 선지자, 모든 민족을 함께 모아 불과 유황이 타오르는 못 속에 던져 넣으실 것이다.[시 110:6, 계 19:20]

그리스도는 이 권세로 선한 천사나 악한 천사를 막론하고 모든 천사보다 더 영광스러운 상태로 높임을 받으셨다.[엡 1:20-22] 자신이 원하는 대로 만물을 다스리실 명령과 절대적 권리를 갖고 만물을 자기 발아래에 두고 계신다. 그리고 가장 높은 자리인 하나님 오른편에 앉아 계신다. 그리스도는 전체 피조물을 다스리는 나라를 완전히 소유하고, 모든 이름 위에 뛰어난 이름을 받으셨다.[빌 2:9] "높은 곳에 계신 지극히 크신 이의 우편"[히 1:3]에 있는 자신의 보좌에 영광스럽게 앉아 계신다. 그리스도는 그의 이름이 모든 이름 위에 뛰어난 이름으로 영광스럽고, 그 이름은 "만왕의 왕이시며 만주의 주"딤전6:5다. 그리스도는 그의 왕권을 통해서도 영광을 받으신다. "주의 나라의 규는 공평한 규니이다."히1:8 그리스도는 그의 수행자들을 통해서도 영광을 받으신다. "하나님의 병거는 천천이요 만만이라."시68:17 그리스도는 수행자들을 대동하시며 하늘을 달리고, 능력의 소리를 발하시며, 천군 천사의 호위를 받으신다. 그리스도는 그의 신하들을 통해서도 영광을 받으신다. 하늘과 땅에 있는 모든 피조물이 그분에게 복종한다. 그리스도에게 복종하지 않아도 되는 것은 아무것도 없다. 그리스도는 자신의 나라를 다스리고 지배하시는 방법을 통해서도 영광을 받으신다. 자비로운 힘과 잔잔한 능력으로 다스리신다. 택함받은 자를 의로움과 거룩함과 은혜로 다스리신다. 그렇지만 거역하는 천사와 사람들은 두려움과 보복과 확실한 파멸로 다스리신다. 그리스도는 자기 나라의 마지막 때 즉, 모든 이들이 그분 앞에 무릎 꿇고 그의 심판대 앞에 서게 될 그때를 통해서도 영광을 받으신다. 그런데 이 모든 사실에도 불구하고, 우리가 지적한 것은 그리스도의 전체 영광 가운데 얼마나 작은 부분에 불과할까! 우리가 교제하고 사귀는 그리스도는 바로 이런 분이시다.

아가서 5장에 나타나 있는 그리스도

이제 술람미 여인이 사랑하는 자를 어떻게 묘사하는지 살펴보고, 이 묘사가 얼마나 놀랍게 그리스도를 설명하고 있는지 확인해 보자.아5:10-16 10절은 6장에서 이미 살펴보았다.

술람미 여인은 먼저 사랑하는 자의 머리와 얼굴을 묘사하는 것으로 설명을 시작한다.[11-13절]

머리는 순금 같고[아5:11]

순금에 대해서는 주로 두 가지 사실이 지적되어야 한다. 하나는 광채 또는 영광이고, 다른 하나는 영속성이다. 그리스도의 머리는 그분의 통치, 권세, 나라를 상징한다.[시21:3] "머리는 순금 같고"[아5:11]란 표현은 그리스도의 머리가 순금 같다는 말이다. 왜냐하면 그분께서 순금으로 된 관을 머리에 썼기 때문이다. 느부갓네살은 꿈속에서 머리가 금으로 된 신상을 보았다.[단2:38] 이것은 영광이 매우 뛰어난 나라를 상징했다. 따라서 이 두 가지 특성 곧 광채와 영속성은 그리스도의 나라와 권세에서 주로 나타나는 특성이다.

그리스도의 나라는 영광스러운 나라다

그리스도는 영광과 위엄으로 충만하고, 위엄 속에서 "순조롭게" 활동하신다.[시45:3-4, 21:5-6] 그리스도의 나라는 거룩하고 영적이며 보편적이고 흔들림 없는 나라다. 이 모든 것으로 인해 그리스도의 나라는 영광스러운 나라다.

그리스도의 나라는 영원한 나라 곧 견고한 순금의 나라다[시45:6, 사11:7, 단7:27, 2:44]

그리스도는 "모든 원수를 그 발아래에 둘 때까지 반드시 왕 노룻 하실 것이다." 고전 15:25 이것은 금으로 된 머리 곧 그리스도 통치의 광채와 영원성을 가리킨다.

그리고 머리의 일반적인 의미를 취한다면, 그리스도 신성의 영광 또는 그리스도 지혜의 충분하심과 탁월하심이 여기서 가리키는 의미다. 우리가 신앙의 유비를 유지하려면, 이 유비를 너무 좁게 해석해서는 안 된다.

머리털은 고불고불하고 까마귀같이 검구나 아 5:11

이것을 정치적 의미로 해석하면, 그리스도의 머리털은 그분 나라의 통치에 대한 그분의 생각, 의도, 방법을 상징한다. 그리스도의 머리털이 검은 것은 그분의 생각이 헤아릴 수 없이 깊기 때문이다. 이것은 하나님이 캄캄한 흑암 가운데 계시는 것으로 말해지는 것과 같다. 그리스도의 머리털이 고불고불한 것은 완전한 질서와 아름다움 속에 있다는 것이고, 이것은 그리스도의 무한한 지혜의 질서와 아름다움을 상징한다. 그리스도의 생각은 머리털만큼 많아 겉으로는 헝클어져 있고 뒤엉켜 있는 것처럼 보이지만, 실제로는 완전한 질서와 아름다움 속에 있고, 깊고 헤아릴 수 없으며, 원수들에게는 두려움의 대상이지만 사랑하는 자기 백성에게는 더할 나위 없는 아름다움의 대상이다. 이 그리스도의 생각은 자신의 나라를 다스리시는 그분의 마음속에 있는 생각과 그분의 지혜의 계획들을 가리킨다. 그리스도의 생각은 불신자들에게는 흑암 속에 있고 헝클어져 있고 뒤엉켜 있지만, 그리스도의 성도들에게는 깊고 많으며, 전체가 질서 정연하고,

아름다움으로 충만하며, 완전히 바람직하다.

자연적 의미로 보면, 검고 고불고불한 머리털은 아름다움과 젊음의 힘을 상징한다. 그리스도의 힘과 능력은 모든 길에서 자신의 계획을 이루실 때, 영광스럽고 사랑스러운 것으로 나타난다.

눈은 시냇가의 비둘기 같은데 우유로 씻은 듯하고 아름답게도 박혔구나아5:12

비둘기는 유순한 새다. 맹금류가 아니다. 모든 새 가운데 가장 밝은 눈 곧 가장 빛나고 가장 날카로운 눈을 갖고 있다. 비둘기가 물을 좋아한다는 것은 잘 알려져 있다. 비둘기가 우유나 깨끗한 수정같이 맑은 물에서 씻어서 더욱 아름다워 보인다. 마찬가지로 그리스도의 눈도 비둘기의 눈과 같다.

그리스도의 눈 역시 적절한 위치에 있다. 그리스도의 눈은 완벽한 위치에 있어서 아름답고 밝다. 이것은 본문이 암시하는 것처럼 보석이 반지 속에 박혀 있는 것과 같다. 여기서 눈은 그리스도 예수의 지식, 지성, 분별력을 상징한다. 본문의 묘사에서 술람미 여인이 사랑하는 자의 눈은 인자, 순결, 분별력, 영광을 말하고 있다.

교회에 대한 그리스도의 인자와 긍휼을 상징한다

그리스도는 교회를 비둘기의 눈으로, 곧 인자와 긍휼한 마음을 갖고 바라보신다. 그리스도는 교회에 대하여 분노나 복수심을 조금도 갖고 계시지 않다. 하나님의 눈이 가나안 땅을 향하시고 그 땅을 보살피신 것처럼, 그리스도의 눈도 교회 곧 자기 백성 한 사람 한 사람을 향하여 인자와 긍휼을 갖고 보살피고, 자신의 지혜, 지식, 지성을 우리를 위하여 사용하신다.신11:12 그리스도는 "일곱 눈"이 있는 돌슥3:9 곧 교회의 모퉁이 돌이시다. 그리스도 안에는 교회를 인도하는 데 필수적인 완전한 지혜와 지식, 보호와 인자가 있다.

그리스도의 눈이 지닌 순결을 상징한다

그리스도는 "눈이 정결하시므로 악을 차마 보지 못하시며 패역을 차마 보지"못하신다.합1:13 그리스도는 "죄악을 기뻐하는 신이 아니시니 악이 주와 함께 머물지 못하며 오만한 자들이 주의 목전에 서지 못한다."시5:4-5 의로운 롯은 사악한 이들이 행하는 더러운 일들을 보고서 마음이 불편하였다. 부정한 눈을 가진 롯의 마음이 그러하였다면, 우리가 사랑하는 주 예수의 보다 정결한 눈에는 죄인들이 행하는 그 더러운 모든 일이 얼마나 역겹게 보이겠는가! 우리를 너무나 사랑하시는 그분의 관심은 우리의 허물과 더러움이 제거되는 것이다. 그래서 우리가 깨끗해졌을 때, 그분은 우리를 기쁨으로 바라보실 것이며, 우리에게서 그 정결한 눈빛을 뗄 수 없을 것이다. 우리는 너무나 더러워서 절대로 스스로 순결해지고 깨끗하게 될 수 없다. 그래서 그리스도께서는 자신의 피로 우리를 깨끗하게 씻어 주셨다. 그리스도는 영광스러운 교회를 거룩하고 흠이 없게 자기 앞에 세우려고 자신을 주셨다.엡5:25-27 그리스도의 눈은 매우 정결하므로 교회가 조금이라도 다른 상태에 있으면 기쁘고 즐겁게 바라보실 수가 없었다. 그리스도는 "나의 사랑 너는 어여쁘고 아무 흠이 없구나"^{아 4:7}라고 말씀하실 때까지 자기 신부 곧 교회에 대하여 만족하시지 않는다. 그리스도는 "성령의 새롭게 하심"^{딛 3:5}으로 우리의 흠과 점을 제거하신다. 그리고 자신의 의로 우리를 완전히 덮으신다. 그리스도께서 그렇게 하시는 이유는 그분의 눈이 너무 정결하시므로 "악을 차마 보지 못하시기" 때문이다.^{합 1:13} 그리스도의 목적은 우리를 거룩한 백성으로 자기 앞에 세우시는 것이다.

그리스도의 분별력을 상징한다

그리스도는 비둘기가 보는 것처럼 보신다. 말하자면 재빨리, 명확히, 철저히 보신다. 그리고 보는 대상을 바닥까지 꿰뚫어 보신다. 그리스도의 눈은 "불꽃"으로 묘사된다.^{계 1:14} 그리스도의 눈은 "불꽃"으로 묘사되기 때문에 교회는 그리스도께서 "사람의 뜻과 마음을 살피는 자"인 줄 알아야 한다.^{계 2:23} 세상에 계셨을 때 그리스도에 대하여 성경은 "친히 모든 사람을 아심이요 또 사람에 대하여 누구의 증언도 받으실 필요가 없었으니 이는 그가 친히 사람의 속에 있는 것을 아셨음이니라"^{요 2:24-25}고 말한다. 그리스도의 날카로운 눈은 속이기 위하여 뒤집어쓰고 있는 위선자들의 두꺼운 모든 가식과 허위를 꿰뚫어 보신다. 그리스도는 사람들의 실상과 그들이 마음으로 생각하는 것을 다 아신다. 왜냐하면 "대저 그 마음의 생각이 어떠하면 그 위인도 그러하기" 때문이다.^{잠 23:7} 그리스도는 우리가 보는 것과 같이 보지 아니하신다. 마음속에 숨겨진 사람을 주시하고 알아내신다. 겸손하고 상하고 통회하는 영혼은 그리스도를 찾고 그리스도와 교제를 나누려는 열망에서 나오는 탄식이나 신음을 잃지 아니할 것이다. 그리스도는 은밀한 중에 보신다. 위선자가 아무리 훌륭한 연기를 해도 아무 소용이 없을 것이다. 그리스도의 눈은 모든 것을 꿰뚫어 보고, 위선자들의 더러운 마음은 그리스도 앞에서 적나라하게 실상이 드러난다.

또한 그리스도의 아름다움과 영광을 의미한다

그리스도에 대한 것은 모두가 아름다운데, 그것은 그리스도께서 "그 전체가 사랑스럽기" 때문이다.아5:16 그리스도는 하나님의 영원한 지혜 중의 지혜다. 그리스도의 명철은 한이 없으시다. 반면에, 우리의 모든 지식에는 얼마나 흠과 점이 많은가! 우리의 지식은 아무리 완벽하더라도 여전히 유한하고 제한적이다. 그러나 그리스도는 한 점의 어둠도 없고, 아주 작은 제한도 없으시다. 따라서 그리스도는 아름답고 영광스럽다.

뺨은 향기로운 꽃밭 같고 향기로운 풀 언덕과도 같고아5:13

사람의 뺨은 아름다움과 용기를 나타낸다. 그리스도의 아름다움은 그분의 충만하신 은혜에서 나온다. 그리스도의 용기는 그분에게 주어진 보편적 권세에서 나오는 통치와 다스림에서 드러난다. 이 아름다움과 용기를 교회는 그리스도의 뺨으로 부른다. 따라서 교회는 그리스도를 영적으로 아름답고 사모할 만한 분으로 묘사한다.

성도들은 그리스도 안에서 은혜의 감미로운 향기를 맡는다.^{아 1:3} 성도들은 이 은혜를 의지하고 즐거워하며, 이 은혜로 영적인 활력과 힘을 얻는다. 꽃향기가 육체의 후각을 즐겁게 하고 영을 새롭게 하며 사람을 기쁘게 하는 것처럼, 그리스도의 은혜도 성도들을 즐겁게 하고 새롭게 하며 기쁘게 한다.

"향기로운 풀 언덕"은 질서와 아름다움을 상징한다. 풀이 질서 있게 나 있으면, 누구든지 그때마다 자신이 필요로 하는 풀이 어떤 것인지 알 수 있다. 그리스도의 은혜도 마찬가지다. 복음 안에는 그리스도의 은혜들이 죄인이 믿음으로 그것들을 보고 자신이 필요한 것을 취하도록 매우 질서 있게 배열되어 있다. 그리스도의 은혜들은 성도들을 위하여 복음의 약속들 속에 질서 정연하게 배열되어 있다. 신자는 그리스도의 모든 은혜를 보고 믿음과 기도로 그 순간에 자신이 필요한 것을 취한다. 어떤 사람은 빛과 기쁨을 취하고, 또 다른 사람은 생명과 능력을 취한다. 그래서 언약이 "만사에 구비하고" 있는 것으로 말해진다.^{삼하 23:5}

또한 그리스도의 은혜는 사랑하는 자의 뺨이 탁월하고 훌륭한 것처럼, 그렇게 탁월하고 훌륭한 것으로 나타난다. 그리스도의 은혜는 복음 전파를 통해 알려지고 강조되어 모든 사람이 분명히 볼 수 있게 된다.

입술은 백합화 같고 몰약의 즙이 뚝뚝 떨어지는구나^{아 5:13}
백합화는 색깔이 아름답고 몰약은 감미로운 향기를 풍기는 것으로 유명하다. 그리스도는 백합화의 영광과 아름다움을 "솔로몬의 모든 영광"으로 비유하신다.마6:29 그리스도는 은혜를 입술에 머금고 있는 분으로 말해진다.시45:2 따라서 사람들은 그리스도의 입에서 나온 은혜의 말씀에 깜짝 놀라고 이를 기이하게 여겼다. 또 그리스도의 입술에서는 감미로운 몰약의 즙이 떨어진다. 확실히 이런 의미에서도 그리스도는 탁월하고 영광스럽다. 그래서 영혼을 구원하기 위하여 그리스도의 말씀을 전파하는 자들은 하나님 앞에서 "그리스도의 향기"로 말해진다.고후2:15 하나님을 아는 지식의 향기가 그들을 통해 발산되기 때문이다.고후2:14 여기서 성령이 우리에게 보여주시고자 하는 의미는 그리스도의 말씀은 신자들에게 감미롭고 향기롭고 보배롭다는 것이다. 신자들은 그리스도의 명령, 약속, 권면 그리고 심지어는 매우 호된 경고 속에서도 그리스도를 훌륭하고 사모할 만하며, 아름답다고 본다.

손은 황옥을 물린 황금 노리개 같고아5:14

보석이 박혀 있는 황금 노리개 또는 황금 반지는 재산이 되기도 하고 또한 장신구이기도 해서 매우 가치 있고 사모할 만하다. 그리스도의 모든 역사를 상징하는 그분의 손도 마찬가지다. 그리스도의 모든 역사는 영광스럽다. 그리스도의 역사는 모두 그분의 지혜와 사랑과 관대하심에서 나오는 열매다.

몸은 아로새긴 상아에 청옥을 입힌 듯하구나아5:14

그리스도의 영광과 아름다움을 묘사하기 위하여 상아의 매끄러움과 밝은 광채, 청옥의 보배로움과 찬란한 색상이 사용된다. 여기서 상아와 청옥은 그리스도의 몸, 아니 사실은 그리스도의 마음과 비유된다. 상아와 청옥은 교회와 자기 백성을 향한 그리스도의 감정과 정서, 곧 부드럽고 형언할 수 없는 사랑과 긍휼하심이 보여주는 영광을 상징한다. 값비싼 청옥들이 가득 박혀 있는 순결하고 윤이 나는 상아를 보면 얼마나 아름다울까! 그러나 주예수님이 신자들을 향한 그 사랑스러운 감정과 긍휼과 연민은 이보다 훨씬 더 영광스럽다.

다리는 순금 받침에 세운 화반석 기둥 같고 생김새는 레바논 같으며 백향목처럼 보기 좋고 입은 심히 달콤하니^{아 5:15-16}

이 말씀은 그리스도가 다스리는 나라의 힘, 그리스도 약속의 신실함과 견실함, 그리스도의 인격과 주권의 높이와 영광 그리고 그리스도와 함께하는 교제의 거룩함과 경이로움을 상징한다.

그 전체가 사랑스럽구나^{아 5:15}

그리스도는 인격, 완전히 충만하신 영광스러운 신격 그리고 인성과 권세와 위엄과 사랑과 능력의 은혜로운 순결함과 거룩함 등에서 전체가 사랑스러우시다.

그리스도는 탄생과 성육신 전체가 사랑스러우시다.

그리스도는 생애 전체 곧 심각한 가난과 박해 속에서도 선을 행하고, 고통을 당하면서도, 남을 축복하고, 온종일 저주를 받으신 분이지만, 그 거룩하심과 순종하심 전체가 사랑스러우시다.

그리스도는 죽으심 전체가 사랑스러우시다. 특히 죄인들에게는 더욱 그렇다. 그리스도는 그 몸이 상하여 죽은 몸으로 십자가에서 내려졌을 때가 가장 영광스럽고 사모할 만한 모습이었다. 그리스도는 우리의 모든 죄를 망각의 땅으로 던져 버리셨다. 우리를 위하여 화평과 화해를 이루셨다. 우리를 위하여 생명과 불멸을 취하셨다.

그리스도는 그분의 사역 전체 곧 하나님과 사람 사이의 중보자가 되셔서 하나님의 공의를 높이고, 우리의 영혼을 구원하며, 죄로 인해 하나님에게서 무한히 멀리 떨어져 있던 우리를 하나님이 기뻐하시는 자로 이끄신 그 위대한 역사 전체가 사랑스러우시다.

그리스도는 그분에게 주어진 영광과 위엄 전체가 사랑스러우시다. 지금 그리스도는 높은 곳에 계신 하나님 우편에 앉아 계신다. 그리스도는 자기 원수들에게는 두려움의 대상이지만 자신이 사랑하는 자들에게는 긍휼과 사랑과 연민으로 가득 차 있다.

그리스도는 성령을 통해 자기 백성에게 부어 주시는 모든 은혜와 위로, 그 전체가 사랑스러우시다.

그리스도는 자신의 교회와 백성을 온갖 반대와 박해의 와중에서 보호하고 지키고 건지시는 모든 자애로운 보살핌과 능력과 지혜, 그 전체가 사랑스러우시다.

그리스도는 자기에게 가까이 나아와 자신 및 자기 아버지와 교제를 나누게 하셨는데, 자기 백성을 위하여 정하신 모든 규례와 영광스러운 영적 예배 전체가 사랑스러우시다.

그리스도는 최종적으로 자기 자신과 자기 아버지의 완악한 원수들에게 보복하고 그들을 처단하셨는데, 그 일 전체가 사랑스럽고 영광스러우시다.

　　그리스도는 직접 취하셔서 자기를 받아들이는 자들에게 주시는 모든 용서, 그 전체가 사랑스러우시다.

　　그리스도는 성도들을 위하여 자신이 이루신 화해, 성도들에게 전달하시는 은혜, 성도들에게 베푸시는 위로와 평안과 기쁨 그리고 하나도 잃지 않고 마지막 날에 영원한 영광으로 높이실 때까지 성도들을 확실하게 보존하시는 역사, 그 전체가 사랑스러우시다.

　　"그 전체가 사랑스럽구나. 예루살렘 딸들아, 이는 내 사랑하는 자요 나의 친구로다."아 5:16

chapter 09

그리스도의 지혜와 지식

우리의 마음을 자신에게 이끌고 자신을 받아들이도록 우리를 설복시키는 하나님의 아들이신 그리스도의 두 번째 탁월한 특성은 그분의 지혜와 지식이다. 참되고 견고한 모든 지식은 그리스도 안에 있다. 따라서 진실로 지혜롭고 참된 지식을 가지려면 반드시 그리스도를 통해야 한다.

태어나는 순간부터 인간은 지혜로운 자가 되기를 바란다. 그러나 인간은 하나님과 상관없이 지혜를 추구했다. 그리스도인은 참된 모든 지혜는 그리스도 안에 있고 오직 그리스도를 통해서만 얻는다는 것을 깨달은 사람이다.

성령은 우리에게 그리스도는 "하나님의 능력이요 하나님의 지혜"고전1:24라고 말씀하신다. 이것은 그리스도께서 성부 하나님의 영원하신 아들로서 하나님의 본질적 지혜라는 의미가 아니라, 하나님의 지혜가 십자가에 못 박히신 그리스도 안에서 나타났다는 의미다.고전1:23 십자가에 못 박히신 그리스도는 죄인들을 구원하실 때 나타난 하나님의 지혜다. 이 지혜는 세상의 모든 지혜 곧 죄인들이 구원받을 방법에 대한 세상의 모든 지혜를 미련한 것으로 만드는 지혜다. 죄인들의 구원은 그리스도 안에, 그리고 그리스도 곁에 간직되어 있다가, 오직 그리스도를 통해서만 나타나게 되었다. 따라서 십자가에 못 박히신 그리스도 안에서 우리는 하나님의 영광을 본다.고후3:18 그리스도는 "하나님의 지혜"일 뿐만 아니라 "우리에게 지혜가 되신다"고 말해진다.고전1:30 그리스도께서 지혜가 되신 것은 창조가 아니라 임명과 지명을 통해서다. 그리스도는 교회의 위대한 선지자일 뿐만 아니라, 우리가 그리스도를 알아서 하나님의 지혜를 알게 되기 때문에 우리에게 지혜를 가르쳐 주신다. 그리스도는 "그 안에는 지혜와 지식의 모든 보화가 감추어져" 있는 우리의 지혜이시다.골2:3

세상에는 두 종류의 지혜가 있다. 하나는 일상생활을 유지하는 데 필요한 사회적 지혜와 분별력이고, 다른 하나는 예술과 문학을 배우고 생산하는 능력이다. 그러나 하나님은 이 두 지혜를 참 지혜가 이루려는 일에서는 아무 소용이 없는 것으로 보고 거부하신다.고전1:19-20 하나님을 아는 지식을 떠나서는 참 지혜나 참 지식이 있을 수 없다.렘8:9 참 지혜와 참 지식은 예수 그리스도 안에 감추어져 있다. 오직 그리스도만이 "참 빛 곧 세상에 와서 각 사람에게 비추는 빛"이시다.요1:9 그리스도께 나아오지 않는 자는 어둠 속에서 사는 자다.

하나님은 창조 활동을 통해 자신의 능력, 선, 지혜, 충만하심을 지능을 가진 피조물에게 나타내셨다.[롬 1:19-21] 그러나 창조 역사는 하나님의 본성의 다른 속성들인 하나님의 인내하심, 오래 참으심, 용납하심은 전혀 나타낼 수 없었다.[출 34:6-7]

그리하여 하나님은 세상을 보존하고 다스리시는 섭리 활동을 통해 자신의 인내하심, 오래 참으심, 용납하심을 나타내신다. 하나님은 땅을 저주하고, 사람들이 지은 죄에 대한 분노와 진노의 표시들로 땅을 가득 채우심으로, "하나님의 진노가 불의로 진리를 막는 사람들의 모든 경건하지 않음과 불의에 대하여 하늘로부터 나타나게" 하셨다.[롬 1:18] 그리고 하나님은 만물을 즉각 멸망시키지 아니하심으로, 모든 사람에 대한 자신의 인내하심과 용납하심을 보여주신다.[행 14:16-17] 시편 기자도 하나님의 선하심과 지혜에 대하여 묘사한다.[시 104편] 바울도 우리에게 하나님은 "멸하기로 준비된 진노의 그릇을 오래 참으심으로 관용하셨다"고 말한다.[롬 9:22] 그러나 하나님 본성의 가장 핵심적이고 가장 영광스러운 속성들은 예수 그리스도 안에 그리고 예수 그리스도를 통해서 나타난다.

죄인들에 대한 하나님의 사랑은 예수 그리스도 안에 그리고 예수 그리스도를 통해 영광스럽게 계시된다. 하나님의 사랑이 없으면 인간은 모든 피조물 가운데 가장 비참한 존재이고, 그리스도 안에 있지 아니하면 이 사랑을 조금도 보지 못할 것이다. 성령은 "하나님은 사랑이시라"고 말씀하신다.[요일 4:8, 16] 이것은 하나님이 사랑의 본성을 갖고 계실 뿐만 아니라 영원한 사랑으로 죄인들을 사랑하기로 하셨다는 것을 의미하고, 이 하나님의 사

랑은 예수 그리스도를 통해 나타난다는 것을 말한다.^{요일 4:9} 세상
지혜는 "하나님은 사랑"이라는 진리를 나에게 가르쳐 줄 수 없
는 미련한 지혜이므로 어리석은 지혜다.

그러나 "하나님은 사랑"이심을 알았다 해도, 용서하시는 하나
님의 긍휼이나 은혜를 알지 못했다면, 그 지식은 무익할 것이다.
아담은 이 용서의 자비를 알지 못했고, 또 죄를 범했을 때 용서
에 대한 소망을 전혀 품지 못했기 때문에 하나님에게서 도망쳐
숨었다.^{창 3:18} 용서의 자비는 오직 그리스도를 통해서만 온다. 이
용서의 자비는 복음 안에 계시되어 있고, 이 용서의 자비로 하나
님은 영원히 찬송을 받으실 것이다.^{엡 1:6} 용서의 자비는 죄를 은
근슬쩍 눈 감고 넘어가는 일반적 긍휼이 아니다. 이런 긍휼은 하
나님께 굴욕을 안길 것이다. 용서의 자비는 하나님이 자신의 공
의가 충족되어 자신의 영광과 일치되었기 때문에 값없는 은혜
로 죄인들을 용납하시는 것이다. 이 긍휼은 말로 표현할 수 없는
놀라운 경이의 긍휼이다. 왜냐하면, 하나님은 죄인들에게 용서
를 베푸시기 위하여 영광의 높은 자리에서 내려와 죄를 엄격하
게 공의로 심판하셨기 때문이다. 하나님의 의는 죄의 용서에서
도 나타난다.^{롬 3:25} 그러므로 성경 모든 곳에서 죄의 용서는 전적
으로 그리스도 안에서만 발견된다고 말한다.^{엡 1:7} 이 복음의 은혜
와 용서의 자비는 그리스도께서 취하신 것이기에, 오직 그리스
도 안에서만 계시된다.

구약시대 모든 제도의 주된 목적은 죄의 사면과 용서가 전적
으로 주 그리스도 안에 감추어져 있고, 그리스도 밖에서는 하나

님 용서의 자비를 조금도 알 수 없으며, 그리스도를 떠나서는 조금도 맛볼 수 없다는 진리를 보여주는 것이었다. 만약 하나님이 주 그리스도를 세우지 아니하셨다면, 하늘의 모든 천사와 땅의 모든 사람은 하나님의 본성 속에 이런 용서의 긍휼하심이 있었음을 알지 못했을 것이다. 바울은 그리스도 안에서 이 긍휼하심이 충분히 계시되고, 또한 충분히 베풀어졌다는 것은 오직 그리스도 안에서만 곧 그리스도께서 보내심을 받으신 것과 그리스도께서 복음 안에 선언하고 전한 것 속에서만 확인된다고 가르친다. 따라서 이 용서의 긍휼하심과 구원은 결코 "선행"으로 얻어지는 것이 아니었다.

죄인에 대한 사랑과 용서의 자비는 하나님이 어떤 분이신지를 알려 주는 하나님의 한 속성이다. 그러므로 하나님은 죄인을 사랑하고 죄인에게 용서의 자비를 베푸는 분이심을 알지 못하는 자는 그분을 전혀 모르는 자다. 그들이 알고 있는 것은 유일하신 참 하나님이 아니라 우상이다. 요한은 우리에게 "아들을 부인하는 자에게는 또한 아버지가 없으되 아들을 시인하는 자에게는 아버지도 있느니라"요일 2:23고 말한다. 하나님을 아버지로 알지 못하는 자는 하나님을 전혀 모르는 자이다. 하나님은 사랑이시고, 용서의 자비로 충만하시므로 오직 그리스도 안에서 아버지로 알려진다. 성령은 이 지식을 어떻게 알 수 있는지를 우리에게 말씀하신다.요일 5:20 오직 그리스도로 우리는 참되신 하나님을 아는 지식을 얻는다. 그리스도는 이 하나님의 속성들을 자신의 교훈 속에 그리고 자신이 하나님과 하나님의 뜻에 대하여 보여주신 계시 속에 드러내신다. 그리스도는 교회의 크신 선지자로서 이렇게 행하신다.^{요 17:6} 그러나 이 지식에서 나오는 생명은 그리스도를 인격적으로 아는 것에 있다. 왜냐하면 그리스도는 "하나님의 영광의 광채시요 그 본체의 형상이시기" 때문이다.^{히 1:3}

다른 수단을 통해 드러나기는 하지만, 분명히 지극히 그리고 특별히 그리스도 안에서만 계시되는 다른 하나님의 속성들도 있다.

죄를 처벌하시는 일에서 나타나는 하나님의 공의는 무엇보다 그리스도 안에서 계시된다

하나님은 다양한 방법으로 죄에 대한 자신의 분노와 진노를 보여주심으로, 사람들이 "이같은 일을 행하는 자는 사형에 해당한다고 하나님께서 정하심"^{롬 1:32}을 알 수밖에 없도록 하셨다. 다양한 섭리의 사건들을 통해 "하나님의 진노가 불의로 진리를 막는 사람들의 모든 경건하지 않음과 불의에 대하여 하늘로부터 나타난다."^{롬 1:18} 따라서 사람들은 하나님을 심판의 하나님으로 부르지 않을 수 없다.

하나님의 공의는 죄를 범한 천사들을 하늘에서 내쫓아 심판 날까지 영원히 어둠의 사슬 아래 가두어 두었다.

또 하나님의 공의는 소돔과 고모라를 정죄하고 멸망시켜 경건하지 아니한 자들에게 임한 하나님 심판의 본보기로 만들었다.^{벧후 2:6}

그러나 하나님의 공의는 주 그리스도 안에서 가장 밝게 드러난다.

하나님은 그리스도 안에서 자신의 의를 보여주셨다. 하나님은 자신의 공의는 대속물 곧 죄인 대신 죽어야 할 희생양이 없이는 죄가 죄인들에게서 제거되어 신적 공의를 충족하고 죄인들에 대한 하나님의 진노를 소멸하는 것이 불가능함을 보여주셨다. 하나님은 독생자를 아끼지 아니하시고, 독생자의 영혼을 죄를 위한 제물로 만드셨으며, 독생자가 행하신 피의 속죄 외에 다른 것으로는 만족하지 아니하셨다. 하나님의 의와 거룩하심은 속죄—죄에 대한 하나님의 진노와 죄를 처벌하기 위한 그분의 결정을 보여주는 속죄—를 요구하시는데, 이것은 지금까지 충분히 보여졌다. 이 속죄는 죄에 내려진 하나님의 공의에 필수적이었다. 이 사실을 아는 것이야말로 하나님의 공의를 이해하는 유일하고도 참된 유용한 지식이다. 하나님에 대해서 그분은 자기 마음 내키는 대로 공의를 행사할 수 있는 그런 분이라고 생각하는 것은, 공의를 그분이 가지신 한 속성으로 보는 것이 아니라 그분의 자의대로 변덕스럽게 행사되는 공의로 여기는 것이다. 공의가 정죄하지 않거나 처벌을 요청하지 않는 것을 정죄하거나 처벌하는 것은 정의가 아니라 악한 행위에 불과하다.

하나님의 공의는 죄로 인해 그리스도께 가해진 형벌 속에 다른 어떤 방법보다 훨씬 더 영광스럽게 나타나 있다. 선하고 아름답게 지음받은 세상이 진노와 저주로 에워싸여 있고, 가시와 엉겅퀴로 뒤덮여 있으며, 헛됨과 부패에 예속되어 있음을 보고, 세상이 헛됨과 부패의 무게 아래 고통 속에서 신음을 듣고, 가장 영광스럽고 불멸적인 존재로 지음받은 피조물인 천사들이 지옥에 던져지고 어둠의 사슬에 묶여 두려운 심판을 기다리고 있음을 생각하고, 죄로 얼마나 엄청난 양의 피를 흘렸는지 알게 된다면, 하나님의 공의와 의에 대하여 어느 정도 통찰력을 갖게 될 것이다. 그러나 우리가 영적인 눈을 떠 주 그리스도를 바라보게 되면, 이 모든 것이 어떻게 보일까? 하나님의 공의의 이 모든 실례는 그리스도 안에 나타나 있는 하나님의 공의와 비교해 보면, 벌레에 불과하고 아무 가치가 없을 것이다.

하나님의 지혜이자 능력이고, 항상 아버지의 사랑하는 자이신 그리스도께서 두려워 떨고, 머리를 숙이고 땀 흘리시며, 기도하고 죽는 것을 보라. 그리스도께서 십자가에 높이 달리셨을 때 그분 아래 있던 땅이 마치 그분의 무게를 감당할 수 없는 것처럼 흔들리는 것을 보라. 그리고 그리스도의 부르짖음을 막아 버리듯이 하늘이 그분 위에서 어두워지고, 또 하늘과 땅에 거부당하신 것처럼 그 중간에 매달려 계신 그리스도를 보라. 그리고 이 모든 것이 바로 우리의 죄 때문이라는 것을 알게 되면, 우리는 죄에 대한 하나님의 거룩하신 공의와 진노를 분명히 깨닫게 될 것이다. 그리스도 안에서 우리는 하나님이 죄를 미워하고 두렵고 끔찍한 심판으로 죄를 심판하신다는 이 중대한 진리를 가장 잘 배우게 된다.

죄인들에 대한 하나님의 인내하심과 용납하심과 오래 참으심은 그리스도 안에서 가장 잘 계시되고 확인된다

하나님의 섭리 활동 속에는 그분의 인내하심을 보여주는 다양한 흔적들이 있다. 그러나 이 모든 것은 그리스도 안에 나타나 있는 죄인에 대한 하나님의 인내하심, 용납하심, 오래 참으심과 비교하면 아무것도 아니다.

그리스도 안에 나타나 있는 죄인에 대한 하나님의 인내하심, 용납하심, 오래 참으심은 하나님이 사람들을 그들의 죄에 대하여 즉각 처벌하시지 않는 것에서 확인된다. 또 그것은 악인에게 해를 비추고 비를 보내 곡식이 열매를 맺게 하시며, 양식과 기쁨으로 그들의 마음을 채우심으로써 악인들에게 끊임없이 베풀어지는 하나님의 지속적인 인자하심에서도 드러난다. 그러나 이 모든 것은 그리스도 안에서 죄인에 대한 하나님의 인내하심, 용납하심, 오래 참으심에 비추어진 빛과 비교하면 단지 흑암에 불과하다. 그리스도 안에 나타나 있는 이 계시는 완전히 차원이 다른 계시다. 그리스도 안에서 하나님의 참된 본성은 사랑과 인자의 속성으로 확인되고, 하나님은 죄인에게 이 사랑과 인자를 보여주기 원하신다. 그리스도 안에서 하나님은 죄인에 대한 사랑과 인자를 보여주겠다고 언약을 통해 약속하고 맹세하고 엄숙히 천명하셨다. 그리고 하나님이 우리에게 사랑과 인자를 보여주실 것을 염려하지 않고 확신할 수 있을 정도로 우리는 확실하고 견고한 기초를 갖고 있다. 곧 이 기초는 그리스도의 피로 이루어진 화해와 속죄로 우리는 이 기초를 의지하고 확신한다. 그러나 하나님의 다른 속성들 말하자면 죄에 대한 하나님의 공의와 진노가 그리스도를 통해 넉넉히 충족되었다는 사실이 계시되지 않았다면, 우리에게는 별로 위로가 되지 않을 것이다. 따라서 하나님은 "그리스도 안에 계시사 세상을 자기와 화목하게 하셨다"^{고후5:19}라고 말씀하신다.

그리스도 안에 나타나 있는 죄인에 대한 하나님의 인내하심, 용납하심, 오래 참으심은 사랑, 친절, 인자, 은혜로 충만하다. 그리스도 밖에 있는 죄인은 하나님이 즉각 죄를 처벌하시지 않기 때문에 자기에게 결코 해명을 요구하지 아니하실 것이라고 착각한다. 그래서 그는 하나님의 용납하심을 너무 믿다가 낭패를 당하고 멸망한다. 그러나 하나님은 그리스도 안에서 은혜로 죄인들을 기다리고 계신 분으로 계시된다. 하나님은 죄인들에게 사랑과 인자를 보여주려고 기다리신다.^{사 30:18} 영혼은 하나님이 그리스도를 통해 자신의 허다한 죄를 간과하신 것을 보고 깨달을 때 하나님이 그렇게 하신 것에 매우 놀란다. 하나님이 자신을 하나님의 눈 밖으로 던져 버리지 않으신 것에 놀란다. 그러나 구속받은 영혼은 하나님이 무한한 지혜로 자신을 마귀의 권세에서 벗어나게 하고, 자신의 죄를 해결해 주시고, 자신을 하나님과 교제하도록 이끄신 것을 깨닫게 된다. 하나님은 자신의 용납하심을 통해 우리의 죄를 완전히 용서하는 길을 마련하셨고, 이 길은 오직 그리스도 안에서만 발견된다.

그리스도 안에 나타나 있는 하나님의 인내하심, 용납하심, 오래 참으심은 회개하지 않고 믿지 않는 죄인들이 핑계를 댈 수 없게 한다. 그래서, 죄에 대한 하나님의 권능과 진노로 그들이 멸망하는 것이 정당하고 공의로운 것이 된다.^{롬 9:22} 그러므로 하나님은 사람들이 "자기들의 길들을 가게 방임"하셨다.^{행 14:16, 시 81:12}

이것이야말로 가장 끔찍한 심판이다. 하나님이 우리 마음의 정욕대로 행하도록 내버려두고, 우리 자신의 생각에 따라 살도록 내버려두시는 것이 피조물이 이 세상에서 떨어질 수 있는 가장 끔찍한 상태다.

반면에 하나님이 그리스도 안에서 죄인에게 인내하심, 용납하심, 오래 참으심을 보여주시는 목적은 자신이 구원하기로 정하신 자들을 그리스도를 통해 자신에게 이끌기 위함이다. 그러므로 베드로는 그리스도인들에게 하나님은 "너희를 대하여 오래 참으사 아무도 멸망하지 아니하고 다 회개하기에 이르기를 원하시느니라"^{벤후3:9}고 말한다. 말하자면 이 말씀의 목적은 하나님이 모든 자에게 자신의 오래 참으심과 용납하심을 보여주심으로, 우리의 회개와 구원에 대한 그분의 뜻이 이루어지게 한다는 것이다. 하나님의 무한하신 지혜와 선하심에 따라 그분의 목적은 죄에도 불구하고 우리를 멸망시키지 않는 것이다.^{사54:9} 그래서 바울은 하나님을 "인내와 위로의 하나님"으로 묘사한다.^{롬15:5} 하나님의 인내하심이 우리에게는 가장 큰 위로가 된다. 죄인들에게 큰 위로가 되는 하나님의 인내하심, 용납하심, 오래 참으심의 보화들은 그리스도 안에 비축되어 있다. 그래서 그리스도를 통하지 않고서는 아무도 하나님의 이 속성들을 경험할 수 없다.

그리스도 안에서 우리는 하나님의 무한한 지혜가 역사하여 모든 것이 하나님의 영광을 위하여 그리고 하나님이 사랑의 대상으로 택하신 자들의 유익을 위하여 합력함을 보게 된다. 확실히 말하면 하나님은 세상의 창조와 섭리와 다스리심을 통해 자신의 무한한 지혜를 분명히 보여주었다. 하나님은 지혜로 모든 피조물을 창조하셨다.시 104:24 하나님의 무한한 지혜는 또한 그분의 섭리 속에서 곧 자신의 영광을 위한 만물의 존재 목적을 이루시려고 만물을 보존하고 인도하시는 일 속에서도 확인된다. 이일들 속에서 우리는 하나님의 "경영은 기묘하며 지혜는 광대하다"는 것을 배우게 된다.사 28:29 하나님의 율법 또한 하나님의 지혜의 한 표현으로 칭송받아야 한다.신 4:7-8

하지만 오직 그리스도 안에서만 우리는 "하나님의 지혜와 지식의 풍성함"을 알게 된다.롬 11:33 따라서 그리스도는 "하나님의 지혜"이고 "우리에게 지혜가 되신다"고 말해진다. 그리스도는 "감추어졌던 것mystery인데 하나님이 우리의 영광을 위하여 만세전에 미리 정하신 것이라, 이 지혜는 이 세대의 통치자들이 한 사람도 알지 못하였다."고전 2:7-8 그리스도는 "하나님의 각종 지혜"이시다.엡 3:10 하나님은 태초에 만물을 선하고 영광스럽고 아름답게 지으셨고, 분명히 이를 통하여 자신의 지혜와 선하심을 보여주셨다. 그런데 모든 아름다움이 죄로 손상되었고 모든 피조물은 어둠, 진노, 저주, 혼란 속에 떨어졌으며, 정말 중요한 하나님에 대한 찬양은 그 아래 파묻혀 있었다. 특히 인간은 완전히 상실된 존재가 되었고, 지음받은 목적인 하나님의 영광을 철저히 외면하고 있다.롬 3:23 그렇지만 이 모든 것에도 불구하고, 깊고도 풍성한 하나님의 지혜와 지식이 그리스도 안에 가장 영광스럽게 나타나 있다. 그리스도 안에 나타나 있는 하나님의 뜻은 그리스도의 마음에서 가장 밝게 드러나고, 이 뜻은 영원 전에 그곳에 감추어져 있었다. 이 뜻은 처음에 하나님의 영광스러운 지혜와 선하심을 찬양하도록 지음받은 것보다 무한히 더 높은 상태로 만물을 회복시키는 것이다. 하나님의 뜻은 또한 죄인들이 죄가 세상에 들어오기 전의 상태보다 상상할 수 없을 정도로 더 나은 상태로 끌어 올리는 것이다. 지금 하나님은 과거 어느 때보다 더 영광스러운 분으로 나타나신다. 지금 하나님은 허물과 죄를 사하시고 은혜가 무한히 풍성한 분으로 간주된다.엡1:6 하나님은 또한 자기 아들을 화목 제물로 내놓으심으로써 사람들과 천사들과 마귀들 눈앞에서 자신의 공의를 무한히 보여주신다. 또한 우리도 하나님의 호의 속에 더욱 굳게 서 있고, 이전에 계시된 것보다 훨씬 더 큰 영광을 향해 나아가고 있다. 따라서 바울이 "크도다 경건의 비밀이여"딤전3:16라고 외치는 것은 조금도 놀랍지 않다. 우리는 "은혜 위에 은혜"요1:16를 받는다. 아담 안에서 상실되었던 은혜가 그리스도 안에서 무한히 더 좋은 은혜로 대체된다. 이것은 정말 깊은 지혜다. 교회에 대한 그리스도의 사랑과 교회와 그리스도의 연합을 바울은 "큰 비밀"로 선언한다.엡5:32

이 모든 것은 그리스도 안에 감추어져 있다. 죄를 사하고, 죄인들을 구원하고, 공의를 충족시키고, 율법을 이루고, 자신의 존귀를 다시 회복하고, 우리에게 훨씬 더 큰 영광을 제공하는 하나님의 지혜의 크고 형언할 수 없는 풍성함은 모두 그리스도 안에서 성취된다. 그리고 이 모든 것은 불가능한 사건을 통해 성취되었다. 천사나 사람들은 하나님이 만물을 자신의 영광으로 어떻게 회복시키실 수 있었는지 또는 죄를 지은 피조물을 영원한 파멸에서 어떻게 구원하실 수 있었는지 확인하는 것이 불가능했다. 따라서 마지막 날에 하나님이 "그의 성도들에게서 영광을 받으시고 모든 믿는 자들에게서 놀랍게 여김을 얻으실" 것이라고 말해진다.^{살후1:10} 하나님이 죄인들을 믿음을 통해 구원하시는 것은 세상을 무에서 창조하는 것보다 훨씬 더 경이로운 일로 확인될 것이다.

그리스도 안에서 하나님의 충만하심이 놀랍게 계시된다. 하나님의 충만하심은 하나님의 절대적이고 보편적인 완전하심을 가리키고, 이로써 하나님 안에는 부족한 것이 조금도 없으며, 하나님은 자신 말고 외부에서 어떤 것을 필요로 하시지 않는다. 하나님의 충만하심에 더해질 것은 아무것도 없고, 또 하나님의 충만하심은 비워질 수 있는 것도 아니다. 또한 하나님은 다른 존재들을 위한 충만하심도 갖고 계신다. 하나님은 자신의 충만하심에서 피조물이 만족하고 충만하도록 자신의 선하심과 자기 자신을 그들에게 나누어주고 전하심으로써, 그들에게 유익한 것은 무엇이든 그리고 그들이 바라는 것은 무엇이든 최대한 얻을 수 있게 하는 능력을 갖추고 계신다. 하나님은 창조하실 때 자신의 충만하심을 충분히 보여주셨다. 하나님은 만물을 선하게 또 만물을 온전하게 창조하셨다. 다시 말하면, 하나님의 피조물은 각기 종류대로 부족한 것이 없다. 이런 점에서 하나님은 모든 피조물 위에 자신의 선하심을 새겨 놓으셨다. 그리고 피조물이 누리도록 그리고 자신에게서 피조물의 모든 필요가 공급되도록 온전히 충만하신 하나님으로서 자신을 주시는 하나님은 오직 그리스도 안에서 계시된다. 그리스도 안에서 하나님은 자기 백성과 언약을 맺어 그들의 아버지가 되신다. 그리고 이 언약에서 하나님은 자기 자신을 유일하게 피조물의 필요를 충족시키실 수 있는 분으로 나타내기로 약속하셨다. 그리스도 안에서 하나님은 피조물의 영원한 선을 위하여 그들에게 자신을 주셔서 그들의 큰 상이 되기로 약속하셨다.

우리의 구원과 관련하여 말한다면, 그리스도를 통하지 않고서는 구원을 알거나 받을 수 있는 것이 하나님 안에 결코 없다. 우리의 구원에 필요한 것은 모두 그리스도 안에 있고, 그리스도를 통해 우리에게 드러난다. 그리스도 밖에 있는 모든 진리는 구원에 대한 지식을 제공하지 못한다. 이런 진리는 그저 더 큰 부패를 일으킬 따름이다.롬 2:4-5, 1:18-23

우리는 하나님의 뜻과 구원의 길을 알고, 그것이 주는 위로를 누리기 위하여 다음 세 가지 사실을 확신해야 한다.

(1) 하나님의 공의, 의, 인내, 선하심, 긍휼, 용납하심 그리고 그분의 모든 창조 역사와 섭리 등은 우리가 악이 아니라 선을 행할 때 모두 영광받는다는 사실을 우리는 확신해야 한다. 하나님은 무한히 공의롭고 합당하고 거룩하고 변함없이 참되고 신실하다는 사실을 우리가 알아도, 우리가 파멸하고 멸망할 때 그분의 이런 속성들이 영광을 받게 될 것이라는 강한 예감이 든다면, 그분의 이런 속성들이 우리에게 아무런 위로가 되지 못할 것이다. 만약 내가 멸망하기로 준비된 그릇 가운데 하나라면, 하나님을 인내하고 용납하시는 분으로 아는 것이 무슨 위로가 되겠는가? 또

내가 구원받지 못할 죄인 가운데 하나라면, 하나님이 "여호와라 여호와라 자비롭고 은혜롭고 노하기를 더디 하고 인자와 진실이 많은 하나님이라"출 34:6고 선언하시는 음성을 듣는 것이 무슨 소용이 있겠는가? 따라서 그리스도 밖에 있는 죄인은 하나님의 공의에 대한 지식을 갖게 되면 오히려 하나님에게서 도망쳐 숨고 싶은 마음이 생길 것이다.창 3장, 사 2:21, 33:15-16 이런 경우라면 하나님을 인내하시는 분으로 알고 있는 것도 단지 우리의 완고함을 배가시킬 따름이다.전 8:11 하나님이 거룩하신 분이라고 알고 있는 것도 그저 우리가 하나님께 나아가는 길을 가로막을 뿐이다.수 24:19

그러나 그리스도 안에 있으면 영광스러운 하나님의 이 모든 속성은 충만한 기쁨과 위로를 제공할 것이다. 왜냐하면, 그리스도 안에서 우리는 이 모든 속성은 우리의 구원과 우리를 향하신 하나님의 선하심 속에서 영광받게 된다는 것을 확신하기 때문이다.롬 3:25, 8:33-34 하나님은 그리스도 안에서 자신의 경고와 약속들을 이루실 때 자신의 진실하심과 신실하심을 영화롭게 하셨다. 하나님은 죄인들에 대한 저주를 그리스도께 담당시키셨다.갈 3:13 그리고 하나님의 모든 약속은 그리스도 안에서 이루어진다.고후 1:20 그러므로 그리스도 안에서 하나님의 긍휼과 선하심과 풍성한 은혜는 얼마나 영광스럽게 나타날까!

참된 구원의 지식은 하나님은 그리스도 안에서 우리에게 선을 행하실 때 영광을 받고 높임을 받으신다고 알려 준다. 그러나 이 지혜는 오직 예수 그리스도 안에 감추어져 있다.

(2) 하나님이 자신의 영광스러운 모든 속성을 우리의 유익을 위하여 사용하실 것이라고 우리는 확신해야 한다. 그토록 많은 사람이 영원히 멸망하는 것을 보면서, 하나님이 우리를 구원하실 것이라는 사실을 우리는 어떻게 아는가? 우리는 오직 그리스도 안에서만 하나님이 우리의 구원을 위하여 자신의 모든 속성을 사용하리라는 것을 알 수 있다. 하나님은 그리스도를 "여호와 우리의 공의"로 선포하시며,^{사 45:24-25} 우리에게 "지혜와 의로움과 거룩함과 구원함"이 되게 하셨다.^{고전 1:30} 그리스도는 믿는 자들에게 구원의 대장이시다. 따라서 하나님은 "그리스도로 말미암아 우리를 자기와 화목하게 하셨다"고 말해진다.^{고후 5:18}

(3) 우리는 이런 하나님의 속성들은 매우 강하고, 그래서 우리를 영원한 영광으로 이끌 수 있다고 확신해야 한다. 이것을 우리에게 확신시키기 위하여 하나님은 은혜 언약의 전체 내용을 "나는 너희의 하나님이 되리라"는 한 가지 약속으로 요약하신다. 우리의 하나님이 되실 때 하나님의 모든 속성은 우리와 우리의 영원한 선을 위하여 작용한다. 우리에게 강한 확신을 주시기 위하여 하나님은 다음과 같이 말씀하신다. "나는 전능하신 하나님이다. 나는 내가 약속한 것을 모두 온전히 이룰 수 있다. 또한, 너의 지극히 큰 상급이다. 나는 충만하신 하나님이다." 따라서 우리는 이 언약이 그리스도의 피로 확증된다는 것을 알고 있다. 오직 그리스도 안에서만 하나님은 충만하고, 우리의 지극히 큰 상급이 되신다. 따라서 그리스도는 "자기를 힘입어 하나님께 나아가는 자들을 온전히 구원하실 수 있다"고 말해진다.^{히 7:25}

하나님은 우리에게 선을 베푸실 의도가 있고 능력이 있다. 그래서 앞으로도 우리에게 선을 베푸실 것이다. 우리는 이 사실을 오직 그리스도 안에서 확신할 수 있다. 오직 그리스도 안에서 하나님은 우리를 구원하고, 우리를 영원한 영광과 복으로 인도하실 것이다.

그리스도를 알고, 믿음으로 그리스도 안에 거하는 것이 죄인을 구원하시는 하나님의 지혜와 지식이 경이롭고 탁월한 줄을 아는 것이다.

chapter 10

우리 자신을 아는 것

하나님의 아들과 교제를 하기 원한다면, 우리 자신에 대해 아는 지혜가 그 교제의 한 부분일 것이다. 성령은 "죄에 대하여, 의에 대하여, 심판에 대하여" 세상을 책망하시려고 보내심을 받았다.요16:8 죄와 의와 심판에 대하여 우리 자신을 아는 것은 참되고 올바른 지혜다.

죄에 대하여 우리 자신을 아는 것

사람들의 양심 속에는 태어날 때부터 죄에 대한 의식과 지식이 존재한다.롬2:14-15 따라서 사람은 "이같은 일을 행하는 자는 사형에 해당한다고 하나님께서 정하심"을 알고 있다.롬1:32 모든 민족의 모든 사람이 어느 정도 죄의식을 갖고 있고, 하나님이 죄를 미워하시는 것을 알고 있다. 이 세상에서 사람들이 하나님에 대하여 가장 먼저 갖게 되는 관념은 하나님은 선악에 대하여 보응하시는 분이라는 것이다. 이런 지식이 있으므로 사람은 하나님의 분노를 진정시키기 위하여 온갖 제사와 정결 의식과 속죄 방법 등을 고안해냈다.

죄에 대한 더 깊은 지식은 율법에서 왔다. "율법으로는 죄를 깨달음이니라."롬 3:20 "율법은 무엇이냐 범법하므로 더하여진 것이라."갈 3:19

정결하고 거룩하고 완전한 율법은 죄의 오염을 드러내는 역할을 한다. 율법이 주어지면서 죄에 대한 하나님의 진노가 드러나고, 인간은 천둥소리를 듣고 지진을 만난 것처럼 두려움과 무서움으로 가득 차게 되었다.

인간은 죄가 사망을 가져오는 것을 알 때 그리고 하나님의 저주와 진노 아래 있을 때 죄의 끔찍한 사악함을 이해하기 시작한다. 그러나 인간은 여전히 죄에 대해 참되고 철저한 자각을 하지 못하고, 그리스도께서 자신의 영을 보내 죄를 깨닫게 하실 때까지는 철저한 자각을 하지 못할 것이다.요 16:8 따라서 오직 그리스도를 통해서만—첫째는 그리스도께서 우리를 위하여 죄가 되심으로써, 둘째는 그리스도께서 우리를 죄에서 구원하시는 역사를 하심으로써—죄에 대한 참된 지식을 가질 수 있다.

죄의 마땅한 대가를 생각하라

하나님은 자신의 독생자를 세상에 보내 죄를 짊어지고 고난을 받게 하셨다.요 3:16, 롬 8:32 죄의 형벌이 하나님의 아들에게 주어졌을 때보다 죄가 그토록 가증하게 보인 적은 결코 없었다. 하나님은 우리를 위하여 자기 아들이 그 죄를 감당하게 했을 때, 아무리 작은 죄라도 처벌하지 않는 것은 절대로 불가능하다는 것을 보여주셨다.

하나님은 사랑하는 아들의 피와 눈물과 절규와 끔찍한 고통을 기뻐하시지 않았다. 그러나 자신의 율법을 이룰 것, 자신의 공의를 충족시킬 것, 그리고 죄에 대한 자신의 진노를 진정시킬 것을 요구하셨다. 이 요구들을 충족시키는 길은 자기 아들의 죽음 외에는 없었다. 따라서 우리는 죄에 대한 참된 진실을 알려면 십자가에 못 박히신 그리스도를 바라보아야 한다.

그리스도께서 받으신 고난을 생각하라

하나님은 기꺼이 자기 아들을 상처받게 하고, 슬픔 속에 두고, 그의 영혼을 죄를 위한 제물로 삼고, 그의 생명을 죽음에 내놓기까지 하셨다. 하나님은 자기 아들에게서 등을 돌리셨고, 이에 아들은 "나의 하나님, 나의 하나님, 어찌하여 나를 버리셨나이까?"라고 부르짖으셨다.마 27:46 하나님은 우리를 위하여 자기 아들을 죄와 저주가 되게 하셨다. 그리스도의 고난은 바로 이런 고난이었다. 그리스도는 땀이 땅에 떨어지는 핏방울같이 되었고, 매우 고민하여 그의 영혼이 죽게 될 정도로 고통을 크게 겪으셨다. 하나님의 능력과 지혜이신 분이 온 자연이 깜짝 놀라고 어둠에 사로잡힐 정도로 죄의 짐 아래 자신을 굴복시키셨다. 이 모든 것은 죄에 대한 하나님의 증오와 혐오를 보여준다. 죄는 하나님의 아들을 천국 높은 곳에서 지옥 밑바닥으로 끌어내렸다.

자신을 죄에서 구원할 능력이 없는 인간의 연약함과 전적 무능력을 생각하라

이것이 십자가에서 우리가 배워야 할 두 번째 사실이다.

인간은 죄에 대하여 하나님께 값을 치를 능력이 전혀 없다. 선지자 미가는 하나님 앞에서 어떤 속죄도 드릴 수 없는 인간의 무력함을 잘 보여준다.미 6:6-7 다윗도 "아무도 자기의 형제를 구원하지 못하며 그를 위한 속전을 하나님께 바치지도 못할 것은 그들의 생명을 속량하는 값이 너무 엄청나서 영원히 마련하지 못할 것임이니라"고 지적한다.시 49:7-8

하나님은 어떤 제사로도, 심지어는 자신이 정하신 제사로도 속죄를 온전히 이룰 수 없다고 말씀하셨다.히 10:11, 9:9 그리스도는 이런 제사들을 거부하고, 대신 이렇게 말씀하신다. "하나님이여, 보시옵소서.……하나님의 뜻을 행하러 왔나이다."히 10:6-8 그러므로 우리가 "모세의 율법으로 의롭다 하심을 얻지 못하던 모든 일에서 의롭다 하심을 얻게 된" 것도 바로 그리스도를 통해서다.행 13:39

하나님은 자기 아들을 "화목 제물로" 세우심으로 죄를 속하기 위한 다른 모든 노력은 미련한 짓이라는 것을 명백히 드러내셨다.롬 3:24-26 왜냐하면, "만일 의롭게 되는 것이 율법으로 말미암으면 그리스도께서 헛되이 죽으신" 것이기 때문이다.갈 2:21 하나님이 자기 아들을 보내신 때는 우리가 아직 연약하고 힘이 없을 때였다.롬 5:6, 8, 9

인간은 하나님께 순종하고 하나님의 뜻을 이루는 삶을 살 능력을 전혀 갖추고 있지 않다. 이것은 인간이 배우기 가장 어려운 진리 가운데 하나다. 인간은 이 진리에 대하여 교만과 분노를 일으키고, 모든 것을 동원해 이 진리를 거부한다. 그러면 인간은 어디서 이 진리를 배울 수 있을까? 자연은 가르쳐 주지 못한다. 율법도 가르쳐 주지 못한다. 이 진리는 주 예수님 안에 감추어져 있다.롬 8:2-4 율법은 인간을 완전한 의로 이끌 수 없다. 인간은 율법에 완전히 순종할 능력이 없기 때문이다. 인간의 육체적 본성은 죄로 부패했고, 따라서 율법에 순종하기에는 너무 연약하고 무력했다.

오직 그리스도만이 인간을 완전한 의로 이끄실 수 있다. 그리스도는 친히 우리의 죄에 대한 형벌을 받아 죄책에서 우리를 해방하심으로, 그리고 자신의 완전한 의를 우리에게 전가해 우리의 의로 의롭다 함을 얻으려는 일에서 우리를 해방하심으로, 이 일을 행하신다. 그런 다음 그리스도는 성령으로 우리 안에 역사하고 우리에게 자신의 의를 전가하심으로, 우리가 율법에 순종할 수 있도록 하신다. 오직 이 진리만이 우리 자신의 힘과 능력으로는 하나님께 순종할 수 없는 우리의 전적 무능력을 우리에게 이해시킨다.

인간은 자신의 삶 속에서 죄의 권세를 근절하고 파괴할 수 있는 능력이 전혀 없다는 것을 생각하라

죽을 수밖에 없는 우리 몸에서 죄의 권세는 몸의 이런저런 면에서 힘을 잃는다. 그래서 육신의 정욕을 섬길 수 없어 방해를 받을 수도 있다. 그러나 죄의 권세는 여전히 존재한다. 죄는 육체의 정욕을 섬길 수 없을 때는 더욱 크게 기승을 부린다.

그렇지만 죄의 뿌리와 권세는 오직 그리스도 안에서만 파괴될 수 있다.롬 6:3-6 그리스도는 우리를 위하여 십자가에 못 박히셨다. 이것은 우리 안에 있는 죄가 십자가에 못 박힌 것이다. 그리스도는 우리를 위하여 죽으셨으므로 죄의 몸은 멸망하여 우리는 이제는 죄를 섬기지 않게 되었다. 그리고 그리스도께서 죽은 자 가운데서 살아나셔서 사망이 더는 그분에게 왕 노릇 하지 못하게 된 것처럼, 우리도 죄에서 살리심을 받아 이제는 죄가 우리에게 왕 노릇 하지 못하게 되었다. 이 지혜는 오직 그리스도 안에 감추어져 있다.

모세는 죽을 때 힘과 기력이 조금도 쇠하지 않았다. 그리스도 안에 있지 않은 모든 자에게 죄와 율법도 마찬가지다. 죄는 죽는 날에도 힘과 기력이 조금도 쇠하지 않는다. 그러므로 죄에 대하여 죽는 원리를 진실로 깨닫는 것, 그리스도의 십자가에서 흘러나오는 힘과 능력이 우리 안에 있는 죄를 이기는 것을 느끼는 것, 그리스도께서 우리를 위하여 십자가에 못 박히신 것처럼 우리 안에서 십자가에 못 박힌 죄를 발견하는 것이 참된 지혜다.

죄가 존재하는 전반적인 목적과 죄가 세상에 들어오는 것을 하나님이 허용하신 이유 등은 오직 그리스도 안에서만 계시된다. 죄가 세상 속에 들어오는 것이 허용된 이유는 하나님의 영광스러운 은혜가 죄 사함을 통해 찬양받을 수 있도록 하기 위함이었다. 그리스도 밖에서 죄는 본질상 하나님을 욕되게 할 뿐이다. 그렇지만 그리스도 안에서 하나님은 죄악과 허물과 죄를 용서하시는 하나님으로 나타나신다.

따라서 죄에서 구원받게 하는 참된 지식은 오직 그리스도 곧 십자가에 못 박히신 그분 안에서만 발견된다.

의에 대하여 우리 자신을 아는 것

의는 그리스도의 영이 세상을 책망하시는 두 번째 사실이다. 모든 사람은 하나님이 공의로우신 분이라는 것을 알고 있다.창 18:25, 롬 1:32, 살후 1:6, 합 1:13 하나님은 공의로우시므로 "악인들은 심판을 견디지 못할" 것이다.시 1:5 따라서 인간의 중대한 질문은 바로 이것이다. "인간은 공의로우신 하나님 앞에서 어떻게 의로운 자로 설 수 있을까?" 완전한 의를 찾을 수 없는 사람들은 "죽기를 무서워하므로 한평생 매여 종 노릇 한다."히 2:15 사람들은 자기 의가 사망과 멸망에서 자기들을 구원하지 못할까 하여 죽음을 두려워한다.

따라서 인간은 의를 위하여 먼저 율법을 바라본다. 그러면 율법은 다음과 같이 말한다. "사람이 이를 행하면 그로 말미암아 살리라."레 18:5 "오직 율법을 행하는 자라야 의롭다 하심을 얻으리니."롬 2:13 "네가 생명에 들어가려면 계명들을 지키라."마 19:17 그래서 사람들은 율법을 지키면 하나님 앞에서 의롭게 될 것으로 생각한다.

그러나 율법을 지키려고 크게 애쓰다 실패한 후에, 사람들은 바울과 똑같은 결론에 이르게 된다. "율법의 행위로 그의 앞에 의롭다 하심을 얻을 육체가 없나니."^{롬 3:20} 바울은 이런 일이 유대인에게 일어났다고 우리에게 말한다.^{롬 9:31-32} 유대인은 진지하게 율법으로 의를 얻고자 했다. 하지만 그 길에서 의를 얻지 못했다. 그래서 바울은 이렇게 말한다. "만일 능히 살게 하는 율법을 주셨더라면 의가 반드시 율법으로 말미암았으리라."^{갈 3:21}

인간이 자신의 힘으로 율법에 완전히 순종함으로써 의를 얻을 수 없는 것은 두 가지 이유가 있다. 곧 인간은 이미 죄를 범했고, 죄의 삯은 사망이기 때문이다.^{롬 3:23, 6:23} 비록 이전에 행한 모든 죄의 빚이 제거된다고 하더라도 인간은 여전히 율법을 지킬 수 없다. "율법의 행위로 그의 앞에 의롭다 하심을 얻을 육체가 없나니."^{롬 3:20} 죄로 연약해진 인간의 육체는 율법에 완전히 순종하며 살 수 없다.

따라서 율법으로는 의롭게 될 수 없기에 자신의 전적 무능력을 깨달은 인간은 하나님을 기쁘시게 할 수 있는 다른 방법으로 돌아선다. 교황주의자들(가톨릭교회 신자들)은 공덕과 면죄부, 고행과 연옥의 길로 돌아선다. 바울은 이런 식으로 의를 추구하는 것을 "소위 율법의 행위로"^{NKJV, "행위를 의지함", 개역개정}라고 말한다.^{롬 9:32} 그들은 율법 자체에 순종하려고 애썼던 것이 아니라 율법을 다른 것으로 바꾸어 "소위" 율법의 행위로 의롭다 함을 얻고자 했다. 이에 대하여 바울은 이렇게 말한다. "자기 의를 세우려고 힘써 하나님의 의에 복종하지 아니하였느니라."^{롬 10:3} 그들이 하나님의 의에 복종하지 아니한 것은 자기 의를 세우려고 했기 때문이다.

그리고 그들이 자기 의를 세우려고 한 것은 하나님의 의를 몰랐기 때문이다.

따라서 자기 의를 구하는 사람은 다음과 같이 두 가지 측면에서 자신을 보게 된다.

(1) 그는 자신을 하나님의 율법에 따라 정죄받은 죄인으로 본다. 그러므로 그가 범한 죄에 대한 보속이 이루어지지 않으면, 자신이 공의롭고 거룩하신 하나님 앞에 설 수 있다고 생각하는 것은 아무 소용이 없다.

(2) 그는 자신을 하나님의 거룩한 율법에 완전히 순종해야 하는 피조물로 본다.

이 두 경우 모두 죄인인 인간은 자신이 그렇게 할 수 없는 존재라는 것을 보게 된다. 그는 자신의 죄를 속죄함으로써 자신을 의롭게 만들 수 없다. 또 하나님의 율법에 완전히 순종함으로써 자신을 의롭게 만들 수도 없다. 그는 이것을 성령의 역사를 통해 깨닫는다. 따라서 자신에 대하여 끝까지 가 본 자는 자신을 의롭게 만드시는 하나님의 길을 배우게 되고, 이 길은 오직 그리스도 안에서 배울 수 있다.

그는 그리스도께서 자신의 죄를 충분히 대속하셨다는 것을 깨닫는다. 그리스도께서 자신의 죄를 위하여 신적 공의를 넉넉히 충족시켰다는 것을 배운다.롬 3:24-25, 사 53:6, 엡 1:7, 롬 8:32 따라서 오직 그리스도 안에서만 의는 발견된다.

그래서 그 영혼은 다음과 같이 외친다. "내가 하나님의 영광에 이르지 못하게 만든 내 죄의 죄책을 그리스도께서 제거하셨다.

나는 하나님의 말씀을 통해 확신한다. '이제 그리스도 예수 안에 있는 자에게는 결코 정죄함이 없나니'롬 8:1 어떤 사람도 믿음으로 그리스도 안에 있는 나를 고발하거나 정죄할 수 없으며롬 8:33-34 믿음으로 그리스도 안에 있는 나의 양심이 더는 죄로 나를 정죄하지 않는다."히 10:2 이 지혜는 오직 그리스도 안에 감추어져 있다.

그러나 우리는 죄책이 없다고 말하는 것으로 충분하지 않다. 우리는 또한 완전히 의로워야 한다. 우리는 영생에 들어가려면 율법에 완전히 순종해야 한다. 그리고 이것은 오직 그리스도 안에서만 발견된다.롬 5:10 그리스도의 죽음으로 우리는 하나님과 화해하게 되었다. 이제 우리는 그리스도의 생명으로 구원을 받는다. 그리스도께서 땅에서 실제로 행하신 완전한 순종이 우리를 구원으로 이끄는 참된 의다. 그리스도의 의가 내게 전가되기 때문에 나는 율법에 완전히 순종한 자로 간주된다. 만약 내가 그리스도 안에서 발견되려면, 내가 가진 의는 율법에서 난 자기 의가 아니라, 믿음으로 하나님께로부터 난 의가 되어야 한다.빌 3:9

"예수는 하나님으로부터 나와서 우리에게 지혜와 의로움과 거룩함과 구원함이 되셨으니, 그 안에는 지혜와 지식의 모든 보화가 감추어져 있느니라."고전 1:30, 골 2:3

심판에 대하여 우리 자신을 아는 것

심판에 대한 참된 지혜도 그리스도 예수 안에 감추어져 있다. 우리는 모두 마지막 날에 하나님의 심판에 직면할 것이다. 이에 대하여 우리가 알아야 할 두 가지 사실이 있다.

(1) 우리는 이 심판이 반드시 임한다는 사실을 알아야 한다. 그리스도 안에서 그리고 그리스도를 통해 우리는 이 심판이 임한다는 사실을 확신하게 되는데, 이 확신은 아래의 두 가지 측면에서 온다.

첫째, 그리스도의 죽음을 통해 우리는 이 심판이 임할 것을 확신하게 된다. 하나님은 그리스도께서 죽으실 때 사람들과 천사들과 마귀들이 보는 앞에서 자기 아들의 육체 속에 있는 죄를 처벌하고 정죄하셨다. 이로써 우리는 공의롭고 보편적인 심판이 임할 것을 절대적으로 확신하게 된다. 그리스도의 죽음은 최후 심판에 대한 가장 큰 본보기다. 그리스도를 하나님의 아들로 아는 자들은 장차 임할 심판을 부인하지 못할 것이다.

둘째, 그리스도의 부활을 통해 우리는 이 심판이 임할 것을 확신하게 된다.^{행 17:31}

(2) 우리는 이 심판이 어떻게 이루어지는지 알아야 한다. 이 심판은 우리를 사랑하사 우리를 위하여 자기를 내주시고, 우리가 행해야 할 의를 자기에게 두시는 분이 행하실 것이다. 이 심판은 자신의 인격과 은혜, 길과 예배로 자기 종들에게 공경을 받으셨지만, 세상 사람들에게는 모욕과 멸시와 경멸을 당하신 분이 행하실 것이다. 이때 그분은 어떤 자에게는 말로 표현할 수 없는 기쁨을 주지만 다른 자에게는 말로 표현할 수 없는 두려움을 줄 것이다.

이 지혜 역시 그리스도 안에 감추어져 있다. 이렇게 해서 우리는 그리스도 안에서 죄, 의, 심판에 대하여 지혜를 얻게 된다.

우리가 더 알아야 할 지혜는 하나님과 동행하는 방법에 관한 것이다

우리가 하나님과 동행하려면 다음 여섯 가지가 필수적이다.

(1) 하나님과 동행하려면 반드시 하나님과 뜻이 같아야만 한다.^{암 3:3} 본질상 하나님과 사람은 원수다.^{롬 8:7-8} 하나님과 동행하는 것은 하나님의 원수가 가장 원하지 않는 일이다. 오직 그리스도 안에서만 미련한 인간은 하나님과 동행하는 지혜를 얻을 수 있다.

그리스도는 하나님과 인간 사이의 증오의 원인인 죄와 율법의 저주를 제거하셨다.^{단 9:24, 갈 3:13}

그리스도는 하나님과 인간 사이에 증오를 가져온 자를 멸하셨다.^{히 2:14, 골 2:15}

그리스도는 사람들의 죄를 속량하셨다.^{히 2:17, 고후 5:19} 그리고 하나님을 사람과 화해하게 하셨다.

그리스도는 우리가 갖고 있던 증오를 죽이심으로써 인간을 하나님과 화해하게 하셨다.^{롬 5:11, 엡 2:18} 이 화해는 오직 그리스도 안에서만 발견된다. 그리스도 밖에서 하나님은 소멸하는 불이시다.

(2) 하나님과 동행하려면 반드시 하나님의 친구가 되어야 한다. 낯선 사람과는 동행할 수 없다. 하나님과 동행하려면 하나님에 대한 증오가 제거되어야 할 뿐만 아니라 하나님을 우리의 친구로 알아야 한다. 이것 역시 그리스도 안에 감추어져 있고, 그리스도로부터 온다.^{요일 5:20, 요 1:18} 오직 그리스도 안에서만 우리는 하나님을 알고, 하나님을 이제는 우리의 원수가 아니라 우리의 친구로 알게 된다.

(3) 하나님과 동행하려면 반드시 거룩한 길을 따라 하나님과

동행해야 한다. 이 거룩한 길은 그리스도 안에 감추어져 있고, 오직 그리스도를 통해서만 배울 수 있다.히 10:20, 요 14:6, 사 35:8, 42:16

(4) 하나님과 동행하려면 반드시 강해야 한다. 거룩한 길을 가려면 힘이 필요하다. 그렇지만 우리는 본성상 힘이 없다.롬 5:6 모든 힘은 그리스도로부터 나온다.빌 4:13 우리의 만족은 그리스도 안에 있다.고후 3:5 그리스도 안에서 우리는 넉넉히 이긴다.롬 8:37 그리스도가 없이 이 길에서 발자국을 내딛는 것은 지옥으로 발걸음을 내딛는 것이다. 그리스도는 팔로 우리를 붙드신다. 우리에게 갈 길을 가르쳐 주신다. 우리를 온전한 길로 인도하신다. 그러므로 "주 안에서와 그 힘의 능력으로 강건하라."엡 6:10

(5) 하나님과 동행하려면 반드시 확신하고 걸어야 한다. "소멸하는 불"이신히 12:29 하나님과 동행하기 위해서는 확신이 필수적이다. 오직 그리스도 안에서만 우리는 하나님과 동행할 수 있는 담대함과 확신을 얻는다.엡 3:12 이 담대함은 그리스도의 피를 믿는 믿음에서 나온다.히 10:19 그리스도는 무서워하는 종의 영을 제거하고, 대신 우리에게 양자의 영을 주셔서 우리가 "아빠 아버지"라고 부르짖을 수 있게 하신다.롬 8:15 따라서 그리스도 없이 하나님과 동행하겠다는 담대함을 갖는 것만큼 하나님이 엄벌할 죄가 없는 것처럼, 예수의 피에 대한 믿음을 통해 그리스도 안에서 하나님과 동행하겠다는 담대함만큼 하나님이 인정하실 만한 큰 은혜는 없다.

(6) 하나님과 동행하려면 반드시 하나님과 동일한 목적과 목표를 가져야 한다. 이것 역시 예수님 안에서 발견된다. 하나님의

목적은 자신을 영광스럽게 하는 것이고, 그리스도 예수 안에 있는 자 외에는 이 목적을 이룰 수 있는 자가 아무도 없다.

따라서 우리가 하나님과 동행하는 데 요구되는 모든 지혜는 그리스도 안에 감추어져 있고 오직 그리스도로부터 우리에게 주어진다.

chapter 11

그리스도와 그의 성도들이 함께하는 교제의 결과들

그리스도께서 한 영혼에게 자기 자신을 내주실 때, 그분은 그 영혼을 영원히 사랑하신다. 그리스도는 "세상에 있는 자기 사람들을 사랑하시되 끝까지 사랑하시니라."^{요 13:1} 그리고 그 영혼은 자신을 그리스도께 드릴 때 "우리 주 예수 그리스도를 변함없이" 사랑한다.^{엡 6:24}

그리스도는 성도들을 크게 기뻐하신다^{사 62:5}

혼인날 신랑의 기쁨은 신부를 사랑하는 데서 나오는 기쁨이다. 그리스도께는 우리가 사는 하루하루가 그분의 혼인날이다. 그리스도는 자기 백성을 매우 사랑하시기 때문에 그들에 대하여 기쁨을 이기지 못하고 노래하신다.^{습 3:17} 그리스도는 성도들과 함께할

교제를 생각하고 영원부터 마음으로 그들을 기뻐하셨다.잠8:31

성부 하나님은 영원부터 죄인들 속에서 구원할 자들을 선택하셨다. 성부 하나님은 구원하기로 택하신 자들을 그리스도께 맡기고, 그리스도를 그들의 구주로 정하셨다. 그리스도는 택함 받은 자들의 구원을 책임지는 데 동의하고, 그들과 실제로 사랑의 교제를 나눌 때 누리게 될 만족과 기쁨을 생각하면서 즐거워하셨다. 영원부터 그리스도는 그들을 보살피고 영원한 정죄에서 구원하실 것을 생각하면서 즐거워하셨다. 성도들에 대하여 그리스도는 "내가 여기 거하며 영원히 나의 거처로 삼으리라"고 말씀하신다. 그리스도께서 이렇게 말씀하시는 이유는 성도들을 자신의 성전으로 택하셨기 때문이다. 그리스도는 성도들을 즐거워하시므로 그들 속에 거하실 것이다. 그리고 성도들을 자신과 친밀한 교제 속으로 끌어들이신다. 그리스도는 하나님이시므로 성도들은 그분의 성전이 된다. 그리스도는 왕이시므로 성도들은 그분의 신하가 된다. 그리스도는 머리가 되시므로 성도들은 그분의 몸 곧 그분의 교회가 된다. 그리스도는 맏아들이시므로 성도들은 그분의 형제가 된다. "형제라 부르시기를 부끄러워하지 아니하시고."히2:11

그리스도는 성도들을 기뻐하시기 때문에 그들에게 자신의 비밀을 보여주신다. 아울러 그리스도는 성도들 또한 그 마음의 비밀을 자기에게 털어놓을 수 있게 하신다. 우리는 믿을 만한 친구에게 마음을 털어놓는 법이다. 우리가 어떤 사람과 즐거운 사랑의 교제를 하고 있음을 보여주는 가장 큰 증거는 그 사람과 가장 깊은 비밀을 함께 나누는 것이다. 우리는 이런 교제를 나눌 때 잘 알려진 사실만 이야기하면서 친구와 서먹하게 거리를 두지 않을 것이다.

그리스도께서는 성도들에게, 오직 성도들에게만 자신의 마음을 보여주신다. 그리스도는 자신의 마음 곧 자신의 소중한 계획, 진심 어린 생각 그리고 자신의 은밀한 모든 뜻을 성도들과 함께 나누신다. 또 자신의 은혜의 방법, 자신의 영인 성령의 역사, 자신의 권세로 다스리심 그리고 우리의 영원한 선을 위한 복음의 순종 등을 성도들과 함께 나누신다.말4:2, 눅1:78, 벧후1:19, 시25:14, 요15:14-15

그렇다면, 그리스도는 이런 것들을 우리에게 어떻게 보여주실까? 그리스도는 "자신의 영을 통해" 그것들을 보여주신다. 우리는 "하나님으로부터 온 영을 받았으니 이는 우리로 하여금 하나님께서 우리에게 은혜로 주신 것들을 알게 하려 하심이라."고전2:12 그리스도는 우리에게 자신의 성령을 보내 마음을 알려 주시고, 우리를 모든 진리 가운데로 인도하신다. 그리스도께서 우리에게 알려 주시지 않는 마음은 하나도 없다. "우리가 그리스도의 마음을 가졌느니라."고전2:16 그리스도는 자신의 사랑, 선하신 뜻, 언약의 비밀 그리고 순종의 길과 믿음의 비밀 등을 모두 우리에게 말씀하신다. 그러나 이것들은 그리스도와 교제를 하지 않는 불신자들에게는 결코 계시되지 않는다.고전2:14

성경의 교리를 이해하는 것과 그리스도의 마음을 진정으로 아는 것은 큰 차이가 있다.요일2:27 그리스도의 백성은 그분에게서 특별한 기름부음을 받아 그분의 마음을 진정으로 알고 있다.요일2:20

그러면 그리스도께서 성도들에게 기쁘게 계시하시는 것들은 무엇일까?

그리스도는 성도들에게 자기 자신을 기쁘게 계시하신다 요 14:21

그리스도는 자신의 모든 은혜, 호감, 사랑을 계시하실 것이다. 그리스도는 성도들에게 자신을 구주, 구속자 그리고 많은 사람 가운데 탁월하신 분으로 계시하실 것이다. 다른 사람들은 그리스도 안에서 어떤 아름다움도 찾지 못하고, 그리스도 안에서 사모할 만한 것을 조금도 발견하지 못할 것이다. 그러나 자신의 모든 기쁨인 성도들에게는 자신과 자신의 모든 영광스럽고 탁월한 속성들을 보여주심으로써, 자신이 얼마나 사랑할 만한 분인지 알려 주실 것이다. 그리스도는 세상에는 자신을 감추실 것이다. 그러나 성도들에게는 정직한 얼굴로 자신의 아름다움과 영광을 보여주실 것이다. 그래서 성도들은 주의 영으로 그리스도의 영광스러운 형상으로 변화될 것이다. 고후 3:18

그리스도는 성도들에게 자신의 나라를 기쁘게 계시하신다

성도들은 자기들의 마음속에서 그리스도의 영의 통치가 이루어지는 것을 잘 알게 될 것이다. 성도들은 말씀 속에서 그리고 교회 속에서 그리스도의 통치와 권세가 어떻게 나타나는지 이해하게 될 것이다. 성도들은 시간이 지날수록 그리스도의 나라의 비밀을 더 깊이 알게 되지만, 세상은 주의 비밀에 대하여 아무것도 모를 것이다.

그리스도는 성도들이 마음과 영혼을 자신에게 드러낼 수 있게 하심으로써, 친밀한 사랑과 교제로 그들과 동행하신다. 그리스도는 모든 사람의 마음을 아신다.요 2:25, 계 2:23 그러나 우리가 그리스도에게 마음을 여는 법을 모른다면 이 진리를 아는 것은 아무 소용이 없을 것이다. 우리는 기도로 주님께 마음을 연다. 그리스도께 성도들의 기도는 향과 같다.계 8:3

그러므로 우리는 마음을 그리스도께 열려면, 기도의 도움이 필요하다. 우리는 이 도움을 주의 영을 통해 얻는다.롬 8:26-27 아무리 힘써 기도할지라도, 우리 안에서 기도의 영으로 활동하시는 성령의 도우심 없이 기도하는 것은 소용이 없고 가치도 없을 것이다. 그리스도는 성도들이 진심으로 자신에게 마음을 열어 놓을 때 그들의 기도를 크게 기뻐하신다.아 2:14 영혼이 그리스도를 피해 숨으려 할 때, 그분께서는 그 영혼을 불러 성령의 도우심으로 기도할 수 있게 하신다.

우리 마음을 그리스도께 열려면, 소원을 가지고 하나님께 나아갈 수 있는 길이 필요하다. 우리는 이 길을 그리스도 안에서 갖고 있다.요 14:5-6 창조 당시 아담에게는 하나님께 나아갈 수 있는 길이 있었다. 그러나 이 길은 죄로 막혔고, 율법의 칼이 그 길을 지키고 있다. 그런데 이제 예수님께서 새로운 길을 만들어 주셨다. "그 길은 우리를 위하여 휘장 가운데로 열어 놓으신 새로운 살 길이요, 휘장은 곧 그의 육체니라."히 10:20 이 길은 신자들에게만 열려 있다.

우리 마음을 그리스도께 열려면, 하나님께 나아갈 담력이 필

요하다. 그리스도 밖에 있으면 영혼은 하나님께 나아갈 생각만
해도 두려움에 사로잡힌다.^{사 33:14} 죄로 인해 수치와 전율에 사로
잡힌다. 그러나 신자들은 이제 "예수의 피를 힘입어 성소에 들
어갈 담력을 얻었나니."^{히 10:19} 우리는 오직 그리스도 안에서만
거룩하신 삼위 하나님께 나아갈 담력을 얻는다.

그리스도께서는 우리의 마음 문이 그분에게 열리도록 우리에
게 성령의 도우심을 제공하고 자신을 길로 제시하면서, 화해하
게 하시는 하나님께 나아갈 담대함 또한 주신다.

따라서 여기서 우리는 매우 중요한 한 가지 사실을 주목해야 한다
곧 우리의 마음을 그리스도께 여는 진실한 영적 기도와 우리가
기도해야 한다고 생각하기 때문에 단순히 그렇게 하는 기도의
차이는 무엇일까?

우리가 진실한 기도를 드리면 그리스도의 영은 우리에게 우
리 자신의 필요를 보여주신다. 그래서 우리는 이 필요를 그리스
도께 가져갈 수 있다.^{롬 8:26} 우리 영혼의 진정한 필요와 부족함을
알려면 성령의 도우심이 필요하다. 이런 도우심을 받는 자의 기
도는 기도를 시작하기 전에 이미 반 이상 응답받은 것이다. 이때
그의 양심과 마음과 영은 일깨움을 받아 자신의 짐을 그리스도
께 가지고 가서 풀어 놓는다. 그는 죄책감이 아니라 거룩한 감각
과 죄에 대한 피폐함으로 자신이 어디서 죽어 있는지, 어디서 둔
하고 냉랭한지, 어디서 불신적인지, 어디서 자신의 능력 이상으
로 시험을 받는지 그리고 어디서 하나님의 얼굴빛이 보이지 않

는지 등을 발견하게 된다. 필요를 느끼면 갈망이 생기는 법이다. 육체적 필요는 육체적 갈망을 일으킨다. 마찬가지로 영적 필요는 영적 갈망을 일으킨다. 따라서 성령의 도우심이 없으면 갈망도 없고 기도도 없다.

우리가 진실한 기도를 드리면, 그리스도의 영이 우리의 소원을 말로 표현하도록 우리를 도우신다. 기도를 말로 표현하는 것은 우리 안에 있는 깊은 소원을 말로 충분히 표현하지 못하기 때문에 쉬운 일은 아니다. "성령이 말할 수 없는 탄식으로 우리를 위하여 친히 간구하시느니라."롬 8:26 어떤 사람들의 말은 자기 마음의 욕구를 넘어선다. 만일 그들의 영이 기도의 표현과 일치한다면 모든 것이 만족스러울 것이다. 그러나 진정으로 기도하려는 자는 자신의 기도에 만족하지 못할 것이다. 그가 만족하지 못하는 이유는 자신의 기도가 신뢰할 만한 의로운 행위가 아니기 때문이다. 만일 하나님이 그의 기도에서 잘못된 것을 찾아 표시해 두신다면, 아마 그는 심판 날에 멸망할 것이다.사 64:6, 시 130:3 또 그가 만족하지 못하는 이유는, 비록 그리스도 안에서 큰 구원과 위로를 찾을 수 있음에도 불구하고 그의 마음이 거룩한 갈망과 마음속 가장 깊은 곳에서의 필요를 적절히 쏟아 놓지 못했기 때문이다. 성도들은 그리스도께 아뢸수록 말씀드리지 못한 것이 그만큼 더 많이 남아 있는 것을 발견하기 마련이다.

그리스도의 영이 하나님의 뜻대로 기도하도록 우리를 도우셔서, 우리는 진실한 기도를 드리게 된다. 성도들은 하나님의 뜻을 바라고 구하도록 성령의 인도를 받는다. 이때 하나님의 뜻은 하

나님이 보시기에 현재 상황에서 그들에게 유익한 일들이다.롬 8:28

우리가 언제 하나님의 뜻을 따라 기도하게 되는지 아는 방법
은 여러 가지가 있지만 여기서는 한 가지만 살펴보고자 한다. 우
리는 하나님이 주시겠다고 또는 하나님이 우리를 위하여 행하
겠다고 약속하신 것들을 구할 때, 하나님의 뜻에 따라 기도하고
있음을 알 수 있다.시 119:4,9 그러나 약속된 것을 기도하지만, 약속
을 따라 기도하지 않을 수도 있다.약 4:3 우리는 하나님이 약속하
신 것을 구할 수 있지만, 만약 그것을 가져야 하는 이유에 대하
여 하나님과 같은 생각을 하고 있지 않으면 하나님의 뜻에 따라
기도하는 것이 아니다.

우리는 하나님이 약속하신 것을 위하여 기도하려면, 그 약속
을 그리스도 안에서 약속된 것으로 보아야 한다. 우리가 약속된
것을 얻을 수 있는 유일한 소망이 오직 그리스도의 중보와 그분
께서 값 주고 사신 것에서 나온다는 것을 알아야 한다. 이것이
우리가 그리스도의 이름으로 성부 하나님께 기도하는 이유다.
하나님은 아버지로서 약속을 주신다. 그리스도는 자신의 죽음을
통해 우리를 위하여 그 약속을 취하셨다. 성부 하나님은 그 약속
을 그리스도의 손에 두셨으므로, 우리는 그리스도로부터 그 약
속을 받아야 한다.

우리가 하나님이 약속하신 것을 위하여 기도하려면, 우리 자
신의 정욕을 만족하기 위해서가 아니라 하나님이 우리에게 약
속하신 것과 동일한 이유로써 그 약속하신 것을 구해야 한다. 우
리가 죄 사함을 구하면서도 동시에 은밀하게 계속 죄를 범할 의

도가 있다면, 그것은 정욕으로 쓰려고 잘못 구하는 것이다. 하나님이 하신 약속들의 목적은 우리가 "하나님을 두려워하는 가운데서 거룩함을 온전히 이루어 육과 영의 온갖 더러운 것에서 자신을 깨끗하게 하는" 것에 있다.고후7:1

그리스도 안에서 누리는 성도의 기쁨

그리스도는 성도들의 기쁨, 성도들의 면류관, 성도들의 즐거움, 성도들의 생명, 성도들의 양식, 성도들의 건강, 성도들의 힘, 성도들의 소원, 성도들의 의, 성도들의 구원, 성도들의 복이다. 그리스도가 없으면 성도들은 아무것도 갖지 못한다. 그리스도 안에서 성도들은 모든 것을 얻을 것이다. 그리스도는 창세 이후로 모든 신자의 소망과 기대와 소원과 기쁨이었다. 아담에게 그리스도에 대한 최초의 약속이 주어졌다.창3:15 하와는 그 약속이 가인에게서 이루어졌다고 생각했다.창4:1 라멕은 노아를 약속의 후손으로 생각했다.창5:29 아브라함은 그리스도의 때 볼 것을 즐거워하다가 보고 기뻐했다.요8:56 야곱도 그리스도에 대한 믿음을 갖고 있었던 것으로 보인다.창49:8-10 시므온은 구약시대 전체를 그리스도에 대한 믿음으로 요약한다.눅2:30-31 선지자 학개는 그리스도를 "모든 나라의 보배"로 부른다.학2:7 아가서를 보면 교회를 상징하는 술람미 여인이 자기가 사랑하는 자 곧 그리스도의 그늘에 앉아서 심히 기뻐하였다고 말한다.아2:3

술람미 여인의 이 기쁨은 그녀가 사랑하는 자 곧 그리스도와

항상 함께 있고 싶어 하는 간절한 마음이 있었기 때문이다.^{아 2:7}

그리스도와 달콤한 교제를 찾아낸 그녀는 이 교제를 누릴 때 자신이 얻는 즐거움에 대하여 고백하고, 그 교제가 계속되기를 바란다. 그녀의 간절한 바람은 예루살렘의 딸들―그리스도를 알고 있다고 외적으로 공언하는 자들을 상징한다―이 그분을 방해하거나 그분께서 자기를 떠나도록 만드는 일들을 행하지 않는 것이다. 그리스도와 나누는 참된 교제의 달콤함을 신자의 영혼이 한 번이라도 맛보게 되면, 죄가 그 교제에 끼어들어 주님이며 구주이신 그분이 주시는 즐거움이 방해받지 않도록 모든 것을 조심하고 살피기 마련이다. 그리스도의 품에 안긴 신자는 많은 보물을 찾아낸 사람과 같다. 그는 이 보물을 빼앗기지 않으려고 힘이 닿는 한 무슨 일이든 다 한다. 이와 마찬가지로 하나님의 모든 보화와 풍성함이 감춰진 그리스도께 붙잡힌 바 된 사람들은 그분을 잃지 않으려고 특별히 조심할 것이다. 그리스도와의 교제를 소홀히 하는 것은 거짓된 마음을 갖고 있다는 증거다.

술람미 여인의 이 기쁨은 그분이 없을 때 극도로 불안해하는 모습과 어떻게든 그분에게 좀 더 가까이 다가가 그분과 보다 친밀한 교제를 하려는 열망에서 드러난다.^{아 8:6}

유대교의 대제사장은 영적으로 하나님 앞에 선 교회를 표상한다. 그가 입은 옷의 가슴 부위에는 흉패가 있었다.^{출 28:29} 흉패에는 이스라엘 지파들의 이름이 새겨져 있었고, 대제사장이 그 이름들을 달고 있었던 것은 여호와 앞에서 그들을 기념하기 위해서였다. 대제사장의 어깨와 팔에는 이스라엘의 아들들의 이름이 새겨진 보석이 달려 있었다.[출28:11-12] 따라서 술람미 여인이 마음에 품은 도장은 사랑하는 자의 형상이라는 의미로, 긴밀하고 내적이고 자상한 사랑과 보살핌을 상징한다. 술람미 여인은 "나를 도장 같이 마음에 품으라"[아8:6]고 말한다. 이것은 마치 이렇게 말하는 것과 같다. "나를 향한 당신의 사랑은 너무나 자상한 사랑입니다. 내가 항상 그 사랑만 바라보게 하소서. 내가 항상 당신의 마음속에 있게 하소서. 내가 절대로 지워지지 않도록 당신의 마음에 강력한 사랑의 인상을 주게 하소서." 영혼은 자신에 대한 그리스도의 사랑을 생각하는 것으로 절대 만족하지 못한다. 영혼은 "나를 도장 같이 팔에 두라"고 말한다. 마음은 사랑의 원천이다. 하지만 숨겨져 있다. 팔은 사랑의 계시와 능력이다. 술람미 여인은 분명히 사랑하는 자의 지속적인 관심과 보호를 갈망하고 있다. 술람미 여인은 자신의 이름이 사랑하는 자의 팔에 새겨져 있기를 바란다. 마찬가지로 그리스도도 계속해서 영혼을 보살피고, 심지어는 자신의 팔에 영혼을 새겨 두셨다.[사49:15-16] 또 술람미 여인은 사랑하는 자가 자신을 보살피고 보호하시는 가운데서도 그 능력이 높임받기를 원한다. 마찬가지로 그리스도의 능력도 사랑으로 영혼을 안전하게 지키실 때 높임받는다. 그리스도는 영원부터 사랑했던 영혼을 하나도 잃어버리지 아니하실 것이다.

술람미 여인이 이토록 간절한 기도를 드리게 된 근거는 "사랑은 죽음 같이 강하고 질투는 스올 같이 잔인"하기 때문이다.[아8:6] 곧 사랑은 "지옥처럼 모질기" 때문이다. 이것은 그녀가 마치 이렇게 말하는 것과 같다. "당신을 향한 나의 사랑은 엄청납니다. 그래서 당신이 나와 항상 함께하지 않는다면, 당신이 항상 나와 사랑의 교제를 나누지 않는다면, 나는 견딜 수 없습니다. 이런 것들이 없이는 내 사랑은 절대 만족하지 못할 것입니다. 내 사랑은 계속해서 "다오, 다오"잠 30:15를 외치는 무덤과 같습니다. 죽음은 절대 만족하지 않습니다. 항상 "더, 더!"를 외치고 있습니다. 죽음은 전부를 가지지 않으면 아무것도 가진 것이 아닙니다. 죽음은 때가 되면 거역할 수 없습니다. 속전도 소용없습니다. 내 사랑이 바로 그렇습니다. 당신의 사랑을 모두 독차지하지 않으면 나는 아무것도 가진 것이 없습니다. 온 세상도 내 사랑을 만족하게 할 수 없고, 나를 당신에게서 떠나게 할 수 없습니다. 또한, 나는 질투심을 견딜 수 없습니다. 나는 당신이 나를 사랑하지 않고, 나를 버리실까 두렵습니다. 나는 당신의 사랑을 받을 자격이 없다는 것을 잘 알고 있습니다. 이런 생각들은 지옥처럼 강렬합니다. 이런 생각들 때문에 내 영혼에는 안식이 없습니다. 당신의 가슴과 팔에 새겨진 것을 확인하지 못한다면 나는 숯불 더미 위에 누워 있는 자처럼 될 것입니다."

이것은 영혼이 그리스도 안에서 누리는 큰 기쁨을 보여주지 않는가?

술람미 여인은 계속해서 사랑하는 자를 잃거나 자기를 떠났을 때 자신이 느낄 불안과 괴로움을 통해 사랑하는 자에 대한 자신의 큰 기쁨을 보여준다. 사람들은 자신이 가장 소중히 여기는 것을 잃었을 때 크게 슬퍼한다. 술람미 여인의 이런 상태는 사랑하는 자를 찾아 성의 거리를 미친 듯이 헤매는 것에서 보여진다.^{아3:1-3} 영혼에 어둠이 내리면 그리스도께서 안 계신다는 것을 영혼도 안다. 술람미 여인은 이런 상황에서 행복했을까? 술람미 여인은 침상에서 쉬고 있지만, 그리스도가 없기에 안식이나 위로는 있을 수 없다. 결국, 술람미 여인은 일어나 사랑하는 자를 찾아 나선다.

그리스도를 찾아서

영혼은 그리스도께서 자기와 함께 계시지 않는다는 것을 깨달으면 그분이 떠나시게 된 원인이 무엇인지 알아보기 시작한다. 그리고 그리스도께서 계셨을 때 자신이 무엇을 했고, 어떻게 행동했기에 그런 일이 벌어졌는지 곰곰이 생각해 본다. 영혼은 이렇게 자문한다. "그리스도께서 왜 떠나셨을까? 내가 어떻게 했기에 그분이 떠나셨을까? 내가 사랑하는 다른 이를 찾아다닌 것은 아닐까?" 그러다가, 그 원인을 알게 되면 자신에게 화가 난다.

그러자 영혼은 언약의 약속들을 뒤지기 시작한다. 왜냐하면, 이 약속들 안에서 그리스도를 가장 확실히 찾을 수 있기 때문이다. 하지만 그 약속들은 시체와 같다. 영혼은 어떻게 해야 할지 모른다. 가장 소중한 보석을 잃어버렸고, 그것을 어디서 찾아야 할지 모르기 때문이다. 당황한 상태에서 사방을 찾아다닌다. 그리고 이렇게 말한다. "찾아도 찾아내지 못하였노라."^{아3:1}

그러나 술람미 여인은 포기하지 않는다. "이에 내가 일어나서 성 안을 돌아다니며 마음에 사랑하는 자를 거리에서나 큰 길에

서나 찾으리라."^{아3:2}

술람미 여인은 수단과 방법을 가리지 않으리라 결심한다. 신자는 약속들뿐만 아니라 기도, 묵상, 자기 성찰을 통해서도 그리스도를 찾는다. 그리스도에 대한 자신의 무관심한 태도를 회개하고, 그리스도를 찾아낼 때까지 부지런히 찾아다니기로 결심한다.

술람미 여인은 집을 떠나 성내를 돌아다닌다. 성은 하나님의 성인 교회를 상징한다. 좁은 거리나 큰길은 교회에 주어진 규례와 지침들을 상징한다. 영혼은 기도, 설교, 성례를 통해 그리스도를 찾는다. 그러나 이 모든 것을 통해서도 그리스도를 찾지 못한다. "찾아도 찾아내지 못하였노라." 그러므로 그리스도를 잃지 않도록 조심하라. 그리스도를 다시 만나려면 정말 힘든 과정을 거쳐야 할 수도 있기 때문이다.

술람미 여인은 찾아다니다 "성 안을 순찰하는 자들을 만났다"고 말한다.^{아3:3} 여기서 순찰하는 자들은 그리스도의 공식 사역자들을 상징한다. 아가 5:7을 보면, 그들이 박해자로 바뀐다. 그러나 여기서 그들은 술람미 여인을 돕는 데 최선을 다한다.

가난하고 고통받고 버림받은 영혼들을 주의하고 그들을 기꺼이 돕는 것이 신실한 사역자들의 의무다. 그들과 헤어지자마자 술람미 여인은 사랑하는 자를 만난다.^{아3:4} 술람미 여인이 그를 어떻게 찾아냈는지 우리는 말할 수 없다. 아무리 힘써 찾아도 찾지 못했을 때 조용히 기다리고 겸손히 행하면 그분께서 나타나는 경우가 종종 있다.

술람미 여인은 사랑하는 자를 다시 만나자 "그를 붙잡고……

놓지 아니하였다."[아 3:4] 이것은 분명히 영혼이 그리스도와 그리스도 안에 있는 모든 것에 대하여 느끼는 기쁨을 보여준다.

그리스도는 자기 백성을 크게 기뻐하시고, 그들도 그리스도를 크게 기뻐한다. 이것이 그리스도와 성도들이 하는 사랑의 교제에서 나오는 첫 번째 결과다.

chapter 12

그리스도와 함께하는 교제의 또 다른 결과들

주님은 그의 성도를 매우 귀하게 여기신다

그리스도는 성도들이 자신과 사랑의 교제를 하도록 인도하였다. 그러면서 그는 그들을 매우 귀하게 여기셨다. 왜냐하면 성도들은 그리스도의 값진 보석이기 때문이다.말3:17

그리스도께서 중보자로서 과거에 행하셨거나 지금도 행하고 계시는 일은 모두 성도들을 위한 일이었다.

그리스도는 성도들을 위하여 "육체를 지니셨다."히2:14, 16 그분은 천사들보다 성도들을 더 소중히 여기신다. "이는 확실히 천사들을 붙들어 주려 하심이 아니요."히2:16

그리스도는 성도들을 위하여 가난하게 되셨고, 이 가난하심으로 성도들은 영원히 부요하게 되었다.고후8:9

그리스도는 성도들을 위하여 종이 되셨다.빌 2:6-7 종으로서 그리스도는 모든 의를 이루셨고, 온갖 박해와 고난을 겪으셨으며, 사람들에게 온갖 선을 행하셨다.히 5:7-8

그리스도는 성도들을 위하여 십자가에 죽기까지 복종하셨다.빌 2:8 그리스도께서 죽으실 때 율법의 저주가 임했다.갈 3:13 그리스도께서 죽으실 때 하나님이 함께하시지 않았다.시 22:1 그리스도께서 죽으실 때 하나님의 진노가 임했다.고후 5:21 "사람이 친구를 위하여 자기 목숨을 버리면 이보다 더 큰 사랑이 없나니." 요 15:13 "우리가 아직 죄인 되었을 때에 그리스도께서 우리를 위하여 죽으심으로 하나님께서 우리에 대한 자기의 사랑을 확증하셨느니라."롬 5:8

사람이 다른 사람을 위하여 상실, 수치, 진노, 저주 그리고 심지어는 죽음까지 겪으면서 자신의 영광, 재산, 목숨, 하나님의 사랑에 대한 의식을 포기하는 것은 이런 고난을 기꺼이 겪을 정도로 그를 매우 소중히 여긴다는 분명한 증거다. 이것이 정확히 그리스도께서 성도들을 위하여 행하신 일이다. 그리스도는 이런 식으로 자신이 성도들을 얼마나 깊이 사랑하는지를 보여주셨다.히 12:2, 엡 5:25-26

그리스도는 다른 누구보다도 성도들을 귀하게 여기신다. 성도들에 비하면 세상 전체는 그리스도께 아무것도 아니다. 성도들은 그리스도의 동산이다. 성도들을 제외하고 나머지 세상은 메마른 광야다.아 4:12 성도들은 그리스도의 유업이고, 나머지 다른 사람들은 그리스도의 원수로 그리스도의 눈에 아무 가치가 없다.[사 43:3-4] 그리스도는 성도들의 유익을 위하여 다른 모든 민족과 그 세력을 다스리고 지배하고 처리하신다.[암 9:9] 다른 민족들이 복을 받는 것은 성도들을 위해서다.[창 12:3, 미 5:7-8] 다른 민족들이 멸망하는 것도 성도들을 위해서다.[사 34:8, 61:2, 63:4] 그리고 성도들을 연단하기 위하여 유지하거나 성도들을 잔인하게 대한 것 때문에 버림받거나 한다. 결국, 다른 민족들은 자기들이 멸시한 자들에 대한 행위에 따라 최후에 심판받게 될 것이다.[마 25:41-46] 천사들도 성도들을 섬기는 사자로 정해졌다.[히 1:14]

땅에서 아무리 천하고 연약하고 가난한 신자라 해도 그리스도는 세상의 다른 모든 것보다 그를 더 귀하게 여기신다.

성도들은 그리스도를 매우 귀하게 여긴다

성도들 역시 그리스도를 소중히 여기는데, 그것도 세상과 세상에 있는 모든 것보다 더 귀하게 여긴다.[시 73:25]

성도들은 다른 모든 어떤 것과 어떤 사람보다 그리스도를 더 귀하게 여긴다. 모세는 애굽의 온갖 보화보다 그리스도를 위하여 받는 수모를 더 귀하게 여겼다.[히 11:26] 복음이 신자들에게 가르치는 첫 번째 가르침은 그리스도를 위하여 모든 것을 무시하라는 것이다. "모든 것을 버리고, 십자가를 지고 나를 따르라." 이것이 그리스도께서 옛날 자기 제자들을 시험하시며 하신 말씀이었다. 우리 안에도 이와 똑같은 마음과 정신이 없다면 우리 역시 그리스도의 사람이 아니다.

성도들은 자신의 생명보다 그리스도를 더 소중히 여긴다.행 20:24 옛날 성도들은 그리스도를 위하여 채찍에 맞고, 능욕을 당하고, 수치를 당하는 것을 기뻐했다.행 5:41, 히 11장

성도들은 무엇이든 모든 영적인 능력과 다른 모든 의보다 그리스도를 더 소중히 여겼다.빌 3:7-8 성령은 예수 그리스도를 하나님의 지혜 곧 아버지의 영원한 지혜로 제시한다.잠 3:13-15 그리스도와 그리스도의 길은 은과 금 그리고 바라는 다른 모든 재물보다 더 낫다. 그리스도의 신격의 영광, 그리스도 인격의 탁월하심, 그리스도의 놀라운 역사는 성도들의 눈과 마음을 크게 즐겁게 한다.

그리스도께서 버리신 모든 것, 그리스도께서 행하신 모든 일, 그리스도께서 겪으신 모든 고난은 그분이 성도들을 사랑하고 소중히 여기셨기 때문에 일어난 것이다.

그리스도는 성도들을 매우 소중히 여기시기 때문에 그들 가운데 한 명도 잃어버리지 아니하실 것이다.요 17:11, 10:28-29

한편 성도들은 그리스도와 그리스도의 유익을 위하여 기꺼이 모든 것을 포기하고, 그리스도를 영원히 즐거워할 것이다. 그러나 성도들이 결코 할 수 없는 일이 하나 있는데, 그것은 그리스도를 포기하는 것이다.

자기 백성에 대한 그리스도의 도우심엡 5:29

그리스도는 성도들과 동병상련의 마음을 갖고 계신다. 성도들이 당하는 모든 환난을 함께 겪으신다. 성도들이 모든 시험과 고통

속에 있을 때 그들에 대하여 연민을 느끼신다.

그리스도는 성도들이 겪는 모든 시험 속에서 그들과 같은 마음을 가지신다.[히 4:15] 그리스도도 우리와 똑같이 시험을 받으셨다. 따라서 성도들이 온갖 부족함, 시험, 영적 연약함 속에 있을 때 그들을 동정하신다.

그리스도는 성도들을 불쌍히 여기고 그들의 고난에 동참하신다. "너희를 범하는 자는 그의 눈동자를 범하는 것이라."[슥 2:8]

그리스도는 성도들을 크게 돕고 지원하신다.[사 40:11] 여기서 우리는 그리스도의 자비와 동정과 자상한 본성을 보게 된다. 그리스도는 신실한 목자처럼 자애롭고 부드럽다. 따라서 모든 성도는 시험과 고통 속에 있을 때 이것을 확실한 규칙으로 삼으면 항상 그리스도의 지원과 힘을 얻을 것이다.[고전 10:13, 히 2:18] 그리스도께서 성도들을 어떻게 도우시는지에 대한 몇 가지 실례를 들면 다음과 같다.

그리스도는 수시로 영혼을 공격하는 죄에 대하여 영혼을 강하게 하신다. 그리스도는 요셉에게 그렇게 하셨다.[창 39:9] 또한, 성도들이 죄의 시험에 저항하도록 풍성한 은혜로 그들의 마음을 강하게 하고 튼튼하게 하신다.

그리스도는 수시로 실제로 강력한 은혜를 즉시 제공하심으로 영혼이 죄를 짓지 못하도록 역사하신다. 다윗이 바로 이런 경우였다.[삼상 24:4-6]

그리스도는 수시로 시험이 너무 강하고 격렬해서 가련한 영혼이 어떻게 해야 할지 몰라 전전긍긍할 때 시험 자체를 없애신

다.^{벧후2:9} 그리스도는 경건한 자를 시험에서 건지시는 법을 알고
계신다. 그리스도는 폭풍이 일 때 나오셔서 "잠잠하라, 고요하
라"고 말씀하신다.^{막4:39}

그리스도는 수시로 시험이 더 세지면 더 큰 은혜를 베푸신다.
그리스도는 바울에게 그렇게 하셨다.^{고후12:9}

그리스도는 수시로 모든 시험을 영적으로 올바르고 거룩하게
사용하도록 지혜를 주신다. 야고보가 말하는 것이 바로 이것이
다.^{약1:2} 베드로는 우리가 수시로 여러 가지 시험을 받는 것은 필
수적이라고 말한다.^{벧전1:6}

그리스도는 영혼이 언제든 시험에 넘어지면 긍휼과 용서로
대하신다. 그리하여 영혼이 그 짐의 무게에 눌려 완전히 주저앉
지 않게 하신다.

그리스도는 자기 백성이 온갖 고통 속에 있을 때 연민을 보여
주신다.^{사63:9, 골1:24} 이때 그리스도의 연민은 두 가지로 나타난다.
첫째, 그들을 위하여 아버지께 중재하신다.^{슥1:12} 둘째, 택함받은
자를 고통 속에 빠뜨린 자들에게 복수하신다.^{사34:8, 눅18:7}

그리스도는 택함받은 자를 위하여 적절한 때에 사람들, 나라
들, 민족들, 열방들에 복수하신다. 바로가 이런 복수의 전형적인
실례다.^{출9:16} 바로는 하나님을 크게 대적한 자였다. 그래서, 하
나님이 행하시는 복수의 한 전형적인 본보기가 되었다. 하나님
은 또한 기독교를 반대하는 온 세상에 진노의 그릇을 쏟아부으
심으로써 성도들을 위하여 보복하신다. 그리스도는 자기 백성의
원수들을 영원한 보복으로 심판하실 것이다.^{마25:41-46, 살후1:6, 유15}

성도들은 그리스도께 신실하다

바울은 고린도 교회에 편지를 쓰면서, 그들을 정결한 처녀로 남편인 그리스도께 드리려고 중매한다고 말한다.고후11:2-3

그리스도께 신실한 성도들에게는 다음과 같은 세 가지 특징이 있다.

처음에 우리는 그리스도를 마음으로 영접하고 그분을 귀하게 여겼는데, 이후에 어떤 다른 사물이나 사람을 처음에 그분을 영접했을 때와 비슷하게 혹은 그분보다 더 마음에 두거나, 더 귀하게 여기지 않는다는 것이 그리스도께 신실하다는 말의 뜻이다

갈라디아 교회 교인들은 그리스도께 신실하지 못했다. 처음에는 생명과 칭의를 위하여 그리스도를 영접했다. 오직 그분만을 영접했었다. 그러나 유대주의자들의 미혹을 받자 생명과 칭의를 위하여 오직 그리스도를 의지하지 않고 율법도 함께 의지하면서, 율법에 그리스도와 동등한 가치를 부여했다. 신실한 신자들은 하나님 앞에서 자기들의 의와 구원을 위하여 그리스도를 영접한다. 그들은 자기들의 모든 필요를 공급하실 분으로 그리스도만을 바라본다. 그들은 이제 그리스도와 함께 다른 어떤 것을 받아들이지 않을 것이다.

우리는 하나님의 인정을 받기 위하여 그리스도를 영접한다. 하지만 그리스도와 엇비슷하다고 우리 마음에 여겨지는 모든 것은 우리 스스로 하나님 앞에 서려는 의를 얻기 위한 우리 자신의 선행과 노력인 것이 분명하다. 그리스도를 영접하기 전에 하나님을 기쁘시게 하기 위한 우리의 모든 선행과 노력을 바울은 배설물로 간주하고 버린다.[빌 3:8-10] 바울은 자신의 믿음은 오직 그리스도에게 있고, 오직 그리스도의 의만이 우리를 하나님의 인정을 받는 존재로 만든다는 것을 보여준다. 그러나 우리가 그리스도를 영접한 후에 하는 행위들은 어떠한가? 이 행위들은 확실히 하나님이 받으실 만한 행위들이다. 하나님은 우리가 이러한 선행을 하며 살 때 기뻐하신다. 그렇지만 그러한 선행은 하나님 보시기에 우리를 의롭게 하는 것이 아니다. 그런 것들은 아무 가치가 없다.[엡 2:8-10] 하나님께서는 신자들에게 "그 사랑 안에서 행하여야 한다"[요일 6, NKJV, "그 가운데서 행하라", 개역개정]고 명하셨으며, 우리는 예수 그리스도 안에서 이 명령을 행하도록 지음받았다. 하지만, 믿음을 갖게 된 이후 우리가 하는 모든 행위는—그 행위가 하나님 앞에서 우리가 칭의를 받고 인정을 받는 문제와 관련된 것이라면—기각된다. 우리가 구원을 위하여 그리스도를 의지함과 동시에 우리 자신의 선행도 의지하는 것은 영적 간음이다. 신실한 신자들에게 그리스도는 하나님에 의하여 "의"가 되시고, 그들은 의를 위하여 그리스도 외에 다른 것은 절대 의지하지 않을 것이다.

"내가 무엇을 가지고 여호와 앞에 나아가며 높으신 하나님께 경배할까"[미 6:6]라는 질문에 답변할 때마다, 신실한 신자는 "나는 이런저런 일을 행할 것이다" 또는 "나는 여기저기를 조심하고, 내 길을 고칠 것이다"라고 대답하지 않는다. 대신 그는 이렇게 외친다. "나는 오직 주 예수님 안에서 의를 갖고 있다. 나의 모든 소원은 나 자신의 의를 갖는 것이 아니고, 나 자신이 그리스도 안에서 발견되는 것이다."

신실한 신자들은 그리스도께서 우리에게 보내시고, 그래서 우리 안에서 그리스도의 대변자로 우리와 함께 거하시는 보혜사 성령을 소중히 여긴다.요 16:7

그리스도는 우리와 영원히 함께 거하시려고 우리에게 성령을 주신다. 따라서 그리스도의 백성에게 행해지는 일은 무엇이건 그리스도께 행해지는 일이다. 왜냐하면, 그것은 그리스도께서 성령을 통해 그분 안에 거하는 자들에게 행하시는 일이기 때문이다. 성도들은 성령을 근심하게 하지 않고 자신이 가진 모든 힘으로 최선을 다해 그리스도에 대한 사랑을 보여준다.엡 4:30

그리스도께서 자신의 영을 신자들에게 보내신 것은 첫째는 그들의 성결을 위해서이고, 둘째는 그들의 위로를 위해서다. 따라서 우리는 성령이 우리 안에서 행하시는 거룩한 역사를 거부하고 거룩하지 못하고 오염되고 부패한 삶을 살게 되면, 성령을 근심하게 할 수 있다. 신실한 신자들은 하나님이 거룩하신 것처럼 거룩하고, 그리스도께서 행하신 것처럼 행하는 것이 목표다.

우리는 또한 성령이 보혜사로 활동하시는 것에 저항함으로 성령을 근심하게 할 수 있다. 보혜사이신 성령은 우리를 인 치시고, 우리에게 기름을 부으시고, 우리를 굳건하게 하시며, 우리에게 평안과 기쁨을 주신다. 우리는 무엇보다 성령 안에서 충만한 기쁨을 누리지 못하고, 위로와 기쁨을 다른 것 속에서 찾음으로 성령을 근심하게 할 수 있다. 기쁨과 위로를 땅의 것 속에 두면서 그리스도와 교제하는 것은 합당하지 않다. 그리스도의 영이 다음과 같이 말씀하지 않겠는가? "어찌하여 내가 계속 이 가련한 영혼들과 함께 거해야 할까? 나는 그들에게 말할 수 없는 영광스러운 기쁨을 제공했지만, 그들은 그 기쁨을 거부하고 멸망할 것을 더 좋아한다. 나는 그들에게 영적이며 영원하고 지속적인 위로를 베풀지만, 무익한 것들 때문에 이 위로가 완전히 거부를 당하는구나." 그리스도는 이것을 견디실 수 없다. 따라서 신실한 신자들은 세상과 세상에 있는 것들에 대한 자신들의 마음을 십자가에 못 박는다. 그리고 세상의 기쁨보다 더 나은 이 기쁨을 잃어버렸을 때는 그리스도께 "오, 주의 영의 기쁨을 회복시켜 주소서!"라고 부르짖는다.

성령은 또 우리가 어둠과 불신앙으로 그분께서 우리에게 주시고 우리가 받기를 간절히 바라는 그 위로들을 받지 않으려 하고, 또 실제로 받지 아니할 때 근심하신다.

신실한 신자들은 그리스도께서 가르쳐 주신 대로 그분을 예배하고, 그분이 정하신 수단만을 사용한다

이 수단에 충실하지 못하면 그리스도는 그것을 "간음"과 "음란"으로 부르신다. 그리스도는 "질투하시는 하나님"이시다. 거짓 예배는 "음행"으로 불린다. 다른 사람들을 거짓 예배로 이끄는 교회는 "음녀의 어머니"로 불린다. 그러므로 신실한 신자들은 그리스도께서 정하신 규례와 제도와 예배를 마음으로 신실하게 지키는 데 힘쓰기 마련이다.

신자들은 그리스도께서 정하신 방식에 따라 그리스도를 예배하지 않으면 아무것도 받지 못하고, 아무것도 행하지 못하며, 아무것도 인정받지 못할 것이다. 하나님은 하나님을 가장 잘 예배하는 법을 피조물이 정하도록 허락하지 아니하셨다. 하나님이 정하시지 않은 방법으로 하나님을 예배하는 것은 엄격히 금지된다. 하나님은 이렇게 말씀하신다. "이것을 누가 너희에게 요구하였느냐."사1:12 "사람의 계명으로 교훈을 삼아 가르치니 나를 헛되이 경배하는도다."막7:7

교회가 하나님을 예배하는 것에 대하여 그리스도께서 친히 정하신 것 말고 다른 어떤 일이나 의식을 제정하고 지정할 권한을 갖고 있다는 원칙이야말로 온갖 끔찍한 미신과 우상숭배 그리고 기독교 세계에서 일어난 모든 혼란과 유혈과 박해와 전쟁의 원인이다. 요한계시록 내용 대부분은 이 진리를 보여주는 데 그 목적이 있다. 기도할 때 하나님의 영이 도외시되고 복음의 강력한 전파가 무시되고 안식일이 경시되며 거룩함이 박해를 받으면, 예수 그리스도가 자신의 교회에서 입법자로서 그 유일한 권리와 능력을 박탈당하고, 참된 남편이 자리를 빼앗기고, 신부와 간음한 자들이 남편 자리를 차지하게 되는 일이 벌어진다. 그렇게 되면 그리스도께서 교회에 주시지 않은 감독자가 임명되고, 그런 자가 그리스도의 집을 다스리는 일이 벌어진다.엡4:11 그렇게 되면 이교와 유대교와 적그리스도의 사상에 기반을 둔 원천들에서 나온 의례적이고 화려하고 외형적인 규례들이 도입되고, 이 모든 것은 하나님의 책 어디서도 한마디도 아니 일점일획도 발견되지 않는다.

그러나 신실한 신자들은 공적이나 개인적으로 하나님을 예배할 때 그리스도께서 정하신 것 외에 다른 것은 절대 인정하지 않고 행하지 않을 것이다. "주 예수께서 이르시기를"이라는 말과 함께 그분의 이름이 언급되지 않으면, 그들은 하늘의 천사의 말이라도 듣지 아니할 것이다. 그들은 사도들도 그리스도께서 명하신 것만 교회에 가르쳤다는 것을 잘 알고 있다.[마 28:20]

신실한 신자들은 주 그리스도께서 정하신 것은 무엇이든 받아들이고 인정하고 실천한다

그들은 그리스도의 마음속에 있는 것과 그리스도께서 행하기를 원하시는 것을 부지런히 찾고, 그리스도를 기쁘시게 하지 않는 것은 아무것도 행하지 아니할 것이다.

그리스도의 사랑에 대한 증명

그리스도는 성도들의 모든 필요를 충분히 채우심으로 그들에 대한 자신의 사랑을 보여주고 증거하신다[요 1:16]

그리스도는 우리를 위하여 행하실 때 무슨 일이든 충분히 행하신다. 성도들에게 조금도 인색하지 않으시다.[롬 5:20] 죄가 더한 곳에 은혜가 더욱 넘쳤다. 은혜가 죄보다 더욱 넘친다면, 은혜가 정말 풍성한 것이다. 그리스도는 우리의 기도에 "우리가 구하거나 생각하는 모든 것에 더 넘치도록" 응답하신다.엡 3:20 우리를 너그럽게 용서하신다.사 55:7 성령을 우리에게 풍성히 부어 주신다.딛 3:6 우리는 "넘치도록 은혜를" 받는다.롬 5:17 그리스도는 "모든 지혜와 총명을 우리에게 넘치게 하신다."엡 1:8 그리고 신자들이 그리스도의 풍성한 은혜를 사용할 수 있을 만큼 충분히 사용하지 못하는 것은 큰 죄다. 우리는 날마다 그리스도로부터 긍휼을 풍성히 받아야 한다. 그리스도의 공급은 끊어지는 법이 없다. 다만 우리가 믿음으로 그것을 받지 못할 뿐이다.

그러면 그리스도께서 우리에게 베푸시는 모든 인자하심에 비추어 그분에 대하여 우리가 지켜야 할 의무는 무엇일까?

그리스도에 대한 우리의 첫 번째 의무는 성령의 능력으로 거룩함을 실천하는 것이다

가장 거룩한 사람은 그리스도께 가장 순종을 잘 하는 사람이다.

신자들은 자기들의 믿음과 순종의 주로서 그리스도께 순종한다.히 12:1-2, 빌 1:29 그리스도는 자신의 영을 통해 신자들 속에 순종을 일으키신다.

신자들은 우리의 순종이 하나님께 받아들여지도록 하시는 분으로서 그리스도께 순종한다. 신자들은 자기들이 이행하는 모든 의무는 하나님 앞에서 빈약하고 불완전하고 계속 유지될 수 없다는 것을 잘 알고 있다. 그러므로 자기들이 드리는 거룩한 것의 부족함을 감당하고, 자기들의 기도에 향을 더하며, 자기들의 의무에서 온갖 잡초를 뽑아 버리고, 그것을 하나님이 받을 만하신 것으로 만드시는 분으로 그리스도를 바라본다.

신자들은 하나님의 명령을 자기들에게 새롭게 하여 그 명령에 강력히 순종하게 하시는 분으로 그리스도께 순종한다.^{고후 5:14-15}

신자들은 성부 하나님과 동등하고, 마땅히 모든 존귀와 순종을 받으셔야 할 하나님으로서 그리스도께 순종한다.^{계 5:13}

성도들은 순종할 때마다 사랑하는 주 예수님을 특별히 공경한다. 그리고 끊임없이 그리스도를 생각한다. 성도들은 자기들에 대한 사랑, 자기들을 위한 삶, 자기들을 위한 죽음 그리고 자기들을 향하신 모든 긍휼과 모든 자비로 그리스도를 위하여 살지 않을 수 없다.

그리스도에 대한 우리의 두 번째 의무는 거룩함의 열매를 풍성히 맺는 것이다

그리스도는 우리를 풍성하게 하시는 것만큼 우리에게 넘치도록 감사하고 순종할 것을 요구하신다.^{고전 15:58}

그렇지만 이것은 우리가 그리스도와 누리는 교제의 작은 한 부분에 불과하다.

chapter 13

값 주고 사신 은혜 안에서 그리스도와 함께하는 교제

값 주고 사신 은혜는 그리스도께서 우리를 위하여 취하거나 이루신 모든 의와 은혜로, 그리스도는 우리를 이 은혜에 참여시킨다.

값 주고 사신 이 은혜는 그리스도의 순종과 그분의 고난과 그분의 지속적인 중보로 우리에게 주어졌다.

값 주고 사신 은혜는 하나님 앞에서 칭의나 하나님의 인정을 제공하는 은혜다.

값 주고 사신 은혜는 특권을 제공하는 은혜다.

값 주고 사신 이 은혜 안에서 우리가 그리스도와 교제를 하는 것은 우리가 행한 것은 없고 그리스도께서 모두 행하셨지만, 우리가 그분과 함께했다고 말해지는 것에서 분명히 확인된다.갈 2:20, 딤후 2:11, 골 3:3, 롬 6:4, 골 2:12, 3:1, 엡 2:5-6

그리스도는 하나님의 모든 뜻에 온전히 순종하심으로, 칭의와 성결과 특권이 속해 있는 이 은혜를 취하셨다. 그리스도는 천사들처럼 창조의 법과 도덕법에 순종하심으로 완전히 거룩하신 분이 되실 수 있었다. 하나님과 온전히 동행하신 분으로서 그리스도에게 요구하실 것이 이제는 아무것도 있을 수 없었다. 그러나 그리스도는 죄에 필수적인 모든 율법과 규례에 복종하셨다. 사실 그리스도는 죄가 없으시므로 그렇게 복종하실 이유가 전혀 없으셨다. 그런데도 "모든 의를 이루기 위하여" 그렇게 하셨다.마3:15

그리스도의 순종은 중보자로서 행하신 일이었다.히5:8 그리스도의 죽음에 생명이 주어진 것은 그분이 고난 속에서 순종하셨기 때문이다.빌2:8

그리스도는 죽기까지 복종하셨는데, 그것은 그분이 자신의 죽음을 통해 자기 영혼을 죄의 제물로 드리셨기 때문이다.사53:10, 요17:19, 히9:14, 엡5:2

인성을 가지신 중보자로서 보여주신 의를 통해 그리스도의 영혼은 하나님의 뜻과 마음 또는 법에 절대적이고 완전하고 정확하게 일치하였다. 본질상 그리스도는 완전히 그리고 항상 의로우셨다. 예수 그리스도께서 사람으로서 갖고 계신 이 의는 연합의 은혜 곧 신성과 인성의 연합으로 갖게 되신 것이다. 따라서 우리의 대제사장이신 그리스도는 거룩하고 악이 없고 더러움이 없고 죄인에게서 떠나 계신 분이었다.히7:26 오직 흠 없고 점 없는 하나님의 어린양이셨다.벧전1:19

그리스도께서 행하신 실제 순종은 하나님이 사람으로서 그리고 죄인으로서 인간에게 요구하신 모든 의무나 명령에 따라 기꺼이 즐겁게 실천하신 순종이었다.

그리스도는 율법이 우리에게 요구한 모든 것을 이루셨다. 본성의 법은 우리가 죄가 없는 상태가 되어야만 이룰 수 있는 법이다. 그런데 그분께서는 그 법이 요구하는 바를 다 이루셨다. 도덕법, 의식법, 재판법을 모두 이루셨다. 말하자면 모든 법을 이루셨다. 이렇게 그리스도는 "율법 아래에 나셨다."[갈4:4]

또한 그리스도는 중보자로서 영적 법도 이루셨다. 이것은 오직 그리스도께만 해당되고 우리는 본받지 못한다.[요 10:18 참조] 그리스도는 자기 생명을 버렸다 다시 취하라는 아버지의 명령에 순종하셨다. 자기를 죽인 자들을 위하여 기도하셨다.[눅 23:34] 그분은 오직 택함받은 자들을 위하여 기도하셨다.[요 17:9]

의로운 이 은혜 안에서 그리스도와 함께하는 교제

우리에게는 하나님과 사람이 한 인격 속에 계시는 중보자 곧 완전히 거룩하신 중보자가 절실히 필요하다. 따라서 오직 그리스도만이 우리의 대제사장과 중보자가 되기에 합당하시다.

그리스도께서 순종하실 수 있었던 것은 그분이 본래 갖고 계셨던 의와 하나님의 영 때문이었다.[사61:1]

완전히 의로우신 그리스도는 자발적인 순종이 없어도 죄에 대한 제사와 제물을 드리기에 충분한 분이셨다. 그러므로 그리스도께서 자발적인 순종의 삶을 사신 것은 다른 어떤 이유가 있는 것이 틀림없다.

그리스도께서 중보자로서 자기에게 주어진 하나님의 명령에 특별히 순종하신 것은 우리에게 전가되지 않는다. 그리스도는 이 법에 순종하심으로 구원에 필요한 온갖 좋은 것을 우리를 위하여 취하셨다.

하나님께서 우리에게 요구하는 법이 있었는데, 그리스도께서는 그 법에도 순종하셨다. 어떤 이들은 그리스도의 이 순종을 그분의 피 흘림과 헌신을 위한 예비적 순종으로 믿고 있다. 그들은 주장하기를 그분의 죽음이야말로 우리가 받는 칭의의 유일한 원인이며, 우리에게 전가된 것은―그분의 죽으심으로 인한―전적인 의라고 한다. 그래서, 그분의 순종은 순전히 순종의 한 형태일 뿐이며, 그것은 우리의 칭의와 전혀 상관이 없는 것이라고 말한다. 하지만 이것은 틀린 생각이다.

그리스도께서 십자가에 죽기까지 순종하신 것은 낮아지신 상태의 한 부분인 그분의 죽음과 결합하여 그분의 죽음과 함께 우리에게 전가된다.

그리스도께서 우리를 위하여 순종하신 것은 하나님의 은혜로 우리의 순종으로 간주되고 이로써 우리는 하나님 앞에서 의인으로 인정된다.

그리스도께서 율법 전체에 순종하신 것은 중보자로서 행하신 순종이었다. 그리스도는 중보자가 되시기 위하여 성육신하셨다.히 2:14, 갈 4:4

그리스도께서 중보자로서 행하신 일은 무엇이든 자신을 중보자로 삼고 있는 자들 또는 자신이 하나님 앞에서 그들을 대신하여 그리고 그들의 유익을 위하여 중보자 직분을 수행하고 있는 자들을 위하여 행하신 것이다.[롬 8:3-4] 그리스도는 자기 백성들이 죄로 인해 할 수 없었던 일을 그들을 위하여 행하셨다. 그리스도는 그렇게 하심으로 율법의 의가 우리 안에서 이루어지게 하셨다.

그리스도께서 순종하신 목적은 단순히 그분이 자신의 죽음과 헌신에 합당한 자가 되기 위한 것이 전부라고 말할 수 없다. 왜냐하면, 그리스도는 본질상 점이나 흠이 없는 어린양이셨기에 죄를 위한 제물이 되기에 이미 합당하셨기 때문이다. 그리스도는 굳이 순종 과정을 통해 자신을 죄를 위한 합당한 제물로 바치실 필요가 없었다.

만일 그리스도의 순종이 우리를 위하여 행해진 것으로 우리에게 전가되지 않는다면, 세상에 그렇게 오랫동안 살면서 하나님의 모든 율법에 완전히 순종하실 아무런 이유가 없었다. 더 일찍 죽으셨다고 해도, 그리스도의 죽음은 그 자체로 우리의 죄를 위하여 충분한 속죄를 이루었을 것이다.

만일 그리스도의 완전한 순종이 우리를 위한 것이 아니라면, 그렇다면 그분에게 요구되었던 모든 것은 무죄한 분이신 그분이 따라야 할 유일한 법이었던 본성의 법에 대한 순종이었을 것이다. 본성의 법에 대한 그리스도의 순종은 사람이 되시면서 그분이 자발적으로 행하신 행위였다.

그리스도의 순종은 그분의 고난 가운데 하나로 간주할 수 없고, 분명히 그분의 고난과는 구별되어야 한다. 행하는 것과 고난

받는 것은 분명히 다른 것이다.

그리스도께서 순종하신 목적은 무엇인가

그리스도의 순종하는 삶은 성도들이 순종할 의무가 있던 하나님의 모든 법에 대한 자발적인 복종과 완전한 성취를 보여주었다. 사실은 할례에서 흘리신 피로부터 십자가에서 흘리신 피에 이르기까지 그리스도의 모든 순종 행위는 고난이 수반되었고, 따라서 그리스도의 삶 전체가 하나의 긴 죽음으로 간주할 수 있다. 그렇지만 우리가 그리스도의 모든 삶 속에서 그분이 보여주신 자발적인 순종을 살펴보면, 이 자발적인 순종은 그분의 고난 자체와는 구별된다. 따라서 그분의 자발적인 순종은 그분의 적극적 의로 간주된다.

그리스도는 바울이 말하는 것^{갈 4:4-5}처럼, 자기 자신을 위해서가 아니라 우리를 위하여 그리고 우리를 대신하여 순종하셨다. 이 성경 본문을 통해 우리는 그리스도께서 여자에게서 나시고 율법 아래에 나신 이유를 알게 된다. 즉 그리스도는 우리를 위하여 율법에 순종하신 것이다. 우리는 율법 아래에 곧 율법의 정죄 아래에 있었을 뿐만 아니라 율법에 완전히 순종할 의무 아래에도 있었다.^{갈 4:21} 갈라디아 교회 교인들은 율법의 형벌이 아니라 율법에 순종할 의무 아래에 들어갈 마음을 갖고 있었다. 따라서 그리스도께서 자신을 위하여 성육신하신 것이 아니라면 또는 자신을 위하여 율법 아래 들어가고 자신과 자신의 칭의를 위하여 율법에 순종하신 것이 아니라면, 그리스도는 그 모든 것을 우리와 우리의 유익과 우리의 칭의를 위하여 행하신 것이 틀림없다. 따라서 이제 그리스도의 순종이 우리가 하나님의 인정을 받도록 어떻게 돕는지 살펴보자.

그리스도의 순종은 우리를 어떻게 돕는가

그리스도께서 율법에 완전히 순종하신 것은 우리의 순종으로 간주된다. 죽음은 죄의 삯이다. 따라서 우리는 그리스도의 죽음을 통하지 않고는 죽음에서 벗어날 수 없다.[히 2:14-15] 인간은 율법이 요구하는 것을 전부 행하기 전에는 죽음의 정죄에서 벗어날 수 없다.[마 19:17] 인간은 모든 계명을 지킬 수 없으므로 대신 대속물을 통하여 계명에 대한 순종이 이루어져야 한다. 그리스도는 인간을 대신하여 모든 계명에 순종하셨을 뿐만 아니라 죽음의 형벌도 감당하셨다. 그러나 죽음의 형벌에서 벗어나기는 했어도 우리는 여전히 율법에 순종할 의무가 있다. 그렇지만 이 순종은 하나님이 우리를 받아 주시는 근거는 아니다. 오히려 그것은 우리를 죄에서 구원해 주신 것에 대하여 하나님께 감사를 표현하는 것이다.

그리스도는 왜 죽으셨는가? 율법이 죄인의 죽음을 요구하기 때문에 죽으셨고, 이때 그리스도는 죄인들의 대속물이었다.

그러면 우리는 어떻게 죽음에서 구원을 받는가? 우리는 처벌이 이루어졌기 때문에 죽음에서 구원받는다. 우리는 여전히 죽어야 하지만 이제 죽음은 죄의 결과들과 벌이는 마지막 싸움이며, 아버지의 인격적 임재 속으로 나아가는 길이다.

그리스도는 율법에 대한 완전한 순종을 어떻게 이루셨는가? 그리스도는 인간에게 주어진 행위 언약에 맞추어 율법에 완전히 순종하셨다. "이를 행하여 살지니라."^{창 42:18, NKJV, "이같이 하여 생명을 보전하라", 개역개정} 그리스도는 자신이 받으신 은혜의 힘으로 완전히 순종하셨다. 그리스도는 인간이 생명을 얻게 하려고 순종하셨다. 말하자면 하나님이 인간과 맺으신 언약을 이루려고 순종하셨다.

그렇다면 이제 우리는 순종에서 해방되었는가? 그렇다. 우리는 우리 힘으로 율법에 순종하는 것에서 해방되었고, 또 영생을 얻기 위하여 율법에 순종하는 것에서도 해방되었다. 영생을 얻기 위하여 율법에 계속 순종해야 한다고 말하는 것은 우리는 여전히 옛 언약의 조건 아래 있다고 말하는 것과 같다. 그렇다고 해서 우리가 하나님과 동행하는 한 방법인 순종으로부터도 해방된 것은 아니다. 다만 우리 자신을 하나님께 나아가는 데 충분할 만큼 선한 존재로 만드는 한 수단인 그런 순종으로부터 해방된 것이다.

그리스도께서 율법에 순종하심으로써 우리가 의롭게 되었다.^{롬 5:18-19} 그리스도의 순종이 우리의 의로 간주되기 때문이다.

그리스도의 순종이 자발적 순종인 것은 아담의 불순종이 자발적 불순종이었기 때문이다. 아담의 불순종은 율법을 적극적으로 어긴 것이었기에 그리스도의 순종 또한 율법을 적극적으로

지킨 것이었다.^{마 5:17} "소극적" 순종과 같은 것은 없다. 그리스도
께서 행하신 순종은 그분의 고난과는 전혀 다른 것이다.

우리가 받는 의는 우리가 율법 전체를 지켰을 때 얻을 수 있는
의가 되어야 한다.^{빌 3:9} 그리스도의 율법에 대한 순종이 바로 이런
의다. 그리스도는 "우리에게……의로움이……되셨으니."^{고전 1:30}

그리스도께서 죽으신 그 결과의 토대는 화해다. 화해는 증오
를 죽이고, 아담이 타락하기 전에 가졌던 평화와 친교 상태를 회
복하는 것이다.

그러면 이제는 이뤄져야 할 일이 더는 없는가? 아담이 무죄한
상태였을 때 진노 아래 있지는 않았지만, 그도 생명으로 들어가
려면 순종해야 할 의무가 있었다. 그러나 증오를 죽이고 화해를
이룬 후에도 이루어져야 할 것이 있지 않을까? 있다. "그리스도
의 죽음으로 하나님과 화해하게 된" 우리는 그리스도께서 이 땅
에 계실 때 율법을 지키신 완전한 순종으로 구원을 받는다. 죄가
우리에게 전가되지 않아 화해가 이루어졌다는 말씀이 분명히 있
다.^{시 32:1, 눅 1:77, 롬 3:25, 고후 5:19} 또 의가 우리에게 전가되어 칭의를 얻
었다는 말씀도 분명히 있다.^{렘 23:6, 롬 4:5, 고전 1:30} 전가된 의의 결과인
이 칭의를 우리는 그리스도의 생명을 통해 얻게 되었다.

이것이 더러운 옷을 입고 있는 대제사장 여호수아로 설명된
다.^{슥 3:3-5} 이 본문은 우리가 값없이 하나님의 인정을 받는 것과
관련하여 분명히 두 가지 사실을 가르쳐 주고 있다. 첫째, 우리
의 더러운 옷이 벗겨진다. 곧 우리에게 있는 죄의 죄책이 제거된
다. 이것은 그리스도의 죽음으로 이루어진다. 이것의 결과는 죄

사함이다. 둘째, 옷이 갈아 입혀진다. 이것은 그리스도의 의가 우리에게 전가되는 것을 상징한다. 이것의 결과는 영생의 권리다. 따라서 성령은 이 갈아입은 옷을 "구원의 옷"과 "공의의 겉옷"으로 부르신다.^{사 61:10} 그리스도의 죽으심으로 화해가 우리의 것이 된 것처럼, 이 인정 또한 오직 그리스도의 순종으로 우리의 것이 된다.

반론 이것이 사실이라면, 확실히 우리는 그리스도의 의로 의로워졌으므로, 우리 또한 그분과 똑같이 의로워질 것이 분명하다.

답변 첫째, 우리의 의와 그리스도의 의는 큰 차이가 있다. 우리에게 전가된 그리스도의 의는 그리스도 안에 내재한 것으로, 사실은 그리스도 자신의 것이다. 그래서 이 그리스도의 의는 우리에게 전가된 것 또는 우리에게 값없이 주어진 것으로 여겨져서, 우리는 우리의 것이 아닌 의로 의롭게 되는 것이다. 둘째, 그리스도께서 자기 의로 의롭게 되신 것은 자신을 위해서가 아니라 우리를 위해서다. 따라서 우리의 의와 그리스도의 의는 비교할 수 없다. 우리는 그리스도께서 우리를 위하여 이루신 온전하고 완전한 의로 의롭다 함을 얻는다. 그리스도의 죽음으로 죄의 죄책과 형벌이 우리에게서 제거된다. 우리가 온전하고 완전한 의를 가진 것은 우리에게 전가된 그리스도의 순종 때문이다.

그리스도의 죽음과 자기 헌신 안에서 그리스도와 함께하는 교제

그리스도는 우리를 위하여 살고 우리를 위하여 죽으셨다. 그리스도께서 행하신 모든 일과 겪으신 모든 고난은 우리의 것이었다.

그리스도의 죽음은 값으로 산 것이었다 ^{고전 6:20, 벧전 1:18-19, 마 20:28, 딤전 2:6}

그리스도는 우리의 구속을 위하여 값을 치르셨다. 구속은 값을 치르거나 속전을 냄으로써 어떤 사람을 속박이나 포로 그리고 그 상태에 수반되는 비참함에서 구원해 내는 것이다. 구속자는 그 포로에 대하여 권한이 있는 자에게 값을 지불한다.

일반적으로 구속은 구원이다. 따라서 그리스도는 "구원자"로 불린다.^{롬 11:26} 그리스도는 "우리를 구원하기" 위하여 자기를 주셨다.^{갈 1:4} 그리스도는 "장래의 노하심에서 우리를 건지시는 예수"이시다.^{살전 1:10}

구속은 속박이나 포로된 상황에서 사람을 구해 내는 것이다. 그리스도가 없으면 우리는 모두 "갇힌" 죄수와 포로들이다.^{사 61:1} "감옥에서 흑암에 앉아 있던" 죄수들이다.^{사 42:7, 49:9} "물 없는 구덩이[에]……갇힌 자들"이다.^{슥 9:11} "용사의 포로……두려운 자의 빼앗은 것"이다.^{사 49:25} 우리는 "사로잡은 자들" 속에 있다.^{시 68:18} 이로써 우리는 "종 노릇 하고" 있다.^{히 2:15}

우리를 감옥에 속박하신 분이 바로 하나님이시다. 우리는 하나님께 "빚진 자"다.^{마 6:12, 18:23-27} 우리는 하나님께 죄를 범하였다.^{시 51:4} 하나님은 심판자이자 입법자이시다.^{약 4:12} 죄를 짓는 것은 하나님을 거역하는 것이다. 하나님은 사람들을 불순종의 권세 아래 가두어 두셨다.롬 11:32 회개하지 않는 모든 자의 몸과 영혼을 지옥 불 속에 던져 넣으실 분은 하나님이시다.마 10:28 모든 사람이 하나님의 진노에 예속되어 있고, 우리는 모두 우리의 감옥인 율법의 선고로 하나님의 진노 아래 있다.요 3:36

이 상태에 수반되는 비참함은 이루 말할 수 없다. 사탄과 죄와 세상에 종 노릇하는 것이 이런 비참함의 핵심이다. 우리는 값 또는 속전으로 제공된 그리스도의 죽음으로 이 모든 종 노릇에서 해방된다.골 1:13-14, 딛 2:14, 벧전 1:18-19, 히 9:15, 갈 4:5

우리는 앞서 언급한 그 값을 하나님의 손에 지급하고서 이 모든 구속과 이 모든 비참함으로부터 구원받았다. 우리는 하나님의 최고 권위로 율법의 형벌 아래 포로로 잡혀 있었다. 우리는 또한 대단한 집주인에게 진 빚으로부터도 구원받았다.마 18:23-24 그리고 우리는 죄의 형벌과 하나님의 저주 및 진노에서도 구원받았다.계 1:5

성령은 그리스도께서 행하신 이 구속을 자주 언급하신다.롬 3:24-25, 고전 6:20, 벧전 1:18, 마 20:28, 딤전 2:6, 엡 1:7, 골 1:13, 갈 3:13

그리스도의 죽음은 제물이었다

그리스도의 죽음은 제물이기도 했다. 그리스도는 하나님을 위하여 예비된 몸을 갖고 계셨다.히 10:5 이 몸으로 그리스도는 구약시대의 제사와 예물이 상징한 것을 이루셔야 했다. 그래서 그리스도는 그 몸을 드리셨다.히 10:10 "몸"이라는 말에는 그리스도의 인성 전체가 포함되어 있다. 왜냐하면 "그의 영혼"은 속건 제물로 바쳐졌기 때문이다.^{사 53:10} 그래서 그리스도는 자신을 드린 것으로 말해진다.^{엡 5:2, 히 1:3, 9:26} 그리스도는 자신을 하나님께 제물로 바치셨으며^{엡 5:10, 히 2:17} 제물이신 그리스도의 죽음 역시 속죄와 화해를 위한 것이었다.

죄는 하나님과 인간 사이에 본래 있었던 교제를 파괴했다.^{사 63:10} 따라서 지금 우리 위에는 하나님의 진노가 머물러 있다.^{요 3:36} 우리는 본질상 하나님의 정죄 아래 있다.^{엡 2:3} 이 진노는 죄에 대한 제물로 제공된 그리스도의 죽음으로써 제거된다.^{단 9:24, 롬 5:10} 그래서 그리스도의 죽음으로 우리는 "화목"을 얻는다.^{롬 5:11} 바울은 "하나님께서 그리스도 안에 계시사 세상을 자기와 화목하게 하시며 그들의 죄를 그들에게 돌리지 아니하시고"라고 말했다.^{고후 5:19, 엡 2:12-16 참조}

그리스도의 죽음은 형벌이었다

그리스도의 죽음은 또한 형벌이기도 했다. 그리스도는 죄인들을 대신하여 처벌을 받으셨다.^{사 53:5} 하나님은 우리의 모든 죄악에 대한 모든 형벌을 그리스도께 담당시키셨다.^{6절} 그리스도는 "많은 사람의 죄를 담당하셨다."^{12절} "친히 나무에 달려 그 몸으로 우리 죄를 담당하셨다."^{벧전 2:24} "죄를 알지도 못하신 이를 우리를 대신하여 죄로 삼으셨다."^{고후 5:21} 다음 구절들은 죄를 담당하는 것이 무엇인지를 설명해 준다.^{신 19:15, 20:17, 민 14:33, 겔 18:20}

하나님은 우리가 행한 범죄 때문에 진노하시고 우리를 벌하셨다. 하지만 그리스도께서는 우리의 형벌을 담당하셨다. 그분은 하나님을 아주 흡족하게 하셨다. 그런데 공의는 "눈은 눈으로, 이는 이로 갚으라"[마 5:38]는 식으로 아주 엄격한 명령이었다. 따라서 우리가 감당해야 할 정확한 형벌을 받기 위해 예수님이 우리의 중보자가 되셔서 자원하여 대신 받으신 것이다. 그리스도께서 자신을 우리 자리에 두신 것은 하나님이 허락하신 일이었다. 다시 말해 이것은 하나님께 드려지는 우리 죄에 대한 보속의 수단이었다.

그러므로 우리가 그리스도와 교제하려면, 우리를 위한 그분의 순종하신 삶 안에서뿐 아니라 우리를 위하여 값과 제물과 형벌이 되신 그분의 죽음 안에서도 교제해야 한다.

그리스도의 중보

주 그리스도는 여기서 더 나아가신다. 말하자면 우리를 단순히 용서받고 구속받은 상태로 놔두시지 않고 자신의 일을 끝까지 수행하신다. "예수는 우리가 범죄한 것 때문에 내줌이 되고 또한 우리를 의롭다 하시기 위하여 살아나셨느니라."[롬 4:25] 그리스도는 자신의 중보를 통해 취한 은혜의 역사를 완결하기 위하여 다시 살아나셨다.[히 7:25]

그리스도의 중보는 그리스도께서 "우리를 위하여 하나님 앞에 나타나신" 것을 가리킨다.[히 9:24] 죄를 속하기 위하여 큰 제물을 바친 대제사장은 제물의 피를 들고 지성소 안으로 들어갔다.

지성소는 하나님이 계신 곳이다. 대제사장은 자신과 백성들을 위하여 완전한 속죄를 드리려고 그 피를 지성소 안으로 갖고 들어갔다. 마찬가지로 자신을 하나님께 제물로 바치고 이제 자신의 피를 뿌리신 주 그리스도께서도, 하나님이 자기와 맺으신 약속 곧 자기의 피로 죄인들을 구속하고, 또 이 구속받은 죄인들에게 자신의 피로 취한 온갖 좋은 것들을 주시겠다는 약속을 하나님께 상기시키기 위하여 하나님 앞으로 나아가신다.

그리스도는 자신의 중보를 통하여 우리에게 성령을 보내시고, 성령이 우리를 위하여 이 일을 행하실 것이라는 자신의 확신을 우리에게 말씀하신다.요 14:16

chapter 14

그리스도께서 값 주고 사신 은혜의 본질

그리스도는 우리를 위하여 세 가지 큰 축복을 사셨다. 그분께서 우리를 위하여 사 주신 것은 하나님의 인정, 하나님의 성화, 하나님 앞에서 하나님과 함께 누리는 크고 많은 특권 등이다.

하나님의 인정

그리스도가 없으면 우리는 하나님과 분리된 상태에 있게 된다. 죄가 우리를 하나님과 분리하기 때문이다. 따라서 값 주고 사신 은혜의 첫 번째 역사는 하나님의 인정을 받도록 우리를 회복시키는 것이다. 그리스도는 하나님과 우리 사이에 있는 증오의 원인을 제거하시고, 우리가 하나님의 인정을 받기 위해서는 반드시 가져야 하는 것을 우리에게 제공하심으로, 우리가 하나님의 인정을 받게 하셨다.

그리스도는 십자가 죽음을 통하여 죄와 죄책을 제거하심으로써, "하나님이 죄를 알지도 못하신 이를 우리를 대신하여 죄로" 고후5:21 삼으셨다. 그래서 그리스도는 "우리에게…… 의로움"이 되신다.고전1:30

그러나 이것으로 하나님의 인정이 끝난 것은 아니다. 옛 불화는 해소되었지만, 그것으로 새로운 교제가 시작된 것은 아니다. 우리는 이제 죄인은 아니지만, 그렇다고 해서 천국에 대한 권리를 가질 정도로 충분히 의로워진 것은 아니다.

아담이 무죄한 상태에 있었다고 해서 생명에 대한 권리를 가진 것은 아니었다. "이를 행하여 살지니라"창 42:18, NKJV 하신 말씀과 같이, 아담은 "이를 행하여" "살" 수밖에 없었다. 그는 어떤 잘못도 저지르지 않는 소극적 의를 가져야 했을 뿐만 아니라, 선한 모든 일을 행하는 적극적 의 또한 가져야만 했었다.

그러므로 하나님의 인정을 온전히 받기 위하여 우리에게 요구되는 두 번째 사실은 우리에게 전가된 죄가 없어야 할 뿐만 아니라, 완전한 의가 전가된 우리의 의로 간주되어야 한다는 것이다. 그런데 우리는 이 완전한 의를 그리스도의 완전한 순종의 삶을 통해 갖게 된다. 이것이 하나님 앞에서 우리가 가진 의다. 이 순종으로 우리는 "의인"롬 5:19이 되었다.

죄가 제거되고 의가 주어짐으로써 우리는 영원히 하나님의 인정을 받게 되었다. 이것이 성도들을 예수 그리스도와 교제하게 하는 값 주고 사신 은혜의 첫째 부분이다.

하나님의 성화

그리스도는 우리가 하나님의 인정을 받게 하셨을 뿐만 아니라 하나님이 인정할 만한 존재로도 만드신다. 그리스도는 성도들을 위하여 사랑을 값 주고 사셨을 뿐만 아니라 성도들을 사랑스러운 존재로 만드신다. 그리스도는 "물로만 아니요 물과 피로"요일5:6 임하셨다. 그리스도는 성도들을 죄의 죄책에서 의롭게 하실 뿐만 아니라 죄의 오염에서 그들을 성결하게 하고 깨끗하게 하신다. 전자는 속죄 제물이 되신 그리스도의 삶과 죽음의 결과이고, 후자는 속전이 되신 그분의 죽음과 모범이 되신 그분의 삶의 결과다.히9:14,엡5:26-27 따라서 그리스도는 죄의 더러움을 제거하실 뿐만 아니라 깨끗함도 제공하신다.

성화의 은혜로 우리의 본성은 갈수록 깨끗해진다. 우리는 본성적으로 불결하고 더럽다. 앞으로도 계속 그럴 것이다.욥14:4,요3:6 우리의 피는 태어날 때부터 더러워져 있었다.겔16장 우리는 완전히 더럽고 오염되어 있다. 그리스도의 피로 값 주고 사신 성화의 은혜는 우리 본성의 더러움을 제거하고 깨끗하게 한다.고전6:11,딛3:3-5 이렇게 깨끗하게 해주심으로 영혼은 하나님 보시기에 순결하고 아름답게 된다. 영혼을 더럽히는 죄는 여전히 남아 있겠지만, 그 더러움은 계속해서 제거된다.

성화의 은혜로 우리 본죄本罪의 온갖 오염도 제거된다. 모든 본죄는 더럽히는 힘을 갖고 있다. 그래서 우리가 입고 있는 옷도 우리를 싫어한다.욥9:31 모든 죄에는 점, 흠, 티, 주름 잡힌 것, 더러움, 피가 동반된다. 하지만 "예수의 피가 우리를 모든 죄에서 깨끗하게 하실" 것이다.^{요일 1:7} 그리스도는 우리 본성의 더러움을 깨끗하게 하시는 것 외에도, 실제로 미련한 우리 인격의 더러움도 제거하신다. "그가 거룩하게 된 자들을 한 번의 제사로 영원히 온전하게 하셨느니라."^{히 10:14} 그분은 "죄를 정결하게 하는 일을 하시고 높은 곳에 계신 지극히 크신 이의 우편에 앉으셨느니라."^{히 1:3}

성화의 은혜로 우리의 가장 큰 의무들이 더러움에서 깨끗하게 된다. 사실 우리의 가장 큰 의무들조차도 더러워져 있었다.^{사 64:6} 우리가 행하는 모든 일 속에 자아, 불신앙, 형식주의가 스며들어 있다. 하나님은 성도들의 선행이 그들을 뒤따를 것이라고 약속하셨다. 사실 우리의 선행을 성소의 저울에 달아본다면 영원히 파묻어 두는 것이 더 나을 것이다. 그러나 우리의 대제사장이신 주 그리스도는 우리가 하는 모든 행위의 죄악과 죄책을 담당하고, 모든 더러움과 불결함을 씻어 내신다. 그리스도는 그들이 받아들여질 수 있도록 그들에게 감미로운 향을 더하심으로써, 마치 레위 자손과 그들이 바치는 제물을 깨끗하게 하는 연단하는 자의 불과 같게 되신다.^{말 3:3} 시험하는 불 속에서도 성령으로부터 나온 것이나 은혜에서 나온 것은 무엇이나 타지 않고 남아 있을 것이다. 그러나 자아, 육신, 불신앙 등에서 나온 것은 나무, 풀, 짚과 같은 것들이다. 그분은 이것들을 불태워 없애신다. 하지만, 성도들의 선행은 성도들조차도 알아볼 수 없을 정도로 그 형태가 변화된 채로 언젠가 그들과 마주하게 될 것이다. 성도들이 보기에 시커멓고 흉하고 더러운 것들도 아름답고 영광스러운 모습으로 나타날 것이다. 그때, 성도들은 자기들의 행위를 두려워하지 않고, 오히려 기뻐할 것이다.

우리의 본성과 인격과 의무들을 이처럼 깨끗하게 하는 역사는 모두 그리스도의 죽음에 기반을 두고 있다. 따라서 우리의 씻음과 정결함, 우리의 깨끗함과 순결함은 그리스도께서 우리와 우리의 행위에 자신의 피를 흘리고 뿌리심으로 일어난 결과다. 그리스도의 피 뿌림의 역사는 성령으로 인해 일어난다. 성령은 그리스도께서 우리를 위해 값을 치르고 주시고자 약속하신 분이다. 성령은 순수한 물로, 이 물이 뿌려짐으로 우리는 우리의 모든 죄에서 깨끗하게 된다. 성령은 시온의 딸들의 더러움과 피를 없애시는 심판하는 영이자 소멸하는 영이시다.[사4:4]

그리스도의 피는 죄의 더러움을 제거할 뿐만 아니라 동시에 정결함도 제공한다.

거룩함의 영이 우리에게 주어져 우리 안에 거하신다. 그리스도는 우리에게 거룩함이 되신다.[고전1:30] 어떻게 그러한가? 우리를 위하여 거룩함의 영을 취하심으로 그렇게 하신다. 우리를 새롭게 하시는 분은 오직 그리스도를 통해 우리에게 부어진 성령이시다.[딛3:6] 우리가 그리스도로부터 받는 첫 번째 주된 선물은 성령의 내주하심과 성령의 인도하심이다.[롬8장]

본질상 우리 안에 있는 정욕의 원리와 반대되는 것이 은혜의 원리이다. 상존하는 은혜가 우리에게 은혜의 원리로 주어진다. 이 상존하는 은혜가 우리 안에 거하시는 은혜다. 이 은혜는 이성 속에서는 빛이고, 의지 속에서는 순종이며, 감정 속에서는 사랑이다. 그러나 이것은 모두 한 원리이고 동일한 한 은혜다.

모든 영적 의무를 이행할 수 있는 실제 능력이 우리에게 주어진다. 그리스도가 없으면 우리는 아무것도 할 수 없다.[요 15:5] 신자들이 계속해서 그리스도를 의지하려면 성령이 주시는 새로운 은혜나 힘을 공급받아야 한다. 신자들은 새로운 행동을 할 때마다 새로운 은혜가 필요하다. 그리스도께서 우리 안에서 자기의 기쁘신 뜻을 위하여 소원을 두고 행하셔야 한다.[빌 2:13] 이처럼 값 주고 사신 은혜로 우리는 거룩함의 영, 상존하는 은혜, 모든 영적 의무를 이행할 수 있는 실제 능력 등을 받는다.

하나님 앞에서 하나님과 함께 누리는 크고 많은 특권

우리가 누리는 첫 번째 특권은 양자가 되는 특권 곧 양자의 영을 받는 특권이다. 일단 양자가 되면 우리는 오직 성도들만이 권리로 갖는 복음의 온갖 유익들을 누리게 된다. 이것들에 대해서는 나중에 "성령과 함께하는 교제"를 다룰 때 언급할 것이다.

따라서 이 특권들은 값 주고 사신 은혜로 우리가 가진 것들이다. 우리는 하나님의 인정, 거룩함, 양자가 됨 그리고 아들의 유업을 갖고 있다. 정말 엄청난 영광이다!

chapter 15

하나님의 인정 속에서 그리스도와 함께하는 교제

신자들은 하나님의 인정, 거룩함, 은혜가 그들에게 가져다주는 특권들 속에서 그리스도와 교제를 누린다.

그리스도의 입장에서 보면, 우리가 하나님의 인정 속에서 그리스도와 교제하려면 오직 두 가지가 요구된다.

첫째, 그리스도께서 행하신 일은 자기 자신이 아니라 우리를 위하여 행하신 일이었다. 그리스도는 우리로 아들의 명분을 얻게 하려고 "율법 아래에" 나셨다.^{갈 4:4-5} 그리스도는 우리가 "진리로 거룩함을 얻게 하려고" 자신이 거룩하게 되셨다.^{요 17:19}

그리스도의 고난은 자신을 위한 것이 아니었다.^{단 9:26} 그리스도와 유대 대제사장 간의 주된 차이는 대제사장은 신성한 제물을 바칠 때 먼저 자기 자신을 위하여 그리고 이어서 백성들을 위하여 바쳤다는 것이다. 그러나 예수 그리스도는 오직 다른 사람들을 위해서만 제물을 바치셨다. 그리스도는 죄가 없으셨다. 그러므로 자기 자신의 죄를 위하여 제물을 바치실 필요가 없었다. 그리스도께서 고난받으신 것은 "모든 사람을 위하여 죽음을 맛보려" 하심이었다.^{히 2:9} 그리고 "자기 목숨을 많은 사람의 대속물"로 주셨다.^{마 20:28} 하나님은 "우리 모두의 죄악"을 그에게 담당시키셨다.^{사 53:6, 벧전 2:24, 엡 5:25, 갈 2:20, 롬 4:25, 계 1:5-6, 딛 2:14, 딤전 2:6, 사 53:12 참조} 그리스도께서 우리를 위하여 고난을 받으신 것은 "의인으로서 불의한 자를 대신하셨으니 이는 우리를 하나님 앞으로 인도하려 하심이라."^{벧전 3:18}

둘째, 그리스도는 우리를 위하여 곧 우리가 하나님의 인정을 받도록 완전한 의를 값 주고 사셨다.

복음 속에는 우리를 위한 많은 약속이 선언되어 있다.^{마 11:28, 롬 10:4 참조} 이 선언된 약속들은 아주 고귀하다. 그러나, 이 약속들이 아무리 강력하게 선포된다 해도, 이런 외형적인 글씨 자체로는 그 누구도 의롭게 되거나 구원받을 수 없음을 주 그리스도는 알고 계셨다. 그래서 다음과 같은 복음이 한 원리로 세워지게 된 것이다. 즉, 이 약속을 진심으로 받아들이는 자는 누구나 하나님의 인정을 받고 구원을 받는다. 그런데, 사람들 가운데는 이 복음조차 스스로 받아들일 사람이 아무도 없음을 그리스도께서 아셨다.

그래서, 그리스도는 사람들에게 성령을 보내서 성령의 역사로 그들을 살리신다.^{요 6:63} 그리스도는 자신의 영을 통하여 "죽은 자들이 하나님의 아들의 음성을" 듣게 하신다.^{요 5:25} 또 자신의 영을 통하여 자신의 의에 참여하고 하나님의 인정을 받는 데 필요한 모든 것을 그들 속에 일으키신다.

그리스도는 자기 백성의 완전한 의를 이루시기 위해 사셨고 또한 죽으셨다. 이어서 그들에게 자기가 행하신 것을 말씀하고, 마지막으로는 이 완전한 의를 그들에게 실제로 주시며, 그들을 마치 그들 자신이 이 완전한 의를 행한 것처럼 여기심으로 그들이 성부 하나님께 완전히 인정받도록 하셨다.

따라서 성부 하나님의 인정을 받으려면 우리에게 다음과 같은 두 가지 사실이 필수적이다. 첫째, 우리의 불순종에 대한 배상이 있어야 한다. 둘째, 율법의 정당한 요청이 이루어져야 한다. 그리스도는 이 두 조건을 우리를 위하여 충분히 그리고 완전히 이루셨다.고후 5:21, 갈 3:13, 롬 8:33-34, 벧전 2:24, 롬 5:18-19 우리의 죄는 그리스도에게 전가되어 우리에게 귀속되지 아니할 것이다. 대신 그리스도의 의가 우리에게 전가되어 우리는 하나님의 인정을 받게 될 것이다.

이런 사실을 알았으므로 이제는 하나님의 인정을 받은 이 은혜 안에서 그리스도와 교제하는 법과 하나님이 인정하실 만한 삶을 지속하는 법을 알아야 할 필요가 있다. 이것이 없으면 평안과 기쁨이 있을 수 없으므로 삶은 오히려 지옥이 되고 말 것이다.

그러나 먼저 우리는 다음과 같은 두 반론을 다루지 않으면 안 된다.

"첫째, 만일 택함받은 자가 그리스도의 죽음과 피와 십자가로 사면, 화해, 자유를 얻는다면, 그리스도께서 죽으셨을 때, 아니면 최소한 그 택함받은 자가 태어났을 때 실제로 죄 사함 받아야 하지 않겠는가? 어찌하여 그들 가운데 많은 이들이 이 세상에서 오랫동안 하나님의 진노 아래 사는가, 곧 불신자처럼 율법의 선고와 정죄의 권세 아래 사는가?^{요 3:36} 그들을 위하여 이미 화해가 이루어졌는데도 불구하고, 어찌하여 그들은 값을 치른 즉시 해방되지 않는가? 둘째, 그리스도의 순종이 우리에게 전가되고, 그것이 하나님 앞에서 우리의 의라면, 어찌하여 우리에게 순종할 것이 더 요구되는가? 순전한 마음에서 나오고 우리를 가치 있는 삶으로 이끄는 우리의 모든 기도, 노력, 묵상, 금식, 자선 그리고 거룩함의 온갖 열매는 완전히 필요 없는 것들이 아닌가? 따라서 이 세상에서 누가 거룩하고 겸손하고 의롭고 온유하고 절제하고 인내하고 착하고 평화롭게 살거나 선행을 충분히 행하거나 그렇게 살고자 힘쓸 필요가 있겠는가?"

이 두 반론 가운데, 첫째 반론에 대한 대답은 그리스도께서 우리를 하나님과 화해시키기 위하여 행하신 역사 속에 있다. 그리스도는 자신의 죽음을 통해 하나님과 화해 대상인 모든 사람의 대표로 세우심을 받았다. 따라서 그리스도는 "하나님과 사람 사이에 중보자"가 되신다.^{딤전 2:5} "그가 모든 사람을 위하여 자기를 대속물로 주셨으니."^{6절} 말하자면 "더 좋은 언약의 보증"이 되셨다.^{히 7:22} 아담이 자기 육신의 후손에게 죄가 된 것처럼, 그리스도는 모든 계획과 목적에 따라 자신의 영적 후손의 의가 되셨다.^{롬 5:15-19}

그리스도께서 자기 백성의 대표가 되신 것은 바로 이 목적을 위하여 아버지와 맺으신 언약에서 비롯되었다. 이 언약의 조건은 명확하다.사 53:3 이 조건은 시편 40:7, 히브리서 10:8-10에 요약되어 있다. 성부 하나님이 그리스도의 하나님이 되신 것, 이것이 언약의 표현이다.시 89:26, 히 1:5, 시 22:1, 40:8, 45:7, 계 3:12, 미 5:4 따라서 그리스도는 자기 아버지에게 이 역사를 감당하도록 세우심을 받았다.사 42:1, 6, 49:9, 말 3:1, 슥 13:7, 요 3:16, 딤전 1:15 따라서 "평화의 의논"이 "이 둘 사이에" 즉 아버지와 아들 사이에 있었다.슥 6:13 아들은 영원부터 이 역사를 감당할 것을 생각하면서 기뻐하셨다.잠 8:22-30

그리스도께서 자기 백성의 대표가 되신 것은 또한 이 언약에 따라 성부 하나님이 택함받은 자를 주권적으로 선택하셔서 그들을 구속해 자기와 화해하도록 예수 그리스도께 주신 것에서 비롯되었다.요 17:6 영원한 선택에 따라 그들은 하나님의 소유였고, 하나님은 그들이 구속받도록 그들을 그리스도께 주셨다. 따라서 그들이 부르심을 받기 전에 또는 믿기 전에도, 그리스도는 그들을 자신의 "양"으로 부르신다.요 10:15-16 그러기에 우리는 "창세 전에 그리스도 안에서" 택하심을 받은 자로 말해진다.엡 1:4

그리스도께서 자기 백성의 대표가 되신 것은 또한 그리스도께서 그들이 받아야 할 형벌을 대신 받으시고, 그들이 구원받고 하나님과 화해하고 하나님의 인정을 받기 위해 해야 할 일을 자신이 하신 것에서 비롯되었다. 그리스도는 아버지께서 자기에게 주신 자들을 하나도 잃지 않고 모두 아버지께 인도하시는 일을 담당하셨다.요 17:2, 12, 6:37, 39

그리스도께서 자기 백성의 대표가 되신 것은 또한 그리스도께서 그들을 하나님과 화해하게 하신 역사의 결과로 받게 되어 있던 모든 긍휼, 은혜, 선한 것과 특권들에 대한 모든 약속을 그들을 대신하여 그리고 그들을 위하여 받으신 것에서 비롯되었다. 따라서 영생은 "영원 전부터" 우리에게 주어진 것으로 말해진다.^{딤후 1:9} 이것은 세움을 받은 우리의 머리, 중보자, 대표이신 그리스도 안에서 주어졌다.

자기 백성의 대표로서 그들의 구원을 위하여 필요한 모든 것을 감당하신 그리스도는 자신에게 돌려진 그들의 모든 죄에서 방면되고 사면되고 의롭게 되고 해방되셨다. 따라서 구약시대의 모든 성도도 우리와 똑같이 그리스도의 피로 구원을 받았다. 그리스도께서 "죽은 자들 가운데서 부활하사 능력으로 하나님의 아들로 선포"되셨다.^{롬 1:4} 그때 그분이 담당하신 모든 것이 이루어졌다고 선언되었다. 그분은 "의롭게" 되셨다.^{딤전 3:16 "논쟁의 여지} 없이 경건의 신비는 위대하도다. 하나님께서는 육신으로 나타나셨고 성령으로 의롭게 되셨으며……",

NKJV, "크도다 경건의 비밀이여, 그렇지 않다 하는 이 없도다", 개역개정 하나님은 율법 아래에 있는 자들을 위하여 그리스도를 율법 아래에 나게 하셨다.^{갈 4:4} 하나님이 그리스도를 "죄로 삼으신"^{고후 5:21} 것은 그들을 대신하여 그들의 죄에 대한 형벌을 치르도록 하심이었다. 이처럼 하나님은 의와 율법과 사람이 마땅히 받아야 할 모든 형벌과 그것들을 충족시킬 능력을 그리스도께 주셨다.^{사 53:6} 이 능력으로 그리스도께서 자신에게 요구된 일을 모두 행하자, 하나님은 그리스도께서 하신 일로 인해 그분을 죽음의 고통과 권세에서 해방하고, 그분을 인정하시며, 그분으로 크게 기뻐하셨다. 이제 하나님은 그리스도는 자기 자신에게 지워진 의무에서 벗어났다고 선언하신다. 하나님은 또한 그리스도께 그분이 죽음으로 산 그분의 영혼이 바라신 온갖 좋은 것들에 대하여 약속을 하셨다. 이렇게 그리스도는 자기에게 부과된 빚을 완전히 청산하셨기 때문에 우리를 대신하여 그리고 우리의 보증으로서 방면되고 사면되셨다. 우리가 끼친 모든 손해를 그분께서 배상하셨다. 따라서 모든 사람에게 일반사면이 선포되었다. 바로 이것이 하나님이 정하신 방법이라 말할 수 있다.

그리스도께서 자기에게 부과된 것을 다 이루셨고 언약의 조건 또한 다 성취되었기 때문에, 하나님께서 그리스도가 대표한 모든 사람에게 하나님과 화해케 한 그리스도의 죽음의 열매들을 제공하신 것은 당연했다.롬 5:8-11 그리스도께서 자기 백성을 대신하여 사면받았으므로 그들도 사면받은 것이다.고후5:21, 갈3:13, 벧전 2:21, 24

사면받은 신자들은 중보자의 언약 안에 있으므로 그리스도와 함께 할례받고, 그리스도와 함께 죽고, 그리스도와 함께 장사되고, 그리스도와 함께 부활하고, 그리스도와 함께 하늘 보좌에 앉게 될 것이라고 성경은 말한다. 그들이 은혜 언약 안에서 개인적으로 사면받는 것은 당연했다. 그들이 실제로 그리고 개인적으로 율법의 선고와 저주에서 해방되고, 하나님의 영광스러운 은혜를 찬송하게 하는 것은 성부, 성자, 성령께서 정하신 일이다.엡 1:5-7 우리가 하나님의 자녀로 입양되는 것이 하나님의 뜻이었다. 우리는 예수 그리스도를 통해 하나님의 자녀가 되는 신분이 되었다. 하나님의 자녀가 되는 이 특별한 방식이 그리스도의 피를 통한 구속이다. 이런 식으로 하나님의 자녀로 삼으시는 목적은 하나님의 영광스러운 은혜를 찬송하게 하려는 것이다.

그러나 그들이 실제로 구원받을 때까지 곧 그들의 여러 세대 가운데 하나님이 정하신 때가 될 때까지 그들은 개인적으로 확실히 율법의 저주 아래에 있었다. 그렇지만 그들이 율법 아래에 있는 것은 그들을 벌하려는 의도가 아니었다. 율법은 그들을 그리스도에 대한 믿음으로 나아가도록 하여, 하나님의 인정을 받는 데 도움을 주려고 하나님이 정하신 수단이기 때문이다. 구원이 이루어지면 칭의를 위하여 율법에 순종해야 할 그들의 의무는 모두 중단된다. 그들의 상태는 율법이 요구하는 완전한 순종을 이룰 수 없는 상태다. 그래서 그들은 결과적으로 율법을 통해 그리스도에 대한 믿음으로 인도를 받고, 그리스도를 통해 율법과 율법에 대한 순종을 좋아하게 되며, 하나님의 영광스러운 은혜를 찬송하게 되었다.

은혜의 주된 목적은 삼위 하나님을 전적으로 영화롭게 하는 것이고, 그렇게 하는 방법은 성령 하나님의 역사와 성자 하나님의 피를 통해 성부 하나님의 사랑에 이르는 것이다. 하나님의 사랑은 성부 하나님에게서 시작되고, 성자 하나님에 의하여 수행되며, 성령 하나님에 의하여 우리에게 전달된다. 성부 하나님은 하나님의 사랑을 계획하고, 성자 하나님은 그것을 값 주고 사셨으며, 성령 하나님은 효력 있게 그것을 달성하신다. 따라서 우리는 성령의 역사로 그리스도의 피를 믿게 되고, 그리스도의 피로 성부 하나님의 인정을 받는다.

이것이 우리가 그리스도를 통하여 성부 하나님의 인정을 받아 하나님께 영광을 돌리는 방법이다.

성령 하나님은 우리에게 오셔서, 우리를 살리시고, 우리를 회심시키며, 우리 안에 믿음을 일으키심으로 영광을 받으신다.^{롬 8:11,} ^{엡 1:19-20} 이것은 철저히 언약의 약속에 따른 것이다.^{사 4:4, 겔 11:19, 36:26}

성자 하나님은 성령 하나님이 우리 안에서 행하시는 역사를 통하여 영광을 받으신다. 왜냐하면, 성령의 역사로 우리는 그리스도께서 우리를 위하여 흘리신 피를 믿게 되고, 우리 안에서 이루어지는 성령의 역사를 포함하여 이 흘리신 피의 모든 유익을 받기 때문이다.

성부 하나님은 우리가 그분의 인정을 받아 의롭게 되고, 죄책에서 벗어나 죄 사함받고, "하나님과의 화평"을 누릴 때 영광을 받으신다.^{롬 5:1} "그로 말미암아 우리 둘이 한 성령 안에서 아버지께 나아감을 얻게 하려 하심이라."^{엡 2:18} 따라서 성부, 성자, 성령 하나님은 우리의 칭의와 하나님의 인정을 통해 영광을 받으신다. 성부 하나님은 값없이 사랑을 베푸심으로 영광을 받으신다. 성자 하나님은 온전히 값을 치르심으로 영광을 받으신다. 성령 하나님은 효력 있는 역사를 행하심으로 영광을 받으신다.

이 은혜들은 속속들이 모두 우리를 위해 그 값이 충분히 지급된 것이며, 그리스도를 통해 우리에게 값없이 주어진 것이며, 직접적으로 그리스도의 죽으심으로 인한 것으로 우리가 천국에 가기만 하면 받아 누릴 수 있는 것들이다. 다만 우리가 지금 있는 모습 그대로 구원받고 자유롭게 되는 이유는 이 모습으로도 삼위 하나님이 영광을 받으시기 때문이다. 이것으로 첫 번째 반론에 충분한 답변이 된 것 같다. 하나님과 우리의 화해는 그리스도의 죽으심으로 완전하고 완벽하게 그 값이 치러졌지만. 우리가 그 화해로 들어가서 실제로 그 화해를 누리는 수단과 방법들은 앞에서 언급한 바와 같이 하나님의 영광스러운 은혜를 찬송하게 하려는 것이다.

두 번째 반론에 대한 답변은 그리스도의 순종은 우리에게 전가되고, 하나님에 대하여 행해진 우리의 순종은 두 가지 다른 기능을 하고 있다는 것이다. 우리에게 전가된 그리스도의 순종은 우리가 하나님 앞에서 의로운 자로 간주되고, 따라서 의롭다 함을 받게 하는 데 목적이 있다. 그러나 우리의 순종은 우리가 하나님의 인정을 받고 의롭다 함을 얻는 의는 아니다. 다만 우리의 순종은 하나님이 우리를 창조하신 목적이고, 우리가 하나님의 은혜에 대하여 하나님께 사랑과 감사로 행하는 것이다.[엡 2:8-10]

우리의 순종은 "그가 만드신 바"[엡 2:10]로서, 충분하고 효력 있는 은혜로 우리 안에서 하나님께서 행하신 것이다. 하나님은 우리가 이 순종을 따라 행하도록 정하셨다. 이것이 우리가 하나님께 순종해야 하는 충분한 이유다.

우리의 전심을 다한 순종과 선행이 필수적인 것은 그것이 성부, 성자, 성령 하나님의 주권적인 명령과 뜻이기 때문이다.[살전 4:3] 그것은 성부 하나님의 뜻이다.[엡 2:10] 그것은 성자 하나님의 뜻이다.[요 15:16] 그것은 성령 하나님의 뜻이다. 성령 하나님은 사람들에게 복음 전파라는 중대한 사역을 명하신다.[행 13:2] 우리는 죄를 범할 때 성령을 거역하고 죄를 범하는 것이다.

우리의 거룩함 곧 우리의 순종과 의의 행위는 하나님이 우리를 구원하신 것에 대하여 영광을 받으시는 하나의 중요하고도 특별한 방법이다.

그것이 하나님이 우리를 택하신 주된 이유다.엡 1:4, 사 4:3-4, 살후 2:13 거룩함에 대한 동기를 부여하는 것도 바로 이 성부 하나님의 사랑이다.요일 4:8-10 성자 하나님이 우리를 사랑하고 우리를 구속하기 위하여 자신을 주신 이유도 바로 이것이다.엡 5:25-27, 고후 5:15, 롬 6:11 성령 하나님이 우리 안에서 사랑의 역사를 행하시는 이유도 이것이다. 성령 하나님은 우리를 준비시켜 순종하게 하신다.딛 3:5, 갈 5:22-23

순종은 하나님께 영광과 존귀를 돌리는 데에도 필수적이다.말 1:6 성부 하나님은 우리의 순종으로 영광을 받으신다.마 5:16 성자 하나님도 우리의 순종으로 영광을 받으신다.요 5:23, 14:1, 17:10 성령 하나님도 우리의 순종으로 영광을 받으시고, 우리가 불순종하면 근심하신다.엡 4:30 성령 하나님은 우리를 자신의 성전으로 삼아 우리 안에 거하신다. 따라서 우리는 이 성전을 더럽혀서는 안 된다.

우리가 순종하는 것은 우리의 명예가 된다. 왜냐하면 우리는 하나님을 닮도록 부르심을 받았기 때문이다.벧전 1:16, 마 5:48, 엡 4:23-24 우리는 순종을 통해 하나님과 교제하면, 마음으로 하나님의 평안을 경험하게 된다.요일 1:7, 3, 사 57:20-21 또 순종을 통해 하나님과 사람에게 유용한 존재가 된다. 열매를 맺지 못하는 가지는 잘려 불에 태워진다. 우리는 순종을 통해 세상을 정죄하고 우리를 욕하는 그들의 입을 막아 버린다.벧전 3:16, 요 17:23

성도들은 언젠가 세상을 심판할 것이다. 어떻게 그렇게 되는가? 그들의 선행, 의, 거룩함이 모든 세상 사람 앞에서 확인되고, 악인을 심판하시는 하나님의 공의가 드러나는 것으로 심판할 것이다. 그리스도는 이렇게 말씀하신다. "보라, 이들이 너희가 그토록 멸시하고 싫어했던 나의 백성들이다. 자, 이들을 보라. 이들의 행위를 보라. 이것이 너희가 가증한 일에 빠져 있을 때 그들이 한 일이다."마 25:42-43 참조

우리는 순종을 통해 다른 사람을 회개로 이끈다.벧전 2:12, 마 5:16, 벧전 3:1-2 우리의 순종은 종종, 의인 열 명이 소돔을 심판에서 구할 수 있었던 것과 같이, 다른 사람들에게 유익을 준다. 거룩함은 사람을 선하게 만들고 모든 사람에게 유익을 준다. 다른 사람들은 거룩한 사람이 지속해서 맺는 성령의 열매를 먹는다.

순종은 의인의 지위와 상태를 유지하는 데 필수적이다. 우리는 거룩하신 하나님 곧 정결한 눈을 갖고 계셔서 악을 차마 보시지 못하고 모든 부정한 것을 미워하시는 하나님과 교제를 하는 자로 받아들여지고 인정받았다. 그렇다면 우리는 하나님의 임재 속에 들어가서 하나님 보시기에 합당한 거룩한 자가 되어야 하지 않겠는가?

우리 안에는 새로운 피조물이 있다.고후 5:17 이 새 피조물은 거룩함의 열매를 먹고 자라고 양육받고 생명을 유지한다. 하나님은 왜 우리에게 새 마음과 새 본성을 주셨을까? 그것들을 죽이라고 주시겠는가? 아직 태 속에 있는 동안 우리 안에 있는 이 새 피조물을 질식시켜 죽여야 할까? 옛 사람이 잡아먹도록 놔두어야 할까?

순종은 거룩함이 언약에서 차지하고 있는 위치로 보아 필수적

이다. 하나님은 거룩함을 예수 그리스도를 통해 우리에게 주신 하나님의 선물인 영생에 이르는 길로 정하셨다. 그러나 영생이 선물인 것처럼 거룩함도 상이고, 하나님은 우리의 순종에 상 주시는 분이다. 우리의 순종은 우리가 의롭다 함을 얻는 수단은 아니지만, 그것은 하나님께서 우리의 구원을 위해 우리가 걸어야 할 길로 정하신 방법이다. 그러므로 자기 안에 영생의 소망을 가진 자는 그리스도께서 순결하시므로 자기도 순결하게 한다. 거룩함이 없으면 아무도 하나님을 보지 못할 것이므로 순종하는 삶을 살지 않는 자는 아무도 영생에 이르지 못할 것이다.

순종은 또한 우리가 하나님의 자녀로 입양된 것에 대한 증언과 보증이다. 다시 말해 우리에게 주어진 은혜와 하나님의 인정에 대한 표지와 증거다. 순종은 우리가 하나님의 은혜에 감사하는 것을 보여주는 가장 좋은 길이다.

우리가 그리스도와 교제할 수 있도록 그리스도께서 행하신 일들을 우리는 지금까지 살펴보았다. 그러면서 앞에서 제기된 두 반론에도 대답해 보았다. 이제 남은 것은 그리스도와의 교제를 완성하기 위하여 우리에게 요구되는 것을 살펴보는 것뿐이다.

우리가 하나님의 인정을 받도록 그리스도께서는 의를 값 주고 사셨고, 그리스도께서 사신 이 의를 우리가 진심으로 받아들일 때, 우리는 그리스도와 교제하게 된다

그리스도의 의를 이처럼 진심으로 받아들이기 위해서는 무엇보다 먼저 하나님 앞에 나아가려면 의가 필요하다는 것을 자각해야 한다. 만일 하나님이 거룩하고 의로우시며 정결한 눈을 갖고 계셔서 악을 차마 보지 못하신다면, 우리를 하나님 앞에 서게 하는 의를 반드시 가지고 있어야 한다.

우리는 우리의 의가 저울에 달면 부족하다는 것을 깨달아야만 그리스도의 의를 받아들일 것이다. 유대인은 자기들 자신의 의를 의지하는 실수를 범했다.[롬 9:31-32] 그래서 그들은 거부당했다.[롬 10:1-4, 인간의 의에 대한 바울의 판단은 빌 3:8-10 참조] 하나님은 "의인은 없나니 하나도 없으며"[롬 3:10]라고 선언한다. 이사야는 "우리의 의는 다 더러운 옷 같으며"[사 64:6]라고 선언한다.

그리스도와 교제하는 자는 하나님이 자신을 인정하게 한 그리스도의 의를 받아들이고 이를 소중히 여기고 즐거워한다.[사 45:24] 그리스도의 의는 지극히 값진 진주다.[마 13:45-46]

죄인은 그리스도의 의가 하나님의 인정을 받는 유일한 방법이라는 사실이 처음 자기에게 계시되면, 깜짝 놀라 경이로 가득 차고 크게 즐거워한다. 따라서 그는 진심으로 그리스도의 의를 받아들이는데, 그것은 그리스도의 의가 하나님 지혜의 영광을 드러내기 때문이다.[고전 1:21] 그리고 자신이 얼마나 큰 어둠 속에 있었는지를 본다. 자신을 들여다보고 거기서 오로지 죄, 공포, 두려움, 전율만을 발견한다. 위를 바라보고는 진노, 저주, 보복 외에 다른 것은 보지 못한다. 그는 하나님이 거룩하고 의로우시다는 것과 하나님께는 부정한 것이 조금도 있을 수 없다는 것을 본다. 또 자신은 가련하고 비천하고 부정하고 죄로 얼룩진 피조물이라는 것을 본다. 그런데 거룩하신 하나님과 죄 있는 피조물이 어떻게 화해할 수 있는지는 알 수 없었다. 그러나 이제는 그리스도의 의로 지혜의 세계가 열림으로써 온갖 어려움과 어둠을 물리치고 실제로 화해하는 방법을 알게 된다.롬 11:33, 골 2:3

이 그리스도의 의에서 드러난 은혜는 얼마나 놀라울까! 죄인은 그리스도의 의를 스스로 얻지 못한다. 하나님은 성경 곳곳에서 그리스도의 의는 은혜에 속해 있다고 역설하신다.롬 11:6, 엡 2:7-9 그리스도의 의는 은혜로 우리에게 주어진다. 그리스도의 의는 은혜와 자비의 풍성함을 따라 주어졌다. 따라서 신자들은 오직 은혜로만 그 의가 우리의 것이 되기 때문에 그리스도의 의를 즐거워한다.

신자들은 자기들의 영혼에 큰 평안과 확신을 주기 때문에 그리스도의 의를 받아들이고 즐거워한다. 신자들은 자신이 과거에 얼마나 두려움이 많았는지 알고 있다. 그러나 이제는 "믿음으로 의롭다 하심을 받았으니……하나님과 화평을"롬 5:1 누린다. 모든 것이 고요하고 잠잠하다. 폭풍이 사라졌을 뿐만 아니라 배는 항구에 안전하게 정박해 있다. 신자들은 하나님과 지속적인 화평을 누린다. 그래서 그리스도에 대한 놀라운 묘사가 이사야서에 나타나 있다.사 32:2 영혼은 그리스도를 통해 하나님과 온전한 화평 속에 있다.사 26:3, 시 4:6-8 따라서 신자들의 영혼이 주 그리스도를 영화롭게 하는 것은 그들이 신뢰와 평안과 기쁨과 확신으로 하나님께 담대히 나아갈 수 있기 때문이다. 신자들은 하나님을 아버지로 부를 수 있다. 하나님의 사랑 안에서 강건할 수 있다. 평안하게 걷고 두려움 없이 살 수 있다. 이전에는 두려움 때문에 하나님으로부터 도망쳤었다. 그러나 이제는 사랑과 기쁨과 평강을 갖고 하나님께 나아간다.

신자들이 그리스도의 의를 진심으로 받아들이는 것은 그리스도의 의가 자기들이 사랑하는 주 예수님을 크게 높이고 영예롭게 하기 때문이다. 신자들은 예수 그리스도께서 만물의 으뜸이 되도록 그분을 최대한 존귀하게 하고 영광스럽게 하는 것 말고 바라는 것이 없다. 그리고 우리가 그리스도께서 우리에게 하나님의 "지혜와 의로움"이 되심고전1:30을 아는 것 이상으로 그분을 어떻게 더 영예롭게 할 수 있겠는가?

그리스도께서 역사하셔서 하나님이 우리를 받으셨다. 그래서 그리스도는 성부 하나님으로부터 영광을 받으셨다. 신도들은 이 사실을 알고 있다. 그리스도께서 십자가에 죽기까지 복종하셨기 때문에 하나님은 그분을 크게 높이고, 모든 이름 위에 뛰어난 이름을 주셨다.

그리스도는 하늘의 천사들에게도 공경을 받으신다. 천사들은 무릎을 꿇고 십자가의 비밀을 알고 싶어 할 뿐만 아니라 항상 그리스도를 경배하고 찬송한다.벧전 1:12, 계 5:11-14 천사들은 그리스도를 죽임을 당한 어린양으로 찬양한다. 성도들도 하나님의 모든 천사 곧 죄를 범하지 않은 모든 천군 천사가 계속해서 주 예수님이 성도들을 하나님과 화평하게 하고, 그들에게 은혜를 베푸신 것에 대하여 끊임없이 그분을 즐거워하고 그분에게 찬양과 영광을 돌리는 것을 알고 즐거워한다.

그리스도는 온 세상 성도들의 공경을 받으신다. 그들이 그렇게 하지 않으면 누가 그렇게 하겠는가? 신자들은 하나님 아버지를 공경하는 것처럼 그리스도를 공경하지 않는다면 모든 사람 가운데 가장 무가치한 자들일 것이다. 그러나 우리는 신자들이 어떻게 하는지 잘 알고 있다.계 1:5-6, 5:8-10 그리스도를 따르는 교회의 중대하고 엄숙한 예배는 주 예수님을 공경하고 그분을 영광스럽게 하는 데 있다.빌 3:8, 아 5:9-16

신자들은 이 의를 진심으로 받아들인다. 이것이 하나님으로부터 인정을 받는 방법이다. 왜냐하면 이 방법으로 하나님께 영광을 돌리기 때문이다. 신자들은 죄책 아래 있었을 때는 어떻게 구원받을 수 있는지 그리고 하나님의 공의, 신실하심, 진실하심을 어떻게 높일 수 있는지 전혀 몰랐다. 그러나 이제는 그리스도의 의로써 하나님의 모든 속성이 죄인들의 죄 사함, 칭의, 하나님의 인정을 통해 크게 높임을 받는다는 것을 알게 되었다.

그러므로 이것이 신자들이 날마다 주 예수님과 교제를 하는 첫 번째 방법이다.

신자들은 하나님의 인정을 받은 것에 대해 충분한 확신을 하고 있을 때도 죄의 죄책과 악함에 대한 의식이 마음속에 계속 살아 있다. 죄 사함에 대한 의식은 두려움과 공포를 제거하지만, 그에 상응하는 죄책감까지 제거하는 것은 아니다.

다윗은 "내 죄가 항상 내 앞에 있나이다"시 51:3라고 말했다. 신자들이 자기 앞에 죄를 두는 것은 자기를 두렵게 하려는 것이 아니라, 죄의 악함을 항상 깨닫기 위해서다.

신자들은 그리스도 안에서 하나님이 특별히 정산하지 않은 죄들을 생각하며 회상한다. 죄가 자기를 똑바로 바라보면서 자기에게 끔찍한 말을 하는 것을 사람이 듣는 것도 무서운 일이지만, 그 말들을 잊거나 그 문제 해결을 미루는 것 또한 무서운 일이다. 사람에게 이런 일들보다 더 무서운 일은 없다. 신자들은 자기들의 죄를 모아 율법이라는 저울에 올려놓는다. 거기서 악의 무게와 그에 합당한 보응을 보고 생각한다. 하지만 예수 그리스도께서 아버지의 뜻과 명령에 따라 실제로 이 죄들에 합당한 처벌을 받으셨다는 것^{사 53:6, 고후 5:21}을 진지하게 생각하고, 믿음으로 모든 반론을 물리친다. 그리스도는 우리 죄에 대한 하나님의 공의를 확실히 그리고 진정으로 충족시키셨다. 이것이 신자들이 가진 믿음의 충분한 확신이다.

신자들은 자기들의 무거운 짐을 가지고 오라는 그리스도의 음성을 듣는다.^{마 11:28} 그래서 그리스도께 나아가 자기들의 죄책을 내려놓는다. 신자들은 자기들의 죄를 그리스도의 십자가에 내려놓으면 그리스도께서 그 죄를 대신 짊어지신다. 이것이 하나님의 은혜와 신실하심과 진실하심을 믿는 믿음의 크고 담대한 확신이다. 신자들은 십자가로 가까이 나아가 이렇게 말한다. "그가 찔림은 나의 허물 때문이요 그가 상함은 나의 죄악 때문이라. 그가 징계를 받으므로 나는 평화를 누리도다. 나를 대신하여 그가 죄로 여김을 받았다. 그래서 그는 내 죄를 짊어질 능력이 있기에, 내 죄 짐을 그에게 맡기라고 나를 부르신다." 이것이 신자가 매일 하는 일이다. 그리스도께서 십자가에 못 박히신 것을 안다는 것이 바로 이 의미다.

믿음으로 자기들의 죄를 그리스도께 맡기고, 또 믿음으로 하나님이 자기들의 죄를 모두 그리스도께 두신 것을 본 신자들은 그리스도께 가까이 나아가 그분이 자기들을 위하여 행하신 의를 붙잡는다. 그리하여 바울이 가르친 것^{고후 5:21}이 이루어진다.

반론 하지만 확실히 말하지만, 이것은 예수 그리스도께 받아들여질 수 없다. 우리가 날마다 우리의 더러움, 죄책, 죄를 가지고 그리스도께 나아갈 수 있겠는가? 그리스도는 우리에게 그런 것들을 스스로 해결하라고 말씀하시지 않겠는가? 우리가 우리의 죄를 그리스도께 맡기고 그분의 의를 취하는 등의 행동을 항상 할 수 있겠는가?

답변 예수 그리스도는 성도들이 자기들의 죄를 자기에게 맡기고 자신의 의를 받음으로써 항상 자기와 교제를 나누는 것보다 더 기뻐하시는 것이 없다. 이것으로 그리스도는 크게 존귀하게 되고 자기에게 합당한 영광을 받으신다. 우리가 다른 어떤 방법으로 우리의 죄를 제거하려고 시도하는 것은 그리스도에게 큰 불명예를 안기는 것이다. "주여, 이것이 주님의 일입니다. 이것이 주님이 세상에 오셔서 하신 일입니다. 주님은 제가 지고 가기에는 너무 무거운 짐을 제게 달라고 요구하십니다. 복된 구속자여, 가져가십시오. 그리고 제게 주님의 의를 주소서." 이렇게 할 때 그리스도는 존귀하게 되신다. 우리가 이런 식으로 주님과 동행할 때 그리스도의 중보의 영광이 그분에게 돌아가게 된다.

이렇게 함으로써 성도들의 영혼은 주 예수님에게 큰 사랑을 받게 되고, 그들은 주 예수님을 매우 소중히 여기지 않을 수 없게 된다. "저는 주 예수님과 함께 있습니다. 저의 죄의 짐을 주 예수님에게 맡겼습니다. 주 예수님은 제게 자신의 의를 주셨고, 주 예수님의 의로 저는 하나님께 담대히 나아갈 수 있게 되었습니다. 제가 죽었으나 지금 살아 있는 것은 주 예수님이 저를 위하여 죽으셨기 때문입니다. 제가 저주를 받았으나 지금 복을 받은 것은 주 예수님이 제 대신 저주를 받으셨기 때문입니다. 제가 괴로웠으므로 지금 평화로운 것은 주 예수님이 징계를 받으므로 제가 평화를 누리게 되었기 때문입니다. 저는 어떻게 해야 할지 또는 제 슬픔을 어디서 하소연해야 할지 몰랐습니다. 그러나 지금 주 예수님으로 인해 저는 형언할 수 없는 기쁨을 누리고 영광으로 충만합니다. 만일 제가 주 예수님을 사랑하지 않고, 주 예수님을 기뻐하지 않고, 주 예수님에게 순종하지 않고, 주 예수님을 위하여 살지 않고, 주 예수님을 위하여 죽지 않는다면, 저는 지옥의 마귀들보다 더 나쁜 놈입니다." 이 세상에서 그리스도의 크신 목표는 자기 백성들에게 크게 공경을 받는 것이다. 그런데 그리스도께서 우리의 죄를 가져가고 자기의 의를 우리에게 주시는 분으로 인정받는 것보다 어떻게 더 크게 공경을 받으실 수 있겠는가?

반론 이것이 사실이라면, 우리가 굳이 회개하고 삶을 개선할 필요가 있겠는가? 은혜를 넘치게 하려고 계속 죄를 지어야 하지 않겠는가?

답변 나는 아무도 판단하지 않겠다. 그러나 이렇게 말하지 않을 수 없다. 사람이 어떻게 그렇게 냉정하게 반박할 수 있는지 모르겠다. 이런 사람이 예수 그리스도와의 참된 교제를 조금이라도 알기나 할까?

그리스도와 교제를 하면 회개하지 않을 수 없다. 누구든 진정으로 죄의 악함과 죄를 제거하기 위하여 그리스도께서 얼마나 큰 대가를 치르셨는지 알게 되면, 여전히 죄 가운데 있기를 바랄까?

그리스도와 교제를 하면 순종하지 않을 수 없다. "그리스도께서 우리의 죄를 가져가심으로 그토록 큰 영광과 존귀를 받으신다면, 우리가 그분에게 가져가는 죄가 많을수록 영광도 그만큼 더 크게 받으실 것이다." 사람은 이런 반론이 제기될 것을 상상할 수 없겠지만, 사람 속에 무엇이 있는지 잘 알고 계시는 성령께서는 그들의 이름을 빌려 이 반론을 제기하셨다.롬 6:1-3 만일 복음이 적절히 전파되면 "은혜를 더하게 하려고 죄에 거하겠느냐"롬 6:1는 반론은 항상 제기될 것이다. 그러나 바울은 "그럴 수 없느니라"고 말하고롬 6:2 이어서 그 이유를 설명한다.롬 6장

그렇다면, 우리는 이 의무를 어떻게 실천해야 할까? 믿음으로 실천해야 한다.

믿음은 이 의무를 묵상을 통해 실천한다. 마음은 끊임없이 그

리스도와 그리스도께서 행하신 일과 그리스도께서 우리에게 행하시기를 바라는 일을 생각한다.

믿음은 그리스도의 의의 탁월함, 충분함, 온전함을 우리에게 선언하고 강조하는 약속들을 붙드는 것으로 이 의무를 실천한다.

믿음은 기도로 이 의무를 실천한다. 우리는 기도를 통해 우리의 죄를 예수님에게 건네고 그리스도의 의를 받는다.

이것이 우리가 하나님의 인정을 받는 은혜 안에서 그리스도와 함께 교제하는 방법이다.

chapter 16

거룩함 속에서 그리스도와 함께하는 교제

이제 다음 질문을 해야 한다. "우리는 의뿐만 아니라 거룩함 속
에서 그리스도와 교제를 어떻게 유지하는가?" 우리는 거룩함 속
에서 그리스도와 교제를 하려면, 우리를 거룩함으로 이끄는 필
수적인 그리스도의 몇 가지 사역이 있다는 사실을 우리는 깨달
아야 한다.

**우리를 거룩함으로 인도하는 데 필요한 그리스도의 첫 번째 역사는 중
보 사역이다**

그리스도는 자신의 중보 사역의 능력으로 자기 백성에게 성령을
주시도록 성부 하나님께 중재하신다. 성령은 구약시대에 약속되
었다.겔 11:19, 36:27, 렘 32:39-40 그리스도는 중보자이자 "새 언약의 보
증"이시다.히 7:22, 9:15 중보자이신 그리스도는 죄에 대한 보상을 이

루셨을 뿐만 아니라 약속도 받아 내셨다. 그리스도는 새 언약의 열매인 사랑과 인자를 모두 취하셨는데 그분이 친히 이 언약의 최초 약속이셨다.^{창 3:15} 이 언약은 "만사에 구비하고 견고"^{삼하 23:5} 하며, 이 언약에서 그리스도는 "만물의 으뜸"이 되신다.^{골 1:18} 이 언약은 그리스도와 맺은 협정과 협약이었다.^{사 53:12}

이 언약의 모든 약속과 유익 또한 그리스도께서 값 주고 사셨다. 그래서 그리스도는 우리를 대신하여 그 약속된 성령을 보내 달라고 아버지께 간구하신다. 그러면서 그분은 제자들에게 아버지의 사랑이 그들에게 부어지도록 기도하지 않을 것이라고 말씀하신다. 왜냐하면, 아버지의 영원한 사랑은 그리스도께서 값 주고 사신 열매가 아니라 바로 그 원천이기 때문이다. 성령은 아버지의 사랑의 열매다. 그래서 그리스도는 성령이 그들에게 임하도록 "내가 아버지께 구하겠으니"^{요 14:16}라고 말씀하신다. 그리고 중보자이신 그리스도께서 아버지께 간구하여 우리에게 주시는 것은 그리스도께서 우리를 위하여 값 주고 사신 것이며, 그리스도께서 하나님의 뜻을 이루심으로써 그분에게 약속된 것이다.^{시 2:8, 사 53:12, 시 40:8-12}

따라서 우리가 거룩함 속에서 그리스도와 교제할 때 고려되어야 할 첫 번째 사실은 약속된 성결과 거룩의 영을 보내 주시도록, 다시 말해 성령이 우리를 위한 그리스도의 죽음의 열매로 우리에게 주어지도록 아버지께 간구하신다는 것이다. 믿음은 이것을 생각하고 붙들고 묵상한다.

거룩함 속에서 그리스도와 함께하는 교제 | 교제

우리를 거룩함으로 인도하는 데 필요한, 그리스도의 두 번째 역사는 아버지로부터 성령을 받아 성도들이 성령을 마음속으로 영접하게 하는 사역인데, 성령은 그들의 마음속에 거처로 삼아 거하면서 그들을 위해 해야 할 모든 일을 그들 안에서 행하신다

이것이 믿음이 그리스도 안에서 찾아내는 두 번째 사실이다. 믿음은 성령이 처음 오셔서 우리 안에 거하시는 것을 바라볼 뿐만 아니라, 성령이 은혜의 역사와 사랑의 은사를 통해 계속 일하시는 것도 주목한다. 이처럼 그리스도는 아버지에게서 보혜사를 우리에게 보내신다.요 15:26 또한, 우리에게 성령을 어떻게 보내실 것인지도 알려 주신다. 그리스도는 자신이 자기 백성에게 주기를 바라는 모든 것을 성령에게 주실 것이다. 그래서 성령에 대하여 다음과 같이 말씀하신다. "그가 내 것 곧 중보자로서 내게 속해 있고, 내가 나의 삶과 죽음으로 값 주고 사신 것을 너희에게 줄 것이다." 이것이 그리스도께서 행하시는 두 번째 사역이다. 믿음은 이 사역을 굳게 붙든다.

우리를 거룩함으로 인도하는 데 필요한, 그리스도의 세 번째 역사는 그리스도께서 성도들을 변화시키는 사역인데, 그리스도께서는 성령을 통해 새롭고 은혜롭고 영적인 생명을 성도들에게 주실 뿐 아니라, 어떤 원리들 또한 만드시어 그 영혼에게 주신다 — 이를 통해 성도들의 영혼은 그 능력과 소원들이 모두 다 변화된다

이때 영혼은 순종할 마음이 충만하고 순종할 수 있게 되며, 하나님의 뜻에 따라 자기에게 주어진 모든 영적 진리를 받아들이게 된다. 예를 들어 지성은 "성령의 조명"을 받아 영적인 방법으로 영적인 것들을 분별할 수 있다. 믿음은 그리스도께서 복음의 약속에 따라 우리에게 주시는 의와 구원을 위하여 그리스도를 영접한다. 믿음이 기쁨과 소원과 만족 가운데 하나님과 그리스도 안에 거할 때, 그 믿음은 사랑으로 불린다. 이 새로운 생명은 우리를 위하여 그리스도께서 값 주고 사신 것으로, 그리스도께서 실제로 우리에게 전해 주시는 것이다.[빌 1:29, 엡 1:3, 요 17:17, 1:16]

성부 하나님은 실제로 그리스도께 모든 은혜를 주시는데, 이 은혜는 약속에 따라 그리스도께서 값 주고 사신 것이며, 하나님의 많은 자녀들이 영광을 얻는 데 필요한 것이다.[골 1:19] 그리스도는 자기 백성에게 필요한 그 은혜를 충만히 받으셨다. 그리스도는 이것을 "아들에게 주신 모든 사람에게 영생을 주게 하시려고 만민을 다스리는 권세"로 부르셨다.[요 17:2]

이 권세와 특권과 충만함을 실제로 받으신 그리스도는 이 충만함을 성령에게 주셨다. 그래서 성령은 이것을 취할 권리와 이것을 우리에게 주실 권리 또한 가지신다.[요 16:15]

우리는 이런 다양한 것들 가운데서 주 그리스도와 어떻게 교제하는가

성령께서는 우리 영혼을 사망에서 생명으로 일으키셨다. 성령과 우리 영혼이 교제하는 이 사역 안에는, 우리와 그리스도가 하는 교제가 그 어떤 형태로도 들어 있지 않다.

다만 이때는 살려 주고 소생시키는 성령과 그 능력을 수동적으로 받아들이는 일만 있을 뿐이다. 우리는 바람이 불어 살아나게 된 마른 뼈에 불과했다.겔37장 무덤 속에 있던 나사로와도 같았다. 그리스도께서 부르시자 우리는 무덤에서 나왔다. 그분의 부르심에는 생명과 능력이 있었기 때문이다.

그러나 우리는 사망에서 생명으로 옮겨져 성령의 은사를 일단 받게 되면, 우리는 거룩함 속에서 그리스도와 교제하게 된다. 이제 이 교제가 어떻게 이루어지는지 살펴보자.

믿음은 그리스도를 위대한 요셉으로 계속해서 바라본다. 그는 자기에게 맡겨진 천국의 모든 창고를 관리할 권능과 권세를 가지고 있었다. 그리스도는 만유의 머리로서 만물을 자기 손에 두신 성부 하나님을 기쁘시게 하셨다.엡1:10

영적으로 정결하게 되고, 영적으로 깨끗하게 되며, 영적으로 성결하게 되기 위하여 우리에게 필요한 것은 모두 그리스도 안에서 발견된다.히9:13-14 우리는 거짓된 양심이나 혹은 어떤 일을 행하지 않았을 경우 타인의 시선에 대한 두려움 때문에 어떤 일들을 행하곤 한다. 그리스도의 피는 이러한 일들로부터 우리를 정결하게 한다. 그래서 우리가 살아 계신 하나님을 기쁘게 섬기게 한다. 따라서 그리스도의 피는 "죄와 더러움을 씻는 샘"으로 불린다.슥13:1 "죄와 더러움을 씻는 샘이……열리리라"슥13:1 하신 말씀처럼, 이 샘은 정결을 위해 제정되고 지정되어서 물이 부어진 샘으로서, 이미 준비되고 예비된 효력 있는 샘이다. 성도들은 자기들이 본질상 아주 더러운 존재임을 잘 알고 있다. 죄가 더럽게 보이는 것은 단순히 죄책감을 느끼는 것보다 더 깊은 영적 통찰력이다. 죄를 깨닫게 되면 죄책감은 당연히 따라온다. 그러나 죄의 더러움을 의식하는 것은 오직 하나님의 순결하심과 거룩하심을 알 때만 가능하다. 또 성도들은 부정한 것은 하나님의 나라에 들어갈 수 없고, 새 예루살렘에 자리할 수 없다는 것을 잘 알고 있다. 왜냐하면 하나님은 눈이 정결하시므로 기쁜 마음으로 악을 차마 보지 못하기 때문이다. 성도들은 자신들의 적나라한 모습을 직시하기도 버거울 텐데 어떻게 감히 하나님 앞에 설 수 있겠는가? 어떻게 또는 무엇으로 자기들을 깨끗하게 하겠는가?[렘 2:22] 오직 그리스도의 피만이 성도들을 모든 죄에서 깨끗하게 한다.[요일 1:7] 모든 흠과 점을 깨끗하게 지우고, 우리를 거룩하고 흠이 없는 자로 하나님 앞에 합당하게 서게 하는 것이 그리스도의 피다.[엡 5:26-27] 신자들은 이것을 깊이 생각함으로써, 믿음을 실천한다. 사악함에 대한 의식이 믿음을 내리누를 때 믿음은 새 생명과 새 힘을 얻는다. 바로 그때 샘이 열린다. 가까이 다가가 그 샘의 아름다움과 정결함과 효력을 살펴보라. 이 정결의 문제, 다시 말해 영혼을 깨끗이 하여 은혜 안에서 자라가는 문제에서 보더라도, 한순간이라도 믿음으로 그리스도와 교제하는 것이 혼자서 최대로 노력하는 것보다 훨씬 더 효력이 있다.

신자들은 그리스도의 피를 뿌린 피로 본다

성도들은 "새 언약의 중보자이신 예수"에게 나아가면서, "뿌린 피"로 다가간다.[히 12:24] 그리스도의 피를 흘린 피로만 보면, 죄의 오염은 제거하지 못할 것이다. "흘린 피"가 없으면 죄 사함이 없고, "뿌린 피"가 없으면 정결함이 없다.히 9:19-23 이 본문에서 그리스도의 피는 먼저 바쳐진 제물의 피로 비유되고, 이어서 정결함과 거룩함을 위하여 뿌려진 피로 비유된다. 그리고 이 피 뿌림이 어떻게 이루어졌는지에 관한 설명이 제시된다. 이 피 뿌림은 우슬초에 제물의 피를 적셔서 정결하게 되어야 할 물건과 사람에게 뿌리는 것이다.출 12:7 그래서 죄의 오염에 관해 깨달았던 다윗은 "우슬초로 나를 정결하게 하소서"라고 기도한 것이다.시 51:7, 레 14:6, 민 19:18

정결케 하는 피를 적셔 부정한 것에 뿌리는 이 우슬초 다발은 그리스도의 값없는 약속들을 상징한다. 그리스도의 피에 있는 정결 능력은 그리스도의 약속들 속에 있다. 나아온 자들에게 뿌리려고 우슬초에 적셔진 제물의 피가 준비되었다. 그래서 바울은 약속을 받는 것에서부터 전 인격이 거룩하고 정결해지는 것까지를 주장한다.고후 7:1 성도들의 정결이 바로 이것이다. 성도들은 정결함을 위하여 영혼에게 뿌리려고 준비된 그리스도의 피가 약속 안에 소중히 간직된 것을 믿음으로 본다. 이렇게 해서 "예수의 피가 우리를 모든 죄에서 깨끗하게" 한다.요일 1:7 정결하게 하는 이 피는 준비되고 마련되어 있을 뿐 아니라 영혼에게 적용되기를 기다리고 있다. 그리스도는 정결함, 깨끗함, 성결함을 위하여 자신의 피를 흘리셨지만, 그 피가 약속의 우슬초 다발 속에 있는 한 실제로 영혼에게 뿌려진 것이 아니다. 다만 영혼이 믿음으로 약속들을 받아들일 때만 피가 실제로 뿌려져 영혼은 정결하게 된다.

그러므로 신자들은 그리스도를 성령을 주시는 분이요, 성화와 거룩함에 필요한 온갖 은혜를 주시는 유일한 분으로 여긴다. 그리고 신자들은 그리스도는 우리의 성화와 정화와 영화를 위하여 자신이 값 주고 사신 모든 것을 선용하시리라는 사실 또한 당연한 것으로 여긴다. 신자들은 그리스도의 이 선용이 우리의 성결을 위해서, 성령께서 수많은 약속에 따라 실제로 이루실 것을 알고 있다. 그리스도는 죄 있는 영혼들에게 자신의 피를 뿌리신다. 그리하여 우리 영혼 속에 거룩함을 창조하신다. 그리스도는 성도들의 영혼 속에서 영생하도록 솟아나는 샘물이다.요 4:14 따라서 신자들은 믿음으로 예수님을 바라보면서, 그분께서 성령을 주셔서 약속대로 신자들 속에 거룩한 역사가 일어나고, 그들도 이 은혜에 실제로 참여하는 자가 되기를 기대한다. 이것이 신자들의 길이다. 이것이 신자들이 그리스도와 함께하는 교제다. 이것이 은혜와 거룩함을 붙잡기 위하여 애쓰는 믿음의 삶이다. 이 진리에 사로잡힌 영혼은 복이 있도다.렘 17:8

자연인은 육신의 노력으로 거룩함의 실을 자아내려고 애쓴다. 이런 사람들은 굳은 결심과 함께 시작하여 맹세, 의무, 결의, 자기 부인을 따라간다. 이런 식으로 그들은 한동안 계속하지만, 그들의 위선은 대부분 결국 배반으로 끝난다.

반면에 하나님의 성도들은 하나님과 함께 시작하고 행하기 때문에, 다음과 같은 자신의 필요성을 깨닫게 된다.

성도들은 자기들 속에 성결의 영이 거해야 할 필요성을 알게 된다.

성도들은 거룩한 습관이 자기들 속에 주입되어야 할 필요성을 알게 된다.

성도들은 하나님이 자기들을 위해 계획하신 선행이 있다는 것을 알고, 이를 돕기 위한 실제적인 필요성을 알게 된다.

성도들은 이 세 가지 필요성이 충족되지 않는다면, 아무리 자기들의 힘과 능력과 노력을 다해도, 주님 앞에서 거룩한 행위를 하나도 할 수 없다는 것을 알고 있다. 성도들은 자신의 힘으로는 이런 일들을 하기에 충분치 않다는 것을 알고 있다. 그리스도가 없으면 아무것도 할 수 없다는 것을 알고 있다. 그래서 성도들은 예수님을 바라본다. 이것이 성결함과 거룩한 삶 속에서 그리스도와 함께하는 교제다.

chapter 17

특권들 속에서 그리스도와 함께하는 교제

세 번째로 우리는 하나님 앞에서 우리가 가진 은혜로운 특권들 속에서 그리스도와 교제를 한다. 우리가 가진 모든 영적인 특권은 한 원천 곧 우리가 하나님의 자녀로 양자가 되었다는 사실에서 나온다.

"사랑하는 자들아 우리가 지금은 하나님의 자녀라."^{요일 3:2} 우리가 하나님의 자녀라는 것은 큰 특권이다. 우리가 하나님의 자녀가 되는 것은 성부 하나님의 사랑에 원천을 두고 있다.^{요일 3:1} 그러나 이 놀라운 영예를 누구를 통해 얻는가? 예수 그리스도를 통해서 얻는다.^{요 1:12} 그리스도는 형제 중에서 맏아들로 정해졌다.^{롬 8:29} 그리스도는 우리를 자기 형제로 삼으신다.^{히 2:11} 하나님은 그리스도의 아버지이시므로 우리의 아버지가 되신다. 우리는 그리스도의 형제이므로 그리스도의 아버지는 곧 우리의 아버지시다.

양자가 되는 것은 예수 그리스도를 통한 신자의 권위 있는 신분 이동으로 세상과 사탄의 가족에서 하나님의 가족이 되어, 하나님의 가족의 온갖 특권과 유익을 누리도록 인정받는 것이다

양자가 될 사람은 실제로 그리고 당연히 양자로 들어갈 가족과는 다른 가족 출신이어야 한다.

양자가 될 사람은 자신이 가진 어떤 권리든, 다른 가족 안으로 가지고 들어갈 수 없다.

양자가 될 사람은 자신의 본래 가족에서 빠져나와 권위 있는 합법적인 절차를 통해 다른 가족에 들어가야 한다. 누구도 자신이 원하는 때와 원하는 가족에 입양될 권리가 없다. 양자가 되는 것은 주권적인 권세를 지닌 권위에 의해 이루어져야 한다.

양자가 될 사람은 본래 가족에 대한 모든 의무에서 벗어나야 한다. 그렇지 않으면 그를 양자로 삼은 가족에게 아무런 도움이나 유익을 줄 수 없다. 그는 두 주인을 섬길 수 없다. 그런데 하물며 두 아버지를 섬길 수 있겠는가.

양자가 될 사람은 양자가 됨으로써 양자로 삼은 그 가족에게 태어난 사람과 똑같이, 그 가족의 모든 유업에 대하여 권리, 특권, 혜택, 직위 등을 인정받아야 한다.

신자들은 양자가 되면서 이 모든 것이 확인되어야 한다. 신자들은 "본질상 진노의 자녀"였다.^{엡 2:3} 세상과 이 세상의 신인 사탄의 가족으로 태어났었다.^{골 1:13} 그 가족이 물려받은 것은 무엇이든 곧 진노, 저주, 죽음 또는 지옥을 막론하고, 그들은 그 가족의 유업에 대한 권리를 갖고 있다. 그들은 제힘으로는 이 가족으로부터 벗어날 수 없다. 무장한 강한 자가 그들을 굴복시키기 때문이다. 그들은 죄와 사탄의 저주받은 가족에 속해 있다.

그렇지만 그들이 양자가 되어 들어갈 다른 가족이 있는데, 그들은 이 가족에 대하여 아무런 권리나 자격을 갖고 있지 않다. 가족은 하늘과 땅에서 그리스도의 이름을 따라 불리는 가족 곧 하나님의 큰 가족이다.엡 3:15 하나님은 자기 자녀들을 위하여 집과 가족을 갖고 계신다. 하나님은 이 가족을 통해 자신의 풍성한 은혜를 유지하고, 또 자신의 충만한 영광을 누리신다. 하나님의 모든 아들과 딸들은 이 가족의 일원으로 살고, 주로 하나님의 풍성한 은혜를 먹고 산다. 그들은 이 가족에 대하여 어떤 권리나 자격이 없다. 말하자면 이 가족과 완전히 멀리 떨어져 있었고, 이 가족에 대하여 어떤 권리도 주장할 수 없었다.엡 2:12 하나님은 타락한 아담을 에덴동산에서 쫓아내셨고, 불 칼을 두고 입구를 지키도록 하고, 만약 들어오고자 하면 죽이도록 하셨기 때문에 아담은 다시 돌아갈 수 없었다. 이것은 아담과 아담 안에 있는 모든 자가 하나님의 가족이 될 모든 권리를 상실했다는 것을 충분히 보여준다. 부패하고 저주받은 인간 본성은 하나님에게서 아무런 권리를 받지 못한다.

그들은 합법적으로 양자가 되는 형식을 통해 한 가족에서 다른 가족으로 권위 있게 그 신분이 이동했다. 이 이동은 은밀하고 내밀하게 이루어진 것이 아니라 권위 있게 이루어진다. "영접하는 자 곧 그[예수] 이름을 믿는 자들에게는 하나님의 자녀가 되는

권세[또는 하나님 말씀의 권위에 따른 자격]를 주셨으니."요 1:12

그들에게 하나님의 자녀가 되는 능력과 탁월함과 권리를 주는 것은 법적 행위다. 그것은 "우리로 하여금 빛 가운데서 성도의 기업의 부분을 얻기에 합당하게 하신" 것으로 불린다.골 1:12 그것은 하나님이 아버지, 그리스도가 맏아들, 모든 성도와 천사들은 형제와 동등한 자녀가 되고, 영원히 사라지지 아니하고 썩지 아니할 면류관이 유업으로 주어지는 가족의 일원으로 만드는 법적인 신분 상승이다.

신자들이 한 가족에서 다른 가족으로 옮겨지는 이 권위 있는 이동은, 양자가 될 사람이 본성상 이전에 자신이 속해 있던 가족에 대한 모든 의무에서 해방되었다고 공적으로 선언하는 것으로 이루어진다

이 선언은 천사들과 사탄 그리고 신자들의 양심을 향해 행해진다.

이것은 천사들에게 선언된다

천사들은 하나님의 아들들이다.욥 1:6, 38:7, 히 12:22-24, 계 22:9 따라서 천사들은 양자가 될 사람이 들어가는 가족의 한 일원이다. 그러므로 천사들은 그 가족의 권리가 누구에게 부여되는지를 아는 데 관심이 있다. 이를 통해 천사들은 양자가 될 그 사람에 대한 의무에서 벗어나게 된다. 그런 이유로 신자들이 죄와 지옥의 가족에서 해방되어 천사들과 함께 동료 자녀와 종이 된 사실이 천사들에게 선언된다.

이 선언은 일반적으로 복음의 교훈을 통해 이루어진다.엡 3:10 유대인들처럼 "이방인들이……동료 상속자가 되고 같은 몸에 속하게 되며"엡 3:6, NKJV, "이방인들이……함께 상속자가 되고 함께 지체가 되고", 개역개정 하신 이 지혜가 교회를 통해 천사들에게 알려진다.엡 3:6-10 이방 죄인들이 하나님의 가족의 상속자와 자녀가 될 권리를 갖도록 그들을 세상의 가족으로 종 노릇하던 데서 끌어내 양자로 삼으신 이 비밀은 교회를 통해 천사들에게 알려진다. 그것은 "그의 거룩한 사도들과 선지자들에게 성령으로 나타내신 것"이었다.5절

이 선언은 부분적으로는 직접 계시를 통해 이루어진다. 특히 어떤 한 영혼이 이 세상의 가족에서 해방되면 그 사실이 천사들에게 계시된다.눅 15:10 그런데 천사들이라고 해도 죄인이 진실로 회개했는지를 절대적으로 알 수 없다. 그래서 그리스도께서 회개하는 각 죄인에 대한 특별한 보호와 책임을 천사들에게 맡기실 때는 천사들에게 그 사실을 계시하신다.눅 12:8-9 그리스도는 자기 형제들의 이름을 천사들에게 알리신다.계 3:5 그리스도는 회개하는 죄인들을 가족으로 인정하시는데, 이 가족에는 천만 천사도 속해 있다.히 12:22 따라서 그리스도는 이 회개하는 죄인들이 이제 자녀가 된 사실을 천사들에게 선언하신다. 그럼으로써 이제 천사들은 회개하는 죄인들에 대한 자기들의 의무를 수행할 수 있게 된다.히 1:14

이것은 심판받고 정죄받은 자인 사탄에게 선언된다

주 그리스도는 영혼을 강하고 무장한 자[곧 사탄]의 권세에서

구원하실 때 그를 결박하신다. 그래서 그는 이제는 영혼에 대한 권능과 지배권을 행사할 수 없다. 따라서 사탄은 이제 이 영혼이 주 그리스도의 소유와 유업이 되었기 때문에 자신의 가족에게서 해방되었고, 앞으로는 이 영혼을 파멸시키려고 획책하는 모든 시도가 실패하리라는 것을 알게 된다.

이것은 양자가 된 사람의 양심에 선언된다

그리스도의 영은 신자가 사탄의 가족에 대한 모든 의무에서 벗어나 이제 하나님의 자녀가 되었다고 이 신자의 마음과 양심에 증언하신다.롬 8:14-15 그리스도의 영은 이 신자가 하나님을 "아빠 아버지"라고 부를 수 있게 하신다.갈 4:6

신자는 실제로 하나님의 가족으로 권위 있게 접붙여지고, 아들이 갖는 모든 권리와 자격을 부여받는다

신자들은 흰 돌 위에 새겨진 새 이름을 받는다.계 2:17 신자들의 이름은 그들의 옛 가족이 지어 준 이름 대신 법적인 양자로 삼은 가족의 이름으로 바뀐다. 이 새 이름은 "하나님의 자녀"다. 이것은 양자가 될 때 주어진 새 이름이고, 그 이름 속에 무엇이 들어 있는지는 아무도 모르고 오직 받은 자만 안다.

이렇게 새 이름이 주어지고 이 새 이름은 흰 돌 위에 새겨지는데, 이것은 하나님의 집에 들어온 것에 대한 증명서다. 그것은 법적 사면을 의미하는 흰 돌이다. 우리가 성령을 통해 양자가 된 것은 우리가 예수님의 피로 죄 사함을 받은 것에 기인한다. 그러므로 흰 돌 위에 새겨진 새 이름은 옛 가족에 대한 모든 의무에서 해방된 것에 근거한 특권이다. 이 새 이름은 새 가족에 대한 권리와 자격을 부여한다.

신자들의 이름은 하나님의 가족 명부에 기재됨으로써 신자는 하나님의 가족이 될 뿐만 아니라, 그 가족 간의 교제 또한 허락된다. 이 명부가 "이스라엘 족속의 호적"이다.겔 13:9 이것은 이스라엘 곧 하나님의 가족의 전체 명단이 기록되어 있는 명부다. 하나님은 자기 가족의 명단을 갖고 계신다. 그리스도는 자기 양의 이름을 각각 아신다.요 10:3 하나님은 이 백성들을 기록하실 때 "이 사람이 거기서[시온에서] 났다"고 선언하신다.시 87:6 이 명단은 어린양의 생명책에서 뽑은 것이다.

신자들이 하나님의 인정을 받는 것은 그들의 양심에도 증거된다. 그래서 그들은 하나님의 자녀가 행해야 할 것을 행할 수 있게 된다.롬 8:15, 갈 4:5-6

마지막으로, 양자가 되는 것에 필연적인 두 가지 사실은 다음과 같다. 첫째, 양자가 되는 사람은 자신이 이전에 속했던 가족에 대한 모든 의무에서 해방된다. 둘째, 양자가 되는 사람은 양자로 들어가는 가족의 모든 권리와 특권을 부여받는다. 이 두 가지 사실은 성도들이 그리스도와 교제를 하게 되는 핵심 사안이므로 나는 이 둘을 함께 다룰 것이다.

우리는 양자가 될 때 무엇을 받게 되는지 알 필요가 있다.

우리가 양자가 되면 맨 먼저 자유를 받는다

주 예수님에게 임한 주의 영은 그분에게 기름을 부어 포로 된 자에게 자유를 선포하게 하셨다.사 61:1 "주는 영이시니 주의 영이 계신 곳[곧 우리가 자녀이므로 그리스도를 통해 그리스도의 영이 우리에게 주어졌다]에는 자유가 있느니라."고후 3:17 모든 영적 자유는 양자의 영으로부터 온다. 그러나 영적 자유가 있는 것처럼 가장하는 것은 단지 방종에 불과하다. 이것이 바울이 말하는 의미다.갈 4:6-7

신자는 자신이 이전에 속했던 가족에 대한 모든 의무에서 해방된다. 사도들의 증언에 따르면, 신자들은 그들 자신이나 믿음 속에 있던 그들의 조상도 능히 메지 못한 멍에였던 제도적 율법의 규례에서 해방된다.행 15:10 그리스도는 "우리를 거스르고 불리하게 하는 법조문으로 쓴 증서를 지우시고 제하여 버리사 십자가에 못 박으셨다."골 2:14 그리고 바울은 우리가 율법에서 벗어나 가진 자유에 대하여 길게 강론한 다음, "그리스도께서 우리를 자유롭게 하려고 자유를 주셨으니 그러므로 굳건하게 서라"갈 5:1 는 명령으로 끝마친다.

신자들은 어떤 방식으로 도덕법에서 해방되는가

신자들은 도덕법의 두려움에서 해방된다.히 12:18-22 도덕법은 사람들이 두려워 떨도록 주어졌다. 사람들은 두려워서 순종했다. 우리는 이 두려움에서 해방된다. 우리는 두려움과 무서움 때문에 순종하도록 부르심을 받지 않았다.

신자들은 사람들을 의롭게 하여 하나님의 인정을 받게 하는 수단이었던 도덕법에서 해방되었다. 죄 때문에 율법에 완전히 순종하여 의롭다 함을 얻을 자는 아무도 없었다.^{롬 8:2-3, 갈 3:21-33} 그렇지만 우리는 그리스도의 의를 통해 도덕법에 완벽하게 순종하여 스스로 의롭게 되는 것에서 해방되었다.^{롬 8:3}

신자들은 심판과 저주와 정죄에서 해방된다.^{갈 3:13, 히 2:14-15} 어떤 이들은 단지 인간이 만든 법칙과 규정에서 해방된 것을 그리스도를 통해 해방된 것으로 가장한다.^{골 2:20-22} 우리는 이런 것들에 절대 종 노릇하지 않았다.

사탄의 가족에서 벗어나는 자유만 있는 것이 아니라 하나님의 가족으로 누리는 자유도 있다. 자녀는 자유롭다. 자녀의 순종은 자유로운 순종이다. 자녀는 주의 영을 소유하고 있고 주의 영이 계신 곳에는 자유가 있다.^{고후 3:17} 성령은 양자의 영으로 종의 영과 반대된다.^{롬 8:15} 그리스도께서는 성령을 통해 우리를 아들과 자녀로 양자 삼으셨다. 하나님 아버지의 가족이 된 우리의 이 자유는 영적으로 넉넉한 마음이고, 이 마음으로 하나님의 자녀는 자유롭게, 기꺼이, 진정으로 두려움과 무서움과 속박이나 압박이 없이 그리스도 안에서 거룩한 순종의 삶을 살기 시작한다.

기브온 족속은 외견상 하나님의 가족에 가담하여 하나님의 집을 섬기는 일을 한다. 이것은 그들에게 매우 고단한 일이었다. 기브온 족속이 이 일에 복종하게 된 동기는 무서워하는 종의 영 때문이었다.^{롬 8:15} 기브온 족속을 복종하게 만든 법은 두려움으로 가득 차 자비 없이 완전한 순종을 강요하는 율법이다. 기브온 족속이 그렇게 하는 이유는 장차 임하여 양심을 심문할 진노에서 피하고 싶고, 또 스스로 의롭게 되려고 하기 때문이다. 따라서 그들은 이처럼 비굴하고 고통스럽고 무익한 방법으로 한평생 섬기는 일을 하였다.

그러나 양자가 된 성도들은 마음에서 우러나오는 충만함과 감사를 따라 값없이 자유롭게 그리고 자원하여 순종한다. 다윗은 "내가 주의 법도들을 구하였사오니 자유롭게 걸어갈 것"이라고 말한다.시 119:45, 사 61:1, 눅 4:18, 롬 8:2, 21, 갈 4:7, 5:1, 13, 약 1:25, 요 8:32-33, 36, 롬 6:18, 벧전 2:16 이처럼 순종으로 이끄는 성령께서 주시는 이 아들처럼 누리는 자유에는 여러 가지가 있다.

아들처럼 행하는 순종은 생명과 사랑에 있다. 생명은 순종에 힘을 준다. 사랑은 순종에 기쁨을 준다. 우리를 죄와 사망의 법에서 해방하는 것은 그리스도 예수 안에 있는 생명의 성령의 법이다.롬 8:2 그리스도 예수 안에 있는 생명의 성령의 역사로 성도들은 자유롭게 그리고 자발적으로 순종할 수 있다. 성도들은 "영을 따라 행한다."4절 바울은 이렇게 말했다. "오직 내 안에 그리스도께서 사시는 것이라. 이제 내가 육체 가운데 사는 것은 나를 사랑하사 나를 위하여 자기 자신을 버리신 하나님의 아들에 대한 믿음 안에서 사는 것이라."갈 2:20 바울이 육체 가운데 살았던 삶은 하나님께 순종하는 삶이었고, 바울이 그렇게 살 수 있었던 것은 그 안에 살고 계신 그리스도 때문이었다. 따라서 그리스도께서 우리 안에 거하실 때 우리 모두에게는 하나님께 순종하며 살 수 있는 능력이 생긴다. 그리스도로부터 나오는 생명의 성령으로 우리는 얼마든지 순종할 수 있다.

종의 자유와 자녀의 자유의 차이

종은 자신의 의무에서 벗어날 때 자유를 발견한다. 반면에 자녀는 자신의 의무를 행할 때 자유를 발견한다. 하나님의 집의 아들들의 자유가 자기들이 순종할지 말지, 자기들이 섬길지 말지, 자기들의 의무를 행할지 말지를 선택하는 데 있다는 생각만큼 세상에서 더 큰 잘못은 없다. 이것은 종이 도둑질할 자유이지, 성령이 자녀에게 주신 자유가 아니다.

자녀의 자유는 범사에 기쁘게 그리고 자원하여 하나님께 순종하는 마음에서 우러나오는 내적인 영적 자유다.

사랑은 순종할 때 기쁨과 즐거움을 준다

그리스도는 "너희가 나를 사랑하면 나의 계명을 지키리라"요14:15고 말씀하신다. 바울은 "사랑은 율법의 완성이니라"롬13:10고 말한다.

야곱은 라헬을 사랑했기 때문에 고된 섬김이 그에게는 전혀 짐이 아니었다. 마찬가지로 성도도 그리스도를 사랑하기 때문에 어떤 의무도 짐이나 근심거리가 아니다. "사랑 안에 두려움이 없고 온전한 사랑이 두려움을 내쫓나니."요일4:18

사람은 사랑으로 순종할 때 두려움이 사라진다. 두려움은 우리의 순종이 판단받고 정죄당할 때 생긴다. 따라서 생명과 사랑이 있는 곳에 자유와 자발적인 순종이 있다.

성도들이 순종하는 대상은 그들이 다른 어떤 것보다 더 사랑하고 사모하는 분이다. 회개하지 않는 죄인에게는 하나님이 두려운 분이다. 그렇지만 하나님의 양자가 된 자들에게는 하나님이 더할 나위 없이 사랑이 풍성하신 분이다. 신자들은 하나님을 아버지로 부른다. 단순히 말로만 그런 것이 아니라 아들의 영으로 그렇게 부른다.[갈 4:6] 신자들은 다른 사람들처럼 하나님을 엄한 감독자로 보지 않고, 오히려 살아 계셔서 자기들을 사랑하시는 분으로 여기고 그분께 나아간다. 아버지의 사랑을 받은 신자들은 아버지에게 자기들의 사랑을 쏟아붓는다.

신자들의 순종은 사랑이 그 동기다.[고후 5:14]

신자들의 순종은 자원하는 마음에서 나온다.[롬 6:13, 12:1]

신자들의 순종은 자유의 법의 지배를 받는다. 이 자유의 법은 두렵게 하고 죽이고 정죄하고 저주하는 힘이 제거되어, 예수님의 피로 즐겁고 사랑스럽고 유익하게 된 법이다.

양자된 하나님의 자녀가 받는 두 번째 혜택은 자격 또는 특권이다

하나님의 자녀는 양자로 들어간 가족의 모든 특권을 가질 권리와 자격을 갖는다. 사라가 이스마엘을 쫓아낸 이유는 이스마엘이 여종의 아들로, 진정한 가족의 일원이 아니었기 때문이다.[창 21:10] 그러므로 이스마엘은 이삭과 동일한 유업에 참여할 권리를 가질 수 없었다. 이에 대한 바울의 주장은 "우리는 종의 영을 받지 아니하고 양자의 영을 받았으므로······자녀이면 또한 상속자"라는 것이다.롬 8:14-17 그러므로 우리는 아들의 모든 특권을 가질 권리와 자격을 갖고 있다. 그리고 우리는 본질상 진노의 자녀였기 때문에 태어나면서부터가 아니라 양자가 되는 것을 통하여 이 권리를 갖는다.

신자들은 여기 이 땅에서 그리스도께서 행하신 사역의 모든 특권을 가질 권리와 자격을 갖고 있다. 하나님은 예수 그리스도를 "만물 위에 그의 몸이신 교회의 머리로 삼으셨다."엡 1:22-23 하나님은 그리스도를 땅 위에서 하나님 가족의 모든 영적 일을 주관하도록 세우셨다. 그분의 사역은 많은 아들을 영광에 들어가게 하시려는 것으로, 그들의 유익과 선을 위한 것이었다.히 2:10, 엡 4:8-13 주 예수님이 행하신 사역의 일차 목적은 "성도를 온전하게 하여 봉사의 일을 하게" 하는 것이다.엡 4:12 모든 것이 성도들을 위하여 이루어진다. 모든 것이 가족을 위하여 이루어진다. 이 사역을 통해 그리스도의 신실하심을 경험한다. 그리스도는 하나님의 온 집에서 신실하시다.히 3:2, 고전 3:22-23

하나님의 말씀은 온 세상에 전파되어 세상에 흩어져 있는 택하심을 받은 자를 모으고, 나머지 사람들은 핑계할 수 없게 하는 것이 사실이다. 그러나 복음 전파 사역에서 주 그리스도의 주된 목적은 구원의 상속자들을 모아 자기 집에서 그들을 위하여 마련하신 풍성한 잔치를 즐기도록 하는 것이다.

교회는 "하나님의 집"이다.딤전 3:15, 히 3:6 교회 안에서 그리스도는 자신의 생각과 뜻대로 자신의 온 가족을 다스리심으로 그들을 지키고 보존하신다. 그렇다면 하나님의 자녀 외에 누가 하나님의 집에서 권리를 갖겠는가? 우리는 우리 집안에서 자녀 외에 다른 사람에게는 권리를 주지 않을 것이다. 그러면 하나님은 자기 자녀 외에 다른 어떤 사람에게 자기 집의 권리를 주실까? 하나님도 주시지 않는다. "자녀의 떡을 취하여 개들에게 던짐"이 합당하겠는가?[마 15:26] 다음 두 가지 사실을 생각하면, 하나님의 집의 특권과 유익들을 가질 권리나 자격은 자녀 외에 다른 사람들은 결코 갖지 못한다는 것을 깨닫게 될 것이다.

하나님의 집의 성격을 생각해 보라

하나님의 집은 "산 돌"로 만들어진다.[벧전 2:5] 이 집에 있는 자는 모두 "택하신 족속이요 왕 같은 제사장들이요 거룩한 나라요 그의 소유가 된 백성"이다.[벧전 2:9] 그들은 "성도들 곧 그리스도 안에서 신실한 형제들"이다.[골 1:2] 그들은 모두가 의롭다.[사 60:21] 하나님의 집은 전체 구조가 찬란하다.[사 54:11-14] 하나님의 집의 길은 깨끗하지 못한 자는 지나가지 못할 "거룩한 길"이다.[사 35:8] 이 집에는 "전능하신 주"[고후 6:17-18]의 아들과 딸들이 있다. 다른 모든 자는 제외된다.[계 21:27] 종종 다른 사람들이 하나님의 큰 집으로 몰래 기어들어 오는 것은 사실이다. 따라서 이 큰 집에는 "금 그릇과 은 그릇뿐 아니라 나무 그릇과 질그릇도" 있다.[딤후 2:20] 그러나 그들은 단지 몰래 기어들어 온 것에 불과하고, 어떤 권리나 자격도 갖지 못한다.[유 4] 그러므로 하나님의 입양된 자녀 외에 다른 누구도 이 집에서 어떤 자리를 차지할 권리를 갖지 못한 것이 분명하다.

하나님의 집의 특권들을 생각해 보라

이 특권들은 하나님의 자녀 말고는 다른 어떤 사람에게도 적합하지 않을 것이다. 죽은 자에게 음식이 주어지는가? 죽은 자가 음식을 먹고 튼튼해지는가? 죽은 자가 음식을 먹고 자라는가? 하나님의 가족과 그 집에 있는 것들은 산 영혼을 위한 양식이고, 오직 하나님의 자녀만이 살아 있다. 다른 모든 자는 허물과 죄로 죽었다. 성도들이 하나님의 가족으로 누리는 것들을 살펴보라. 그러면 그 속에서 불신자에게 적합한 것을 하나도 찾지 못할 것이다. 성도들이 누리는 것을 불신자에게 주는 것은 "진주를 돼지 앞에 던지는" 것과 같다.^{마 7:6}

오직 하나님의 자녀만이 하나님께 속한 것들을 가질 권리와 자격을 갖는다. 하나님의 자녀는 서로 간에 그리고 성부 하나님과 성자 예수 그리스도와 교제를 한다. 하나님의 자녀는 주님이 재림하실 때까지 주님의 죽음을 선포한다. 하나님의 집의 모든 규례가 하나님의 자녀에게 맡겨져 있다. 그렇다면 누가 하나님의 자녀가 이 권리를 누리는 것을 부정하거나 그리스도께서 그들을 위하여 마련하신 것을 그들에게서 빼앗을 수 있겠는가? 그리고 주님은 하나님의 자녀들이 안식처를 잊어버리고 산에서 유리하지 않도록 이 특권들을 누릴 마음을 그들에게 주실 것이다.

하나님의 자녀는 예수 그리스도께서 하나님의 온 가족을 위하여 값 주고 사신 유업을 장차 충만하게 누릴 권리와 자격을 갖고 있다.^{롬 8:17, 히 12:23} 하나님의 자녀는 "맏아들과 똑같이 상속자다." 따라서 그들을 위하여 예비 되어 있는 영광 전체가 그들의 유업으로 불린다.^{골 1:12} 하나님의 자녀는 그리스도 안에서 그리고 그리스도와 함께 아브라함에게 약속된 모든 것을 상속받는다.^{갈 3:29}

하나님의 자녀가 받는 삼중의 유업

하나님의 자녀는 약속의 상속자다^{갈 3:29, 히 6:17}

하나님은 "약속을 기업으로 받는 자들에게 그의 뜻이 변하지 아니함을 충분히" 나타내신다.^{히 6:17} 아브라함, 이삭, 야곱은 "동일한 약속을 유업으로 함께 받은" 것으로 언급된다.^{히 11:9} 창세로부터 하나님은 그리스도 안에서 모든 악과 의무에서 구원해 주시고 모든 선한 것을 그들에게 주시겠다는 가장 탁월한 약속을 하셨다. 이 약속에는 죄책과 사탄의 지배권이 그들에게 가져온 온갖 악에서 그들을 구원하시는 것과 그리스도 예수 안에서 하늘에 있는 모든 영적인 복을 그들에게 주시는 것이 포함되어 있다. 따라서 성령은 그것을 "영원한 기업의 약속"으로 부르신다.^{히 9:15} 이것이 하나님의 양자가 된 자녀들에게 상속되는 것이다.

하나님의 자녀는 의의 상속자다^{히 11:7}

노아는 믿음으로 의의 상속자가 되었다. 베드로는 이것을 "생명의 은혜를 함께 이어받을 자"가 되는 것으로 말한다.^{벧전 3:7} 야고보는 이 두 가지를 함께 제시한다.^{약 2:5} 바울은 우리가 "기업을 얻게" 되었다고 말하면서,^{행 26:18} 기업을 믿음의 의와 함께 둔다. 따라서 이 의 곧 은혜와 기업은 여기 이 땅에서 우리가 실제로 참

여하는 의를 의미할 뿐만 아니라 영광 속에서 완성되는 의도 함
께 의미한다.

하나님의 자녀는 "구원의 상속자"이자 "영생의 소망을 따른 상속자"다
히 1:14, 딛 3:7

베드로는 이것을 "쇠하지 아니하는 유업"으로 부르며,^{벧전 1:4} 바울
은 이것을 "기업의 상"으로 부른다.^{골 3:24} 여기서 "기업의 상"은 하
나님의 자녀가 이미 누리고 있는 모든 빛과 거룩함을 가리킨다.

그리스도를 통해 얻는 충만한 구원의 기초는 약속들이다. 이
충만한 구원에 이르는 수단은 의로움과 구원함이다. 이 구원의
충만함은 영원한 영광이다. 하나님의 자녀는 이에 대한 모든 권
리와 자격을 갖고 있다. 하나님의 자녀는 그리스도와 함께한 상
속자다. 그리스도는 하나님 자녀의 분깃과 유업이고, 하나님의
자녀는 그리스도의 분깃과 유업이다.

하나님의 자녀는 또한 이 세상의 것들과 하나님이 그들에게 기쁘게 맡기신 모든 것에 대한 권리와 자격을 갖고 있다

그리스도는 "만유의 상속자"이시다.^{히 1:2} 인간은 죄로 인해 피조
물에 대한 모든 권리와 자격을 잃고 몰수당했다. 주님은 자신의
주권적인 뜻에 따라 인간에게 땅 위의 만물을 사용할 권세를 주
셨다. 그러나 죄가 들어오자 모든 피조물은 인간에게 복종하지
않고, 하나님의 영광을 드러내지 못하고 헛된 것과 저주에 예속
되고 말았다. 만물이 이제는 하나님의 영광을 인간에게 드러내

지 않는다. 땅 위의 만물에 대한 지배권을 상실한 인간은 만물에 대한 권리나 자격을 갖고 있지 않다. 그러나 인간 가운데 얼마를 구원하기를 바라는 하나님은 피조물을 즉각 파괴하시지 않고 성도들이 사용하도록 하신다. 따라서 이 세상에서 만물을 지배할 권리와 자격이 둘째 아담이신 그리스도 안에서 성도들에게 주어진다. 하나님은 그리스도를 "만유의 상속자"로 지정하셨으므로, 하나님의 양자가 된 자들도 "그리스도와 함께한 상속자"로 피조물에 대한 권리와 자격을 가진다. 그러나 다음과 같은 사실을 유의할 필요가 있다.

신자들이 가진 권리는 그리스도께서 가진 권리와 똑같지는 않다. 그리스도는 자신이 원하는 것을 자기 마음대로 처리하실 수 있는 주권적이고 절대적인 권리를 갖고 계신다. 반면에 신자들이 가진 권리는 그리스도께 종속되어 있다. 신자들은 자기들이 권리와 자격을 가지고서 이것을 사용하는 것에 대하여 책임을 져야 한다. 그리스도의 권리는 그 집 주인의 권리다. 반면에 성도들의 권리는 그 집의 종들의 권리다.

하나님의 모든 자녀가 주님의 소유인 온 땅에 대하여 권리를 갖고 있다는 것은 다음 두 가지 사례로 증명된다.

피조물을 주권적으로 다스리시는 주님이 피조물을 보존하시는 이유는 딱 한 가지다. 그분께서는 성도들이 사용하도록 피조물을 보존하신다.

그리스도는 성도들에게 그 나라와 그 나라의 지배권을 주겠다고 약속하셨다. 그리스도는 "모든 것이 합력하여 선을 이루어"롬 8:28 성도들에게 유익이 되도록 이 땅과 온 피조물을 다스리신다.

이 권리는 영적 권리다. 모든 것을 자기 것으로 소유할 수 있는 시민권이 그들에게 주어진 것이 아니다. 하나님께서는 사람들의 유업에 관한 시민권의 경계를 섭리 가운데 정해 주셨다. "인류의 모든 족속을 한 혈통으로 만드사 온 땅에 살게 하시고 그들의 연대를 정하시며 거주의 경계를 한정하셨으니."행 17:26 그러므로 양자가 된 이 가운데 누구도 땅에 있는 어떤 것에 대해 권리 주장을 할 수 없다. 그들은 땅에 있는 것에 대해서는 권리나 자격이 없기 때문이다.

하나님은 그의 성도들에게 어떤 것을 기쁘게 주셨으며, 성도들은 오직 그리스도를 통해서 그것들에 대한 권리를 갖는다. 죄로 인해 모든 피조물에게는 저주가 임했지만, 그리스도는 그 저주로부터 피조물들을 구해 내신 분이다. 그래서 성도들은 세상에 있는 것들을 거룩한 목적으로 사용해야 한다. 왜냐하면 성부 하나님께서 그분의 섭리 가운데 성도들에게 주신 것들은 그분의 사랑의 증표로 보인다. 그것들은 그리스도의 피로 씻은 것으로 모든 것을 그들에게 후히 주사 누리게 하신 그분을 우리가 찬양하며 살게 한다.

불신자들은 땅에 있는 많은 것들에 대하여 시민권을 주장할 수 있다. 그러나 불신자들은 하나님의 집의 한 부분에 대하여 또는 하나님의 집의 어떤 특권들에 대하여는 영적이며 거룩한 권리를 주장할 수 없다. 불신자들은 자기들이 가진 어떤 것도 하나님의 영광을 위하여 사용하지 않는다. 하나님의 자녀들로 인해 그들이(즉 불신자들이) 멸망하지 않는 것이다. 그들에게 어떤 심판이 기다리고 있을까! 하나님은 다음과 같이 말씀하실 것이다. "나는 너희가 이 세상에서 많은 것을 누리도록 허락했다. 너희는 복음 전파를 위하여 무엇을 내놓았느냐? 너희는 가난한 자 특히 가난한 성도에게 무엇을 주었느냐? 너희가 나를 위하여 모든 것을 기꺼이 내놓으려고 했던 적이 있느냐?"

그러면 불신자들은 이렇게 답변할 것이다. "주님, 우리는 이 세상에서 참으로 많은 것을 차지했습니다. 그러나 우리는 이것들을 우리가 좋아하는 대로 처리해도 되는 우리 자신의 것인 양 처리했습니다. 복음을 위해서 가난한 자를 위해서 또는 주님의 성도들을 위해서는 아무것도 하지 않았습니다. 우리 자신을 위해서 그것을 사용했습니다."

이에 대해 주님은 이렇게 말씀하실 것이다. "너희는 이것들에 대하여 무슨 권리와 자격이 있느냐? 나는 죄로 잃었던 이것들을 나의 성도들에게 오직 그들에게 주려고 회복시켰다. 그런데 어찌하여 너희는 너희 것이 아닌 것을 훔쳤느냐? 내 것을 다시 내놓아라." 그때 악인들은 하나님 앞에서 벌거벗겨지고 수치를 당하고 쫓겨날 것이다. 그때 사람들은 어떻게 할까?

우리가 양자됨으로 얻는 다른 특권들

다른 특권들로는 다음과 같은 것이 있다. 그리스도를 통해 하나님께 담대히 나아감.[히 10:19] 사랑에서 나오고 우리를 영적 유익으로 이끄는 고난.[히 12:3-6] 하나님의 자녀로 불리는 특권.[요일 3:1] 하나님의 상속자 곧 그리스도와 함께한 상속자가 되는 특권.[롬 8:17] 하나님 아들의 형상을 본받도록 미리 정하심을 받는 특권.[롬 8:29] 그리스도의 형제로 불리는 특권.[히 2:11] 그리스도의 고난에 동참하는 특권.[롬 8:17] 그리스도는 받으신 고난으로 순종을 배우셨고, 그리스도께서 받아들이시는 아들마다 징계를 받는다.[히 12:6] 우리는 그리스도의 나라에서 교제를 나누며,[딤후 2:12] 그리스도와 함께 다스릴 것이다.

chapter 18

성령과 함께하는 교제의 토대

우리가 성령님과 함께하는 모든 교제의 토대는 예수 그리스도
께서 성령님을 우리의 보혜사 다시 말해, 우리를 도와주시는 분
으로 보내셨다는 사실이다.

요한복음 16:1-7

예수 그리스도는 세상을 떠나실 때가 되자 다른 무엇보다 제자
들에게 그들이 세상으로부터 받게 될 것에 대하여 경고하셨다.
그리스도는 제자들이 직면하게 될 박해로 버림받거나 상처받는
것을 원하지 않으셨다.[1절] 그리스도는 제자들에게 그들이 교회
세력이나 국가 권력에 의해 출교될 것이라고 경고하셨다. 이 권
세들은 심지어 제자들을 죽이고 박해하는 것이 하나님을 섬기

는 일이라고 생각할 것이다.[2절] 이 세상 권세들이 제자들을 반대하는 것은 영적으로 눈멀고 철저히 무지하기 때문이다.[3절]

　　예수님이 제자들에게 이런 일들에 대하여 말씀하시는 것은 그들이 비탄과 슬픔을 당할 때 놀라지 말고 미리 경고받은 사실을 기억하면서, 시련당할 때 그분의 신성과 전지하심을 생각하고 용기를 얻도록 하기 위함이었다.[4절] 그리스도께서 처음부터 이 일들에 대하여 말씀하시지 않은 것은 그때는 자신이 그들과 함께 있었기 때문이다. 그러나 이제 그리스도는 그들을 떠나실 때가 되었다. 제자들은 그리스도께 어디로 가시는지 묻지 못할 정도로 근심과 슬픔에 가득 차 있었다. 만약 제자들이 그리스도께서 그분이 받으셔야 할 영광을 받고 자기들이 구원받는 역사를 이루기 위하여 가신다는 사실을 알고 있었다면, 그들의 마음은 슬픔과 두려움으로 가득 차지 않았을 것이다.[5-6절] 그래서 그리스도는 다음과 같이 선언하신다. "그러나 내가 너희에게 실상을 말하노니 내가 떠나가는 것이 너희에게 유익이라 내가 떠나가지 아니하면 보혜사가 너희에게로 오시지 아니할 것이요 가면 내가 그를 너희에게로 보내리니."[7절]

　　따라서 주 그리스도는 우리가 이 중대한 진리를 알기를 원하셨다. 다시 말해 그리스도는 자신이 약속하신 대로 성령을 보내 보혜사께서 우리를 돕는 자로 우리와 함께 있도록 하는 것이 자신이 육체로 계속 세상에 계시는 것보다 신자들에게 더 낫고 유익하다는 것을 알려 주고 싶으셨다. 왜냐하면 그때는 그리스도께서 세상에 오셔서 죄를 위하여 한 제사를 이미 드리신 이후였기 때문이다.

성령은 택함받은 자를 회심시켜 신자로 만드는 성결의 영으로 약속되었다. 또한 성령은 신자들을 돕고, 그들에게 그리스도께서 죽으심으로 사신 특권들을 제공하는 위로의 영으로 약속되었다. 이 경우에 성령은 위로와 도우심의 영이다.

만일 우리가 "성령은 어디서 오시는가?"라고 묻는다면, "아버지께로부터 나오시는"proceeds from the Father 분이라는 대답을 듣게 된다. 아버지와 아들의 영으로서, 아버지와 아들 두 분으로부터 영원히 나오시는 성령은 자신의 신적 실체와 인격을 받으신다. 이 위대한 진리는 믿음으로 받아들여야 한다. 나는 이것을 여기서 다루지는 않겠다.

하지만, 우리에게 오셔서 행하신 은혜 사역과 관련된 성령의 "나오심"(발출)은 지금 우리가 살펴보아야 한다. "성령의 나오심"은 그리스도께서 승천하신 후에 성령을 보내신 것을 가리킨다. "내가 아버지께로부터 너희에게 보낼 보혜사 곧 아버지께로부터 나오시는 진리의 성령"요 15:26 하나님께서 "그의 처소에서 나오사"사 26:21라고 언급되는 것은 하나님 안에 어떤 변화가 생겨서가 아니라 하나님이 행하러 오신 새로운 사역 때문이다. 그래서 주님께서 그의 처소에서 나와 "땅의 거민의 죄악을 벌하실 것이라"는 말씀이 이어진다.사 26:21 그러나 성령이 "나오시는" 것으로 말해지는 것은 그리스도를 증언하는 성령의 특별한 사역 때문이다. 이것은 성령의 영원한 발출과 관련된 것이 아니라 구원 목적을 이루시는 성령의 실제 역사와 관련된 것이다. 마찬가지로 그리스도도 이와 동일한 목적을 위하여 "하나님으로부터 나오심"이라고 말해진다.요 16:30 "내가 아버지께로부터 너희에게 보낼 보혜사 곧 아버지께로부터 나오시는 진리의 성령이 오실 때에 그가 나를 증언하실 것이요."요 15:26 이 말씀에서 성령의 나오심과 관련해서, 성자 하나님은 언급되지 않고 성부 하나님만 언급되는 것은 그리스도께서 제자들에게 계시하시는 비밀인 구원 계획에 대한 삼위 하나님 각 인격의 특수 직무에 설명을 맞추기 위함이다. 그러나 그리스도 역시 성령을 우리에게 보내시는 분이다.요 16:7

성령과 함께하는 교제

성령께서 기꺼이 보혜사와 우리를 돕는 자가 되실 때, 우리는 성령과 교제를 한다

성령은 이 구원 역사를 위하여 자발적으로 성부와 성자로부터 나오신다. 성자 하나님이 대속자로서의 사역을 자원하여 감당하신 것처럼, 성령 하나님도 보혜사와 우리를 돕는 자의 사역을 자원하여 감당하신다.

구원 역사를 행하실 때 삼위 하나님의 순서를 보자. 먼저, 성부 하나님이 성령 하나님을 우리에게 보내시겠다는 사랑의 목적을 세우신다. 이어서 성자 하나님의 요청이 있고, 이 결과 성령 하나님이 기꺼이 나오신다.

이것은 성부 하나님과는 사랑 안에서 교제하고, 성자 하나님과는 은혜 안에서 교제하며, 성령 하나님과는 보혜사와 우리를 돕는 자의 사역 안에서 교제하는 우리의 특별한 교제를 증언한다. 이것이 우리를 부르시는 성령과 교제하는 방식이다. 성령의 은혜롭고 복되신 뜻, 우리에게 자발적으로 나아오시는 성령의 무한하고 경이로운 역사, 우리가 실천할 수 있도록 우리에게 역사하시는 성령의 모든 활동, 우리가 참여하도록 우리에게 제공하시는 성령의 모든 특권 등을 우리 영혼은 믿음으로 성령으로부터 받는다. 그리고 이에 대한 우리의 응답은 모든 감사와 보답하는 마음을 성령께 쏟아 놓는 것이다. 따라서 이것이 우리가 성령과 교제할 때 행해야 할 첫 번째 큰일이다.

성령은 성부로부터 우리에게 오셨는데, 성령께서 오신 바로 그 방식으로 우리는 성령과 교제를 한다

성부 하나님은 성령을 우리에게 값없이 보내 주신다. 우리는 성령을 값을 치르고 사는 것이 아니다. 예수님은 "그가 또 다른 보혜사를 너희에게 주사"라고 말씀하신다.요 14:16 또한 예수님은 이렇게도 말씀하신다. "하물며 너희 하늘 아버지께서 구하는 자에게 성령을 주시지 않겠느냐."눅 11:13 선물은 값없이 주어지는 것이다. 은혜의 열매는 은혜로 주어진다. 따라서 성령도 율법이 아니라 복음으로 받는다.갈 3:2 우리는 성령을 오직 은혜로 받는 것이지, 우리 자신이 성령을 받을 만한 존재이기 때문이 아니다. 성령의 모든 역사는 "카리스마타"Charismata 곧 "값없는 은사"로 불린다. 성령은 값없이 주어지고, 우리에게서 어떤 대가도 바라지 않고 값없이 일하신다. 따라서 우리는 성령을 값없는 선물로 받는다. 성령을 값없는 선물로 보고, 그렇게 알고 구하고, 그런 것으로 받아야 한다. 이것이 우리가 성령과 교제할 때 믿음으로 붙잡는 것이다. 그러므로 우리 영혼은 두 가지 이유로 보혜사 성령을 즐거워한다. 첫째는 성령께서 우리에게 기꺼이 나아오시기 때문이고, 둘째는 성령께서 기꺼이 우리에게 주어지기 때문이다.

성령은 성부와 성자의 권세로 우리에게 보내심을 받는다.요 14:26, 15:26, 16:7 이것은 성령이 성부와 성자의 신성에 있어서는 동등하심에도 불구하고 기꺼이 권세 아래 들어가신다는 것을 보여준다. 우리의 옹호자가 되어 우리를 도우시는 것이 성령의 직무이고, 이 사역을 성취하기 위하여 성령은 성부와 성자의 권위로 보내심을 받는다. 성령을 이렇게 권위 있게 보내심이 우리가 복음의 많은 비밀을 올바로 이해하고 성령과 교제하는 것의 근거가 된다.

성령을 거스르는 죄

방금 설명한 이 사실과 관련해서, 성령을 거스르는 죄가 문제되고, 또 이 죄가 왜 용서받을 수 없는지 그 이유가 설명된다. 다른 죄는 성령을 거스르는 죄만큼 심각한 거역으로 간주되지 않는다. 성령을 거스르는 죄가 가장 큰 거역으로 간주되는데, 그 이유는 성령이 그분을 보내신 성부와 성자의 이름과 권위를 갖고 오시기 때문이다. 그러므로 성령을 거스르는 죄를 범하는 것은 하나님 전체의 권위와 삼위일체 하나님의 모든 사랑 그리고 삼위 하나님의 각 위격이 우리의 구원을 위하여 기꺼이 맡으신 위치와 직무를 거역하는 죄를 범하는 것이다. 성령을 거스르는 것은 삼위 하나님 곧 성부, 성자, 성령의 사랑을 거역하는 것이다.

성령은 성부와 성자께서 보내 주시므로, 우리는 하나님께 성령을 보내 달라고 기도해야 한다^{눅11:13}

성령도 하나님이시므로 성부 하나님과 성자 하나님께 하는 것과 똑같이 성령께도 기도하고 간구해야 한다. 우리는 성령께 기도할 때 성령이 영원히 복되신 만물을 지배하시는 하나님이라는 것을 유념해야 한다. 그러나 성부와 성자에게 성령을 보내 달라고 기도할 때에는 우리 안에서 구원 역사를 이루기 위하여 성부와 성자의 보내심을 받는 분인 성령을 간구하는 것이다.

성령은 성부와 성자의 보내심을 받은 분이므로, 우리는 성령을 근심하게 해서는 안 된다.^{엡4:30} 우리가 성령을 근심하게 해서는 안 되는 이유는 성령께서 우리를 영원한 구원으로 인도하기 위해 삼위일체 하나님 전체의 이름과 사랑과 뜻에 따라 우리에게 오시기 때문이다. 따라서 성령은 문전박대가 아니라 대환영받기를 기대하신다!

성령은 성부와 성자의 보내심을 받았기 때문에 우리에게 부어지며 떨어지는 것으로 묘사된다.^{딛3:6} 이것은 구약성경에서 성령을 주시는 것을 표현하는 방법의 하나였다. 구약시대에는 성령이 성부와 성자의 보내심을 받는다는 신비가 명백히 계시되지 않았다. "부어 주신다"는 표현에는 이방인의 부르심과 유대인의 버리심이 내포되어 있다.^{사 32:15, 44:3, 슥 12:10} 구약성경에서 성령은 물이나 비처럼 임하는 것으로도 묘사되었다. 물은 생명과 성장에 필수적이고 효과적이며, 세상에 풍성히 존재한다.

따라서 성령을 주고,^{giving} 보내고,^{sending} 붓는 것^{pouring out}은 은혜 언약의 세 가지 위대한 특성을 우리에게 보여준다.

(1) 은혜 언약은 값이 없다. 성령은 주어진다.^{given} (2) 은혜 언약은 모든 것이 질서 잡혀 있고 확실하다. 성령은 성부의 사랑과 성자의 피로 값 주고 사심을 통해 오신다.^{comes} (3) 은혜 언약은 효력이 있다. 성령은 부어진다.^{poured out}

신자들이 성령을 받는다

우리가 성령을 성결의 영으로 받는 것은 빈 잔에 물이 채워지는 것처럼 단순히 수동적인 수용이다. 성령은 마른 뼈에 바람이 부는 것처럼 임하신다.^{겔 37장} 성령은 죽은 마음에 임하여 전능하신 권능으로 그 마음에 생명을 주신다. 그러나 보혜사, 다시 말해 돕는 자로서 성령은 영접받고 환영받는 분으로 오신다. 이런 의미에서 우리 구주는 "세상은 능히 그를 받지 못하니"라고 말씀하신다.^{요 14:17} 먼저 성결의 영을 통해 사망에서 생명으로 옮겨지지 않은 자는 성령을 보혜사와 돕는 자로 받을 수 없다. 신자들은 성령을 알고 있으므로 보혜사로 받을 수 있다. 따라서 이것은 성령을 능동적으로 받는 것이다. 우리는 믿음의 능력으로 성령을 받는다.^{갈 3:2} 복음 전파로 사람들 속에 믿음이 생겨서 성령을 받아들일 수 있게 된다. 따라서 "믿음"이 우리가 성령을 받기 위한 조건으로 제시된다.[요 7:39] 오직 신자들만이 성령을 받고, 그때 그들은 믿음으로 성령을 받는다.

우리가 성령을 받는 세 가지 특별한 믿음의 조항이 있다.

(1) 믿음은 은혜 언약에서 약속된 영으로 성령을 받는다. 믿음은 그 약속들을 붙잡는다.[히 4:2] 그리고 우리는 믿음으로 성령의 약속을 받는다.[갈 3:14] 따라서 믿음을 통해 성령을 받는 것은 성령을 약속된 분으로 받아들이는 것이다. 성령께서는 신자들의 모든 필요와 모든 바람을 충족시키신다. 하나님과 예수 그리스도는 이 성령을 보내 주시기로 약속하셨다. 믿음은 이 약속을 바라본다.

(2) 믿음은 기도로 성령을 받는다. 성령은 기도의 영으로 주어진다. 그래서 우리는 그분을 보혜사로 여겨 그분에게 간구할 수 있다.[눅 11:13] 성령에게 간구하는 것은 이 세상에서 믿음이 해야 할 가장 중요한 일이다.

(3) 믿음은 성령과 그분께서 우리 마음속에 행하신 은밀한 사역에 깨어 있음으로써 성령을 받는다. 성령은 그리스도께서 값 주고 사신 분이며, 성부께서 약속하신 분이다. 믿음은 성령을 그런 분으로 바라본다. 그래서 믿음은 하나님께 성령을 구하고, 그 결과 성령을 받는다.

성령은 신자들과 함께 거하신다

성령은 모든 신자 안에 성결의 영으로 내주하신다.[롬 8:11] 성령은

그의 성전인 우리 안에 거하신다.^{고전6:19} 예수님은 "그가……영원
토록 너희와 함께 있게 하리니"라고 말씀하셨다.^{요14:16} 그런데 이
약속에는 아주 난해한 문제가 있는 것처럼 보인다. 그것은 성결
의 영은 항상 우리 안에 거하셔서 우리가 거룩함을 완전히 잃어
버릴 수는 없겠지만, 보혜사와 돕는 자로서의 성령은 우리와 항
상 거하는 것처럼 보이지 않는다는 사실이다. 그렇다면 성령은
성결의 영으로 우리와 영원히 함께 거하시는데, 보혜사로서는
우리와 항상 거하는 것처럼 보이지 않는다. 그 이유는 무엇일까?

그리스도께서 우리와 함께 거하셨던 기간과는 대조적으로, 성
령은 우리와 영원히 함께 거하시는 분으로 약속되었다. 육체를
입으신 그리스도는 잠시 제자들과 함께 계셨고, 지금은 그들을
떠나 아버지께 돌아가셨다. 그리스도는 잠시 제자들의 보혜사가
되셨다. 하지만 이제 그리스도는 제자들에게 또 다른 보혜사를
약속하셨다. 그러나 제자들은 이 보혜사 또한 잠시만 자기들과
함께 계실까 봐 두려워했다. 보혜사 또한 떠나신다면 그들의 상
태는 이전보다 더 악화될 것이다. 그러자 그리스도는 제자들에
게 염려하지 말라고 말씀하셨다. 그때는 마지막 세대였다. 그리
스도께서 떠나시면 보혜사 성령이 남은 일을 모두 행하게 되어
있었다. 이제는 다른 보혜사를 찾을 필요가 없었다. 제자들에게
오게 되어 있는 보혜사 성령은 절대로 그들을 떠나지 않고 항상
그들과 함께 거하실 것이다.

보혜사 성령은 항상 우리와 함께 계시지만, 항상 우리를 위로
하시지 않을 수 있다. 보혜사 성령은 자신의 주권적 뜻에 따라

우리를 위로하신다. 성결의 영으로서 성령은 하나님의 성전이 거룩하므로 우리를 항상 거룩하게 하시는 것이 틀림없다. 성령이 우리를 항상 위로해 주어야만 하는 것은 아니다.

물론 보혜사 성령이 우리를 위로해 주시지만 우리가 그 위로를 받지 않을 때도 종종 있다. 오아시스가 가까이 있지만 우리가 항상 그것을 아는 것은 아니다. 우리는 종종 위로받기를 거절한다. 성결의 영으로서 성령은 믿지 않는 마음을 이길 능력을 가지고 오신다. 보혜사로서 성령은 믿는 마음이 받아들일 때 도움과 위로를 주려고 오신다. 종종 성령께서 말씀하시지만 우리는 그것을 반드시 성령의 음성으로 믿는 것은 아니다. 다윗은 이렇게 말했다. "나의 환난 날에 내가 주를 찾았으며 밤에는 내 손을 들고 거두지 아니하였나니 내 영혼이 위로 받기를 거절하였도다."시 77:2

보혜사 성령은 사실 믿는 영혼을 절대로 떠나지 않고 위로해 주신다. 사람은 어둠 속에서 구름 아래에서 위로를 거절하고, 실제로 아무것도 찾지 못하고 아무것도 느끼지 못할 수 있다. 그러나 성령은 모든 위로의 원천이기에, 때가 되면 성령의 위로가 느껴질 것이다. 하나님은 성령이 죄인들을 치료하고 그들이 위로를 다시 얻게 할 것이라고 약속하신다.사 57:18

보내심을 받고 주어지는 보혜사 성령은 신자들의 영혼과 함께 거하고, 절대로 그들을 떠나시지 않는다. 함께 거하면서 보혜사 성령은 다양한 방법과 다양한 역사로 자신을 계시하신다.

보혜사 성령은 효력 있게 역사하신다.고전 12:11 성령이 우리 안에서 일으키고자 하시는 것은 모두 그분의 전능하신 능력으로 온전히 일어난다. 따라서 우리가 성령으로부터 얻는 것은 모두 우리 안에서 효력 있게 역사하시는 그분의 능력을 통해서다.

보혜사 성령은 주권적으로 역사하신다. 성령은 자신의 뜻대로 각 사람에게 나누어 주신다.^{고전 12:11} 성령은 이 사람에게는 이 은사를, 저 사람에게는 저 은사를 주신다. 성령은 자신의 판단과 선택에 따라 자유의지로 그렇게 하신다. 따라서 성도들은 성령과 성령의 주권을 끊임없이 의존해야 한다. 성령이 자신이 원하는 대로 우리에게 베푸신다면 우리는 성령이 주시는 것에 만족해야 한다.

보혜사 성령은 자유롭게 역사하신다.^{행 2:4} 성령은 제자들 가운데 다른 언어를 말하는 능력을 베푸셨는데, 그는 이 일을 자유롭게 행하셨다. 따라서 우리를 구원하시는 역사 속에서 삼위 하나님 각 인격의 자유와 자의 또한 존중되어야 한다. 아들을 보내시는 성부의 사랑은 자유로운 행위이시고, 우리를 위하여 자기 생명을 내놓으신 성자의 자유와 사랑을 조금도 침해하지 않는다. 또한, 성자께서 값 주고 사신 보속도 성부의 은혜—성자께서 이루신 것을 근거로 우리를 용서하고 받아 주시는—를 조금도 침해하지 않는다.

또한 성부와 성자가 성령을 보내신 것도 성령이 우리 안에서 행하시려는 그 자유의지를 조금도 침해하지 않는다. 성령이 주시는 것은 자유롭게 주시는 것이다. 성부, 성자, 성령 하나님의 뜻이 본질상 같기에, 삼위 하나님의 한 인격이 행하시는 것도 삼위의 뜻과 목적에 따라 행하시는 것이다.

능력과 선택과 자유를 특징으로 우리 안에서 역사하시는 성령의 사역도 이와 동일하게 삼위의 뜻과 목적에 따른 것이다.

chapter 19

우리와 교제하는 성령의 역사들

**성령께서 일반적으로 행하시는 첫 번째 역사는 그리스도의 말씀과
약속들을 생각나게 하는 것이다**

우리가 성령과 교제할 때 성령께서 행하시는 첫 번째 역사는 예
수님이 말씀하신 것을 생각나게 하시는 것이다.요 14:26 이 구절에
는 두 가지 약속이 있다. 하나는 성령의 가르치심에 대한 약속이
있는데, 이에 대해서는 성령이 신자들에게 기름 부으시는 사역
을 다룰 때 언급할 것이다. 그리고 다른 하나는 "내가 너희에게
말한 모든 것을 생각나게 하리라"요 14:26 하신 약속이다.

　예수님이 말씀하신 모든 것을 생각나게 하시는 사역은 보혜
사로서 성령이 일반적으로 행하시는 첫 번째 약속이다.

　이 약속은 먼저 사도들에게 주어졌다. 그리스도는 사도들에게

성령이 전능하신 능력으로 그들의 마음속에 자신이 하신 말씀을 생각나게 하고, 그리하여 그들은 성령의 영감을 통해 교회의 선과 유익을 위하여 그 말씀을 기록하고 전파할 것이라고 약속하셨다.벤후 1:21 사도들은 그리스도께서 자기들에게 하신 말씀을 많이 잊어 먹었거나 잊어 먹었을 가능성이 있었다. 그리고 사도들이 자기들의 자연적 능력으로 기억했던 것은 교회의 신앙 규범을 오류 없이 기록할 만한 충분한 근거가 되지 못했다. 사도들이 이처럼 신앙 규범을 오류 없이 기록할 수 있었던 것은 성령의 이런 역사 때문이었다.

예수님이 말씀하신 모든 것을 생각나게 하겠다는 이 약속은 또한 신자들의 위로를 위해서도 주어진 것이다. 그리스도는 이 땅에 계실 때도 제자들에게 자신이 그들을 돕고 그들에게 힘을 주겠다는 귀중한 약속을 하심으로 그들을 위로해 주셨다. 그분은 또한 제자들에게 성부 하나님의 사랑과 자신이 그들을 위하여 마련하신 영광에 대하여 말씀하셨는데, 이것은 제자들에게 형언할 수 없는 충만한 기쁨을 주었다. 그리스도는 이렇게 말씀하신다. "나는 너희가 너희 자신을 위로하는 데 이 약속들을 어떻게 사용할지 그 능력이 없다는 것을 알고 있다. 그러므로 성령께서 너희 마음속에 그것들을 충분히 생각나게 해주실 것이다. 그렇게 되면 너희는 그 약속들 속에서 내가 의도한 위로를 얻을 것이다." 이처럼, 신자들을 위로하는 것이 그리스도의 육체적 부재 Christ's bodily absence가 성령의 임재 presence of the Spirit로 대체되어야 할 필연적인 한 가지 이유였다. 그리스도께서 제자들과 함께 계시는 동안에는 그분의 약속들이 제자들의 마음속에 끼친 영향이 얼마나 적었는지 모른다! 그러나 성령이 오셨을 때 제자들은 모든 일에 얼마나 기쁨이 충만했던가! 성령은 그리스도의 약속들을 우리의 지성과 마음속에 생각나게 하셔서 우리를 위로하고, 그것들에 대하여 기쁨을 얻게 하신다. 하지만 그 기쁨은 그리스도께서 세상에 계실 때 하셨던 말씀에서 그들이 발견했던 기쁨을 크게 능가한다. 그때는 약속이 주는 은혜의 영향력이 제한적이었다. 그래서 성령 시대에 주어지는 것이 율법 시대에 주어졌던 것보다 훨씬 더 은혜로운 것으로 나타날 것이다.

그리스도는 제자들에게 성령의 기억나게 하시는 역사의 결과가 평안이 될 것이라고 말씀하셨다.요 14:27 제자들은 걱정하고 근심하는 마음과 두려워하는 마음에서 해방될 것이다. 우리의 자연적 능력에 의존하여 그리스도의 약속들을 기억하는 것은 미련한 일이다. 그러나 보혜사가 역사하시면 모든 것이 충분하다. 따라서 우리 구주 그리스도는 큰 고통 속에 있는 사도들에게 자신이 직접 한 약속들의 강력한 효력을 성령께 맡기셨다. 그러므로 우리는 이 세상에서 우리가 받을 모든 영적 위로가 어디서 오는지 알 수 있고, 성령의 이런 역사 가운데서 우리는 성령과 교제할 수 있다.

성령은 자신의 역사를 강력하게 행하신다
신자는 생각할 수 있는 가장 슬프고 가장 암울한 상황에 처해질 수 있다. 상황이 아무리 열악해도 성령은 신자가 이 모든 난관을 극복하고 그리스도의 약속을 생각나게 하실 수 있다. 성령은 이 역사를 통해 그리스도인들을 지하 감옥에서도 고요히 앉아 있게 하고, 화염 속에서 즐거워하고, 환난 속에서도 기뻐하게 하신다. 만일 성령께서 우리를 위로하기 위하여 그리스도의 약속들을 생각나게 하신다면, 사탄도 사람도 죄도 세상도 심지어는 죽음도 우리의 위로를 빼앗지 못할 것이다. 성령과 교제하는 성도들은 이것을 잘 알고 있다. 때때로 하늘은 그들 위에서 험악해지고, 땅은 그들 아래에서 흔들린다. 공포와 어둠으로 가득 찬 재앙과 재난을 당할 때 그들은 절망 속에서 포기하고 싶은 유혹을 받는다. 그렇지만 성령이 그들에게 기쁨을 주고 그들을 위로하려고 그리스도의 말씀을 생각나게 하실 때, 그들의 영은 얼마나 놀랍게 소생할까! 그러므로 신자들의 행복은 외적 상황에 달려 있지 않다. 왜냐하면 성령이 강력한 효력을 발하는 내적 역사를 행하심으로써, 그들은 믿음으로 소생케 되기 때문이다.

성령은 자신의 역사를 주권적으로 행하신다

성령은 자기 뜻대로 각 사람에게 나누어 주신다. 그래서 신자는 때로는 기쁨으로 충만하고, 또 때로는 고통으로 충만하다. 때로는 모든 약속이 괴로움이 크고 심할 때 큰 기쁨을 가져오지만, 또 때로는 고통이 별로 없는데도 아무리 찾으려고 애를 써도 약속들 속에서 기쁨을 찾아내지 못한다. 그 이유는 간단하다. 그것은 성령께서 자기 뜻대로 나누어 주시기 때문이다. 따라서 약속들 속에서 평안과 기쁨을 얻기 위해 우리가 따라야 할 규칙이나 절차는 없다. 상황이 이러하므로 믿음은 성령의 주권적인 뜻과 그분께서 주시는 기쁨을 기다리는 법을 배우게 된다.

성령은 자신의 역사를 값없이 그리고 대가 없이 행하신다

약속이 주는 위로의 많은 부분이 성령의 주권적인 뜻에 달려 있으므로, 우리의 마음이 온갖 이유로 고통과 슬픔에 빠져 있을 때, 뜻밖의 위로가 찾아오는 경우도 있다. 이런 경우는 종종 생긴다. 이처럼 뜻밖의 위로는 그저 완전히 버림받았다고 예상할 수밖에 없는 실족한 영혼이 회복을 얻는 우선적인 수단이다.

우리가 받는 모든 위로의 생명과 영혼은 그리스도의 약속들 속에 보관되어 있다. 그리스도의 약속들은 경건한 위로라는 젖을 빨 수 있는 가슴이다. 이 약속들이 무미건조한 문자 속에 들어 있다면, 아무리 오래 묵상하더라도 아무 효력이 없을 것이다. 그렇지만 이 약속들은 전혀 예상하지 못한 순간에 영혼 속에 불쑥 들어와 참으로 큰 위로와 기쁨을 준다. 이런 사실을 모르는 자는 아무도 없다. 믿음은 성령을 특별히 대한다. 믿음은 약속들 자체를 숙고하고, 성령을 바라보며 성령께서 생명과 위로를 제공해 주기를 기다린다. 약속은 한 영혼의 마음을 따스하게 하고, 두려움과 걱정과 환난에서 벗어나게 한다. 영혼이 이러한 약속의 생명을 느끼기 시작하면, 성령께서 지금 친히 역사하신다는 것을 즉시 알게 될 것이다. 그 영혼은 이 사실을 알 수 있고, 또한 알 수밖에 없다. 이것으로 신자는 기쁨이 배가되고, 성령과 더 깊은 교제에 들어가게 될 것이다.

성령께서 일반적으로 행하시는 두 번째 역사는 그리스도를 영화롭게 하는 것이다^{요 16:14}

성령의 역사가 그리스도를 영화롭게 하는 것이라면, 우리는 자신을 "그리스도의 대리인"(the vicar of Christ 로마 가톨릭에서 '교황'을 칭하는 말이다―옮긴이)이나 "다른 그리스도"(another Christ "진실로 사제는 다른 그리스도이다. 다시 말해, 어떤 측면에서 사제 자신은 그리스도의 한 연장선에 있기 때문이다."교황 비오 11세, 「사제 회람」―옮긴이)로 부를 정도로 자신을 그리스도를 대신하는 자리에 두는 영이 어떤 영인지 알 수 있을 것이다. 보혜사 성령의 역사는 그리스도를 영화롭게 하는 것이 목적이다. 따라서 그리스도께 속해 있다고 자칭하면서도 사도들에게 말씀하신 그리스도를 영화롭게 하지 않는 영은 분명히 거짓 영이다.

그러면 보혜사 성령은 그리스도를 어떻게 영화롭게 하실까? 그리스도는 "그가……내 것을 가지고"^{요 16:14}라고 말씀하신다. 여기서 "내 것"이 무엇인지가 다음 구절에서 말해진다. "무릇 아버지께 있는 것은 다 내 것이라. 그러므로 내가 말하기를 그가 내 것을 가지고 너희에게 알리시리라."^{요 16:15} 그리스도는 성부 하나님과 성자 하나님의 본질과 본질적 속성에 대하여 말씀하시는 것이 아니다. 성부 하나님과 성자 하나님을 통해 우리에게 주어지는 은혜에 대하여 말씀하시는 것이다. 이것이 그리스도께서 "내 것"이라고 부르는 것이다. 그 이유는 그것들이 그분의 중보로 값 주고 사신 "것"이기 때문이다. 그것들은 또한 "아버지께 있는 것"이기도 한데, 그 이유는 성부 하나님이 영원한 사랑으로 자기 아들의 피로 우리에게 주어지도록 하셨기 때문이다. 그것들은 성부 하나님께서 선택하신 결과다. 그리스도는 이렇게 말씀하셨다. "보혜사가 그것들을 받으실 것이다. 그것들은 보혜사에게 맡겨져서 보혜사가 그것들을 환난 속에 있는 너희의 유익과 위로를 위하여 너희에게 주실 것이다. 따라서 보혜사는 그것들을 너희에게 보여주고 선언하고 알리실 것이다." 보혜사이신 성령은 죄인들의 영혼에 성부 하나님이 제공하고 성자 하나님이 사신 은혜 언약의 좋은 것들을 보여주신다. 성령은 우리에게 긍휼, 은혜, 용서, 의 그리고 하나님의 인정을 보여주신다. 그것들이 그리스도께서 우리를 위하여 취하신 그분의 것이라는 것을 아는 것이 결정적으로 중요하다. 그것들이 우리에게 계시된 것은 우리의 위로와 강건함을 위해서다. 성령은 그것들을 신자들의 영혼에 효력 있게 전달하고, 그들의 유익을 위하여 알려주신다. 그것들은 원래 성부 하나님에게서 온 것으로, 영원 전에 그분의 사랑과 선하신 뜻에 따라 준비된 것이다. 또 그것들은 그리스도께서 사신 것으로, 신자들의 영혼의 유익을 위하여 은혜 언약 속에 보관한 것이다. 이러하기 때문에 그리스도는 신자들의 마음속에서 높임을 받고 영광을 받으신다. 따라서 신자들은 그분이 얼마나 영광스러운 구주와 구속주가 되시는지 충분히 깨닫는다. 신자들이 그리스도께서 자기를 위하여 사신 영원한 구속에 대하여 그분을 영화롭고 영예롭게 하는 것은 성령의 역사를 통해서다. "성령으로 아니하고는 누구든지 예수를 주시

라 할 수 없느니라." ^{고전12:3}

성령께서 일반적으로 행하시는 세 번째 역사는 "하나님의 사랑이 우리 마음에 부은 바" 되는 것이다 ^{롬 5:5}

문맥으로 보아 여기서 말하는 의미는 분명히 하나님에 대한 우리의 사랑이 아니라, 우리에 대한 하나님의 사랑이다. 하나님의 사랑은 하나님이 우리를 선하게 하려는 목적을 가진 사랑이거나 하나님이 우리를 용납하고 인정하시는 사랑이다. 이 두 가지가 성경에서 말하는 하나님의 사랑이다. 그러면 이것들이 어떻게 우리 마음에 부어질 수 있을까? 이것은 오직 이것들을 영적으로 이해할 수 있는 능력이 우리에게 주어져야만 가능하다. 하나님은 성령을 우리에게 풍성히 부으시고, 성령은 우리 마음속에 하나님의 사랑을 부으신다. 다시 말해, 하나님은 우리를 사랑하신다. 이 사실을 성령께서 우리에게 이해시키시면, 우리의 영혼은 기쁨과 위로로 충만하게 된다. 이것은 성령의 역사이고, 성령은 이 역사를 효력 있게 행하신다. 가련하고 죄로 얼룩진 영혼을 설득하여, 예수 그리스도 안에서 하나님이 그를 사랑하고, 그를 기뻐하고, 그를 크게 즐거워하며, 오직 그에게 자비로운 생각만 하신다는 사실을 알게 하는 것은 말로 표현할 수 없는 긍휼이다.

이것이 성령의 특별한 역사이다. 이 특별한 역사를 통해 우리는 우리 마음에 부어지는 사랑 안에서 성부 하나님과 교제를 한다. 우리는 이 일을 행하시는 성령 하나님을 즐거워하고 영화롭게 할 뿐만 아니라 사랑으로 역사하시는 성부 하나님도 기쁘게 하고 영화롭게 한다. 성자 하나님에 대해서도 똑같이 말할 수 있다. 성령은 그리스도의 것을 취하여 그것을 우리에게 보여주시기 때문이다. 이 세상에서 우리가 하늘의 것을 가지는 것은 바로 이러한 성령의 역사 때문이다.

성령께서 일반적으로 행하시는 네 번째 역사는 우리의 영과 더불어 우리가 하나님의 자녀인 것을 증언하시는 것이다룜 8:16

때때로 사람들은 자기가 하나님의 자녀라는 것을 매우 미심쩍게 여긴다. 왜냐하면 그 영혼에 옛 본성이 아직도 많이 남아 있기 때문이다. 따라서 자신이 참 하나님의 자녀라는 주장을 증명하기 위하여 온갖 증거를 끌어낸다. 이 주장을 지지하기 위하여 성령이 오셨고, 그분은 이 주장이 참이라고 증언하신다.

이 장면은 법정에서 진행되는 재판 과정과 같다. 재판관이 자리에 앉아 있고, 소송 당사자가 자신의 주장을 개진하고 증거를 제시하며 자신의 견해를 탄원한다. 그런 다음 정직하다고 알려지고 그렇게 인정받는 사람이 법정에 나와 그 주장을 지지하며 증언한다. 이 증언으로 모든 반대자의 입이 닫히고, 탄원했던 사람은 기쁨과 만족감으로 충만하다. 신자도 마찬가지다. 영혼은 양심의 힘에 이끌려 하나님의 법정 앞에 선다. 거기서 영혼은 자신은 하나님의 참 자녀이고, 확실히 하나님의 가족에 속해 있다고 탄원하며, 이것을 증명하기 위하여 모든 증거를 제시한다. 곧 믿음으로 그가 하나님에게서 얻은 권리와 자격 등 모든 것을 제시한다. 그러는 사이에 사탄은 온 힘을 다해 그를 반대한다. 죄와 율법도 이 반대에 가세한다. 영혼의 증거에 많은 결함이 발견된다. 증거 전체의 진실성이 의심을 받고, 그 영혼은 자신이 과연 하나님의 자녀인지에 대하여 의심에 사로잡히고 만다. 그때 보혜사가 오셔서 약속의 말씀에 따라 또는 다른 어떤 방법으로 그의 마음에 확신을 주고, 모든 반대를 제압하심으로 그의 탄원이 정당하다는 것과 그가 확실히 하나님의 자녀라는 것을 증명하신다. 그래서 성령은 "친히 우리의 영과 더불어 우리가 하나님의 자녀인 것을 증언하시나니"라고 말해진다.롬 8:16

동시에 성령은 우리가 그분의 뜻에 순종하는 행위, 곧 우리가 "아빠 아버지"로갈 4:6 부르는 행위를 통해 성부 하나님에 대한 우리의 사랑을 표현하게 하신다. 그러나 성령은 자신의 뜻과 기쁨에 따라 주권적으로 행하시기 때문에 신자는 오랫동안 의심에 사로잡혀 있을 수 있다. 때로는 율법이 이기는 것처럼 보이고, 죄와 사탄이 즐거워하며, 가련한 영혼은 자신의 유업에 대하여 걱정에 사로잡히기도 한다. 아마도 신자는 자신의 증언과 자신의 믿음과 성화와 과거의 경험으로써 어느 정도 자신의 생명과 위로를 요구할 수도 있을 것이다. 그러나 성령이 자유롭게 그리고 효력 있게 자신이 원하시는 때와 원하시는 방법으로 그의 증언에 가담하기까지는 그 신자에게서 두려움은 사라지지 않고 완전한 승리는 주어지지 않는다. 자신의 능력과 약속으로 덧입혀진 성령은 모든 관련 당사자가 자신의 말을 듣게 하여 전체 논

란을 끝내신다.

이때 우리는 성령과 거룩한 교제를 하게 된다. 영혼은 성령이 말씀하시면 그 음성을 안다. 그 음성에는 어떤 피조물의 권위적인 음성과는 달리 아주 위대한 특별한 힘이 있다. 주 예수 그리스도께서 말씀 한마디로 폭풍을 잠잠하게 하셨을 때 함께 있던 모든 사람이 신적 능력이 그에게 임한 것을 알았다.[마 8:25-27] 성령께서도 똑같이 말씀 한마디로 영혼에게 임한 폭풍을 잠잠하게 하셔서 평온과 확신을 주신다. 그때 영혼은 신적 능력이 임하는 것을 경험으로 알고, 성령의 임재 가운데 즐거워한다.

성령께서 일반적으로 행하시는 다섯 번째 역사는 우리를 인 치시는 것이다[엡 1:13, 4:30]

어떤 것에 인을 친다는 것은 그 대상에 인의 형상을 부여하는 것이다. 인의 특성이 인 처치는 대상에 찍히게 된다. 이런 의미에서 우리의 인 침은 하나님의 형상을 우리에게 효력 있게 전달하는 것이 될 것이다. 신자들 속에 있는 성령은 실제로 영혼에 의와 참된 거룩함을 전달하며, 하나님의 형상을 우리에게 인 치신다. 영혼이 하나님의 인정을 받은 것에 대한 증거로서 성령의 인을 받는 것이 성령의 인 치심이다. 이런 의미에서 그리스도는 하나님의 인 치심을 받은 것으로 말해진다.[요 6:27] 성령은 하나님의 능력과 지혜와 위엄을 그리스도께 인 치셨다.

"인 침"은 어떤 허락이나 양도 등을 문서로 작성하여 확증하거나 비준하는 것을 말한다. 이럴 때 사람들은 인 침으로 자기들의 허락을 유효하게 하고 확증한다. 인 침이 이루어지면 그 허락은 취소될 수 없다. 인 침은 또한 어떤 사람이 말한 증언의 진실성 여부를 확증한다. 유대인이 했던 것이 바로 이것이다. 어떤 사람이 어떤 사실이나 문제에 대하여 참된 증언을 제공하고 그 증언을 재판관들이 받아들였을 때, 그들은 즉시 그것에 자기들의 인을 쳐서 그것을 판결로 확증하였다. 따라서 그리스도의 증언을 받아들이는 자는 "하나님이 참되시다는 것을 인 쳤다"요 3:33, AV(흠정역) 또는 "하나님이 참되시다는 것을 보증했다"NKJV, "하나님이 참되시다는 것을 인쳤느니라", 개역개정고 말해진다. 이 약속은 그리스도 안에 있는 생명과 구원을 신자들의 영혼에 전하는 중대한 허락과 양도다. 우리가 이 약속의 진실함과 취소 불가능성을 충분히 확신하도록 하나님은 성령을 우리에게 주셔서 우리를 만족하게 하신다. 이처럼 성령은 이 약속들에 대한 확신뿐만 아니라, 이 약속을 하신 하나님의 신실하심에 대한 확신까지도 우리 마음에 주신다. 이런 확신을 주심으로 성령님은 우리를 인 쳐 주신다. 많은 주석자가 이런 해석을 취하고 있지만, 나는 이것이 이 말의 참된 의미인지는 잘 모르겠다. 왜냐하면 약속이 인 처지는 것이 아니라 우리가 인 치심을 받는다고 말하기 때문이다. 그리고 우리가 어떤 사람을 허락하는 증서에 인을 칠 때, 우리는 그 사람에게 인이 쳐졌다고 말하지 않고, 그 허락의 증서에 인이 쳐졌다고 말한다.

인 침은 소유"값 주고 사신 그 소유물이 구속을 받기까지", 엡 1:14, NKJV, "그 얻으신 것을 속량하시고", 개역개정를 의미할 뿐만 아니라, 안전하게 지켜지고 있다는 확신도 의미한다. 인 쳐진 대상은 인 쳐지지 않은 대상과 분리된다. 사람들은 자기들이 소유한 것에 인을 쳐서, 그것이 안전하게 지켜지기를 바란다. 이런 의미에서 하나님의 종들은 아주 확실하게 인 침을 받은 것으로 말할 수 있다. 그들은 하나님의 특별한 백성으로서 하나님의 표로 표시되었다.겔 9:4 이와 마찬가지로, 신자들도 값 주고 사신 소유물의 상속자가 되어 구속의 날까지 안전하게 지킴을 받는 자로 하나님께서 표하실 때, 그들은 인 침을 받는다. 만약 이것이 인 침의 의미라면, 인 침은 마음에 확신을 주는 것이 아니라, 그 사람에게 안전을 제공하는 것을 의미한다. 성부 하나님은 택함받은 자를 그리스도의 손에 맡겨 구속받게 하신다. 때가 되면 그들은 성령의 부르심을 받아 하나님의 표를 받아 성부 하나님의 보호를 받게 된다.

성령께서는 우리 영혼에 인을 쳐 주신다. 그리고 그분께서는 자신의 형상과 성품으로 우리 영혼에 역사하셔서, 하나님께서 우리를 받아 주셨다는 분명한 확신과 함께, 우리에게 베풀어 주신 하나님의 사랑을 새롭게 알게 하신다. 그때 우리는 구원의 날까지 인 치심을엡 4:30 받는다. 성령은 자신의 형상을 우리에게 전하시는데, 이 형상은 성부 하나님과 성자 하나님의 형상이기도 하다.고후 3:18 이 역사를 통해 성령은 우리를 자신과 교제하도록 이끄신다. 우리가 성령을 닮게 되면 그분에 대하여 담대한 마음을 갖게 된다. 그리고 성령의 역사를 고대하며, 성령의 열매를 위하여 기도한다. 우리 속에 심어진 그리스도의 형상을 어떤 형태로든 우리가 알게 되는 것이 은혜의 어떤 결과이다. 이로써 우리는 나 자신이 하나님을 위하여 분리되고 구별된 사람이라는 것을 이해하고 확신하게 된다. 그때 우리는 인 치시는 성령의 역사 속에서 성령과 교제하게 된다.

성령께서 일반적으로 행하시는 여섯 번째 역사는 성령이 "계약금" 또는 "보증금" 또는 "담보"가 되시는 것이다^{고후 1:22, 5:5, 엡 1:13-14}

이 본문들을 통해 우리는 성령이 친히 "계약금, 보증금, 담보"가 되신다는 것을 배운다. 이 단어들은 모두 담보물을 의미한다. 담보물은 어떤 사람이 약속한 것을 안전하게 보관하고 있다가 미래의 어느 시점에 모두 주거나 갚겠다는 확신을 상대방에게 주기 위한 재화이다. 그러나 여기서 "계약금, 보증금, 담보"는 앞으로 주어질 것의 한 부분이다. "보증금"은 약속된 전체를 받을 정해진 때에 그것을 확실히 받을 수 있다는 것을 받을 사람에게 확신시키기 위해 미리 건네는 전체 지불 금액의 한 부분이거나 양도할 물건의 한 부분이다.

어떤 것이 "계약금, 보증금, 담보"가 되려면 전체의 한 부분이어야 한다. 그것은 반드시 전체와 동일한 종류이고 동일한 성격을 갖고 있어야 한다. 그것은 마치 우리가 얼마의 돈을 나중에 지급할 돈 전체의 "계약금, 보증금, 담보"로 받는 것과 같다.

그것은 또한 약속에 대한 보증이어야 한다. 먼저 전체가 약속되어야 하고, 이어서 "보증금"이 그 약속을 지킬 것에 대한 계약금 또는 담보로 제공된다. 성령이 바로 이 "보증"이시다. 하나님은 우리에게 영생에 대한 약속을 주셨다. 하나님은 이것을 보증하기 위하여 우리에게 자신의 영을 주신다. 따라서 성령은 약속되고 구매된 충분한 유업에 대한 "계약금, 보증금, 담보"다.

하나님 편에서 볼 때 성령은 "계약금, 보증금, 담보"다. 왜냐하면 하나님이 성령을 유업 자체의 가장 좋은 부분으로 주시기 때문이고, 또 성령은 "보증"이 당연히 그래야 하는 것처럼 전체 유업과 동일한 종류 및 동일한 성격에 속하기 때문이다. 약속된 충분한 유업은 성령으로 충만하여 하나님을 즐거워하는 것이다. 이 세상에서 우리에게 주어지는 성령이 모든 죄와 슬픔을 완전히 제거하고 우리로 하여금 하나님의 임재 속에서 하나님의 영광을 누리도록 한다면, 그것이 바로 약속된 충분한 유업이다. 따라서 우리가 이 땅에서 사는 동안 어느 정도 하나님을 즐거워하게 만드는 것이 우리에게 주어진 성령이다. 그러므로 성령은 전체 유업의 "보증 또는 담보"다.

하나님은 우리에게 유업에 대한 확신을 주고, 그것을 우리에게 보증하기 위하여 이렇게 하신다. 하나님은 자신의 말씀과 약속과 언약과 맹세 그리고 자신의 신실하심과 불변하심에 대한 계시를 보증으로 우리에게 주셨는데, 이것들은 모두 우리 외부에 존재하는 것이다. 따라서 하나님은 은혜로 우리에게 자신의 영을 주셔서 우리 안에 거하게 하심으로 우리가 모든 보증과 안전을 확보하도록 하셨다.사 59:21 그분께서 무엇을 더 행하셔야 하는가? 하나님은 우리에게 성령을 주셨다. 그래서 우리는 성령 안에서 영광의 첫 열매 곧 하나님 사랑의 최고의 담보물, 전체 유업의 보증 또는 담보를 갖게 되었다.

성령은 또한 신자들 편에서도 "계약금, 보증금, 담보"다. 왜냐하면 성령은 신자들이 하나님의 사랑을 깨닫도록 역사하시기 때문이다. 성령은 신자들에게 그들이 하나님의 인정을 받았다는 것 곧 하나님은 그들의 아버지이시며, 그들을 자녀로 대하실 것이며, 따라서 그 결과 유업이 그들의 것이 되리라는 것을 알려 주신다. 하나님은 자신의 영을 신자들의 마음속에 보내 주셔서 자신을 "아빠 아버지"라 부르게 하신다.[갈 4:6] 그렇다면 신자들은 여기서 어떤 추론을 할 수 있을까? "이제는 우리가 종이 아니라 아들이자 하나님의 상속자요 그리스도와 함께 한 상속자다."[갈 4:7, 롬 8:17] 따라서 하나님의 자녀인 우리는 유업에 대한 권리를 갖고 있다. 성령은 이에 대한 확신을 우리에게 주신다.

성령은 신자들에게 그들의 유업을 잘 알려 주신다.[고전 2:9-10] "보증금"은 전체의 한 부분이므로 우리는 "보증금"을 통해 전체를 미리 맛본다. 따라서 성령으로 우리는 하나님이 자기를 사랑하는 자들을 위하여 예비하신 충만한 영광을 미리 맛본다. 그리고 "보증금"이 되신 성령과 교제를 더 깊이 할수록 우리를 기다리고 있는 하늘의 영광도 그만큼 더 많이 맛보게 된다.

성령께서 일반적으로 행하시는 일곱 번째 역사는 신자들에게 기름을 부으시는 것이다[고후 1:21, 요일 2:20, 27]

그리스도께서 성령의 기름부으심을 통해 받으신 많은 것 가운데 지혜, 모략, 총명은 주요한 것들이다.[사 11:2-3] 이것을 설명하면서 성경은 지혜와 지식의 모든 보화가 그리스도 안에 감추어져 있다고 말한다.[골 2:3] 그러므로 신자들의 기름부음은 가르침과 관련되어 있다.[요일 2:20, 27] "기름부음"의 사역은 우리를 가르치기 위한 것에 그 목적이 있다. 우리에게 기름을 부으시는 성령은 지혜와 모략과 지식과 총명의 영이자 여호와를 경외하는 영이시다. 따라서 보혜사에 대한 중대한 약속도 가르치는 것이었다. "그가 너희에게 모든 것을 가르치고."[요 14:26] 그리스도는 보혜사가 "너희를 모든 진리 가운데로 인도하시리니"라고 약속하셨다.[요 16:13] 우리의 보혜사이신 성령께서는 하나님의 마음과 뜻을 우리에게 가르치신다. 우리가 성령의 기름부음을 받으면, 성령께서는 이렇게 우리를 가르치신다. 이것이 그분의 주된 역사이기 때문이다.

성령은 책망과 조명을 통해 가르치신다. 또 성령은 약속된 대로 말씀 전파를 통해 세상을 가르치신다.[요 16:8]

성령은 성화를 통해 가르치신다. 성령은 눈먼 자들의 눈을 여시고, 새로운 총명을 주시며, 우리의 마음을 비추서서 예수 그리스도에게 나타난 하나님의 영광을 아는 지식을 제공하고, 영적인 빛 속에서 영적인 가르침을 받아들이게 하신다.[고전 2:13] 성령은 복음의 신비인 구원에 이르는 지식을 알게 하신다. 이 모든 것은 신자들에게 공통적이다.

성령은 위로를 통해 가르치신다. 성령은 성결의 영으로서 자신이 하나님의 뜻과 마음을 계시하시며, 영혼을 감미롭고 유익하고 즐겁게 만드신다. 여기서 성령의 기름이 "즐거움의 기름"

으로 불리는데,[히 1:9] 그것은 성령이 가르침을 통해 기쁨과 즐거움을 제공하기 때문이다. 그리고 그리스도의 이름은 "쏟은 향기름"으로 경험되는데,[아 1:3] 그것은 영혼들이 그리스도를 기쁘고 즐겁게 쫓아가기 때문이다. 정말 많은 영혼이 자신의 구원을 위해 믿는 이 진리에서 아무런 맛과 향기를 느끼지 못하고 있다. 우리는 일상 경험으로 이를 알고 있다. 그러나 우리가 이 "기름부음"을 통해 가르침을 받는다면, 하나님에 대하여 배우는 모든 것이 얼마나 달콤할까!

성령은 그리스도 안에 있는 하나님의 사랑을 우리에게 가르치신다. 성령은 모든 복음 진리를 우리 영혼에 잘 빚은 포도주처럼 만들고, 복음의 좋은 것들을 풍성한 진수성찬이 되게 하신다. 성령은 우리가 하나님에 대하여 아는 모든 것이 우리 마음의 기쁨과 즐거움이 되게 하신다. 이것이 영혼이 진리에 가까이 나아가는 제일 좋은 길이다. 이 기름부음을 통해 영혼은 오류에 미혹되지 않게 된다. 진리에서 발견되는 달콤함과 기쁨이 오류 속에서 발견되는 기쁨보다 더 크지 않으면, 진리는 쉽게 오류로 대체되고 말 것이다. 복음의 좋은 진리가 우리 영혼에 능력으로 다가와 우리 마음에 기쁨을 주고, 우리를 그 진리의 형상과 모양으로 변화시킬 때, 성령이 역사하시는 것이다. 그때 성령은 자신의 기름을 부으시는 것이다.

성령은 또한 "간구하는 영"이시다.[슥 12:10] 우리가 올바르게 그리고 효력 있게 기도하도록 하시는 분이 성령이시다.

우리의 기도는 하나님이 요구하시는 영적 의무로 생각할 수 있다. 성결의 영께서는 영혼의 모든 능력을 향상시키셔서, 우리가 행해야 할 모든 의무를 도우신다. 기도 또한 이 성결의 영께서 우리 속에서 역사하셔야 한다.

성령께서는 영혼을 사로잡아 기도로 하나님과 교제하게 하신다. 그때 영혼은 하나님의 사랑에 고무되는데, 그때만큼 영혼이 하나님의 사랑에 가장 크게 고무되는 때는 없다. 이것이 보혜사 성령의 역사이다.

믿음의 지혜가 여기 있다. 믿음은 보혜사 성령의 이 모든 역사에서 그분을 바라보고 그분을 만난다. 그러므로 우리는 이 역사에 무지하여 그 달콤함을 잃어버리지 않아야 하고, 우리에게 마땅히 요구되는 감사 또한 소홀히 해서도 안 된다.

chapter 20

성령과 신자들의 마음

성령은 신자들의 마음을 위로하고 강건하게 하신다^{행 9:31}

신자들을 위로하고 강건하게 하시는 것은 성령이 신자들의 마음속에서 행하시는 주된 역사이다. 성령은 신자에게 영적으로 유익한 어떤 것을 생각하게 하거나 실제로 신자에게 영적으로 유익한 어떤 위로를 하시면서, 괴로워하는 영혼에게 안식과 만족을 베푸신다. 이 영적인 유익으로 영혼은 씨름하던 문제를 완전히 극복하게 된다. 위로는 항상 괴로움이나 고난과 함께 언급된다.^{고후 1:5-6}

이 위로는 영원하다.^{살후 2:16} 잠시 왔다 가는 것이 아니다. 이 위로가 영원히 지속하는 것은 영원한 사랑, 영원한 구속, 영원한 유업처럼 영원한 것에서 나오기 때문이다.

이 위로는 강하다.[히 6:18] 우리가 강한 반대와 환난을 겪기 때문에 우리가 받을 위로와 위안도 강하기에 우리는 절대 무너지지 않는다. 이 위로는 어떤 악 아래에서도 마음을 굳건히 강하게 한다. 또 영혼을 견고히 하고 어떤 일을 겪더라도 즐겁게 견딜 수 있게 한다. 이것을 베푸시는 분이 강하시므로 이 위로 또한 강하다.

이 위로는 귀하다. 그래서 바울은 빌립보 교회 교인들에게 권면할 때 이 위로를 순종의 중요한 동기로 제시한다.[빌 2:1]

우리가 성령과 함께하는 교제의 대부분은 우리가 성령에게서 받는 위로나 위안이다. 이것은 그분께서 주시는 사랑을 소중히 여기고 환난 속에서 그분을 바라보고, 그분의 영원하고 강하고 귀한 위로를 기다리도록 우리를 가르친다.

성령은 신자들의 마음에 평안을 주신다[롬 15:13]

성령의 능력은 신자들의 "소망"일 뿐만 아니라 평안도 되신다. 그리스도는 보혜사를 제자들에게 주겠다고 약속하셨을 때, 자신의 평안도 주겠다고 약속하셨다.[요 14:26-27] 그리스도는 보혜사를 주심으로 자신의 평안을 주신다. 그리스도의 평안은 영혼이 인격적 교제 속에서 하나님의 인정을 받았다는 확신을 가질 때 주어진다. 따라서 그리스도는 "우리의 화평"으로 말해진다.[엡 2:14] 그리스도는 "우리를 거스르고 불리하게 하는 법조문으로 쓴 증서를 지우시고"[골 2:14] 하나님과 우리 사이의 원수된 것을 소멸하신다. 그리스도 안에서 우리의 칭의와 하나님의 인정을 확신하

는 것이 우리의 평안의 기초다.롬5:1 우리가 영원한 진노 곧 미움
과 저주와 정죄에서 구원받았다는 것을 알게 되면 영혼은 기쁨
과 평안이 넘치게 된다.

그럼에도 불구하고 이 마음의 평안은 성령의 주권적인 뜻과
기쁨에 달려 있다. 사람은 성부 하나님의 영원한 사랑으로 택함
을 받고, 성자 하나님의 피로 구속을 받으며, 하나님의 은혜로
값없이 의롭다 함을 얻어 복음의 모든 약속에 대한 권리를 갖게
된다. 그러나 이 사람은 자기 자신의 마음의 추론이나 다짐, 복
음의 약속이나 하나님의 사랑이나 그리스도의 은혜에 대한 깊
은 성찰 등을 통해서는 평안을 얻을 수 없고, 오직 성령께서 그
사람 안에 평안을 주셔야 얻을 수 있다. "화평"은 성령의 열매이
기 때문이다.갈5:22

성령은 신자들의 마음에 기쁨을 주신다

성령은 "즐거움의 기름"으로 불린다.히1:9 성령의 기름부으심은 기
쁨을 가져온다.사61:3 "하나님의 나라는 먹는 것과 마시는 것이 아
니요 오직 성령 안에 있는 의와 평강과 희락이라."롬14:17 데살로니
가 교회 교인들은 성령의 기쁨으로 말씀을 받았다.살전1:6, 벧전1:8 신
자들의 마음에 기쁨을 주는 것은 주로 성령의 사역이다. 성령은
신자들이 "하나님의 영광을 바라고 즐거워"하게 하신다.롬5:2 이
즐거움은 성령이 우리 마음속에 하나님의 사랑을 부어 주셔서 모
든 환난을 견디게 하실 때 일어난다.롬5:5

성령은 다른 어떤 수단을 쓰시지 않고 직접 자신이 신자들의 마음속에 기쁨을 일으키신다. 성결에 있어 성령은 영혼 속에서 솟아나는 샘물이 되는 것처럼, "위로"에 있어서도 성령은 사람들의 영혼과 마음을 영적 기쁨으로 채우신다. 성령은 우리 마음속에 하나님의 사랑을 부으셔서 기쁨으로 충만하게 하시는데, 이것은 예수님의 어머니가 엘리사벳을 방문했을 때, 그녀의 복중에서 요한이 기뻐 뛴 것과 같다. 성령은 자신이 원하실 때 그리고 자신이 원하시는 방법으로 이 기쁨을 일으키신다. 성령은 은밀하게 이 기쁨을 영혼 속에 불어넣고, 그에게서 온갖 두려움과 슬픔을 몰아내고 대신 기쁨으로 채우시며, 때로는 마음이 형언할 수 없는 환희로 기뻐 뛰게 하신다.

성령은 우리와 관련된 다른 일들을 하실 때도 신자들의 마음속에 기쁨을 일으키신다. 성령은 하나님의 사랑과 하나님의 인정 그리고 우리가 하나님의 가족으로 양자된 것을 우리에게 확신시키신다. 그리고 우리가 이것을 생각할 때 성령은 기뻐하며 이 진리를 절실히 깨닫게 하신다. 성령이 우리를 위하여 그리고 우리 안에서 행하시는 모든 일을 생각한다면, 우리는 우리의 지속적인 기쁨과 즐거움을 위하여 성령께서 우리 마음속에 견고한 기반을 두고 계신다는 것을 금방 알 수 있다. 그런데도 성령은 자신의 주권적인 뜻과 기쁨에 따라 자신이 원하는 대로 그리고 자신이 원하실 때 우리 안에서 역사하신다. 다윗은 마음속에 기쁨을 일으키시는 이 방법을 "기름을 내 머리에 부으신" 것으로 묘사한다.시 23:5-6 그리고 다윗은 이 기름부음의 결과가 "내 평생에 선하심과 인자하심이 반드시 나를 따르리니"라고 말한다. 이사야서에서도 우리는 보혜사의 역사에 대한 놀라운 묘사를 보게 된다.^{사 35장 참조}

성령은 신자들의 마음에 소망을 주신다^{롬 15:13}

신자의 큰 소망은 그리스도를 닮고 그리스도 안에서 하나님을 영원히 즐거워하는 것이다. 이에 대하여 요한은 이렇게 말한다. "주를 향하여 이 소망을 가진 자마다 그의 깨끗하심과 같이 자기를 깨끗하게 하느니라."^{요일 3:3} 우리에게 "그리스도의 일들"을 보여주고, 또 우리 마음속에서 "그리스도를 영화롭게" 함으로써, 성령은 우리에게 그리스도를 닮고자 하는 욕구를 일으키신다. 그리하여 우리는 소망 가운데 자라고 성장하는데, 이것이 성령이 우리를 거룩하게 하시는 한 방법이다.

　이상이 성령이 신자들의 마음속에서 행하시는 일반적인 역사들이다. 만약 우리가 이 역사와 이 역사가 일으키는 모든 결과를 살펴보면, 기쁨, 확신, 담대함, 신뢰, 기대, 영광 등을 얻을 것이다. 우리는 이런 결과들을 통해 하나님과 온전한 교제가 얼마나 더 풍성해지고 우리의 교제 또한 이 결과에 얼마나 크게 영향을 받는지 알게 될 것이다.

chapter 21

성령의 역사를 멸시하는 사탄의 간계

사탄이 성령의 역사를 멸시하려고 획책하는 첫 번째 간계는 성령 없이 사역만 앞세우도록 만드는 것이다. 이런 일은 목회자가 예배에서 말씀을 읽기만 할 때 일어난다. 이렇게 하는 데에는 성령의 특별한 은사가 필요 없다. 이 간계로 "내세의 능력을"히 6:5 맛보지 못한 사람이나 사역을 위하여 성령의 어떤 은사도 받지 못한 사람들에게 사역이 맡겨졌다. 그리고 성령으로 기도하는 자들에게는 경멸과 조롱이 쏟아진다.

사탄이 성령의 역사를 멸시하려고 획책하는 두 번째 간계는 사역 없이 성령만 앞세우도록 만드는 것이다. 첫 번째 간계에서 는 성령의 인도를 받는 설교나 기도가 없이 말씀만 읽어 주는 것으로 충분했다. 그러나 두 번째 간계에서는 말씀을 읽거나 공부하는 일은 없고 성령만으로 충분하다. 첫 번째 방법에서 사탄은 그리스도께서 육체 가운데 계실 때 행하신 것을 그저 문자적으로 받아들이도록 만들었다. 그러나 두 번째 간계에서는 그리스도를 오직 영으로만 말하고, 육체로 오신 것을 부인한다. 요한은 그리스도인들에게 이런 속임수를 조심하도록 경고했다.^{요일 4:1}

앞에서 본 것처럼 성령이 일반적으로 행하시는 첫 번째 역사는 그리스도께서 우리를 인도하고 위로하기 위하여 말씀하신 것들을 우리의 기억 속에 생각나게 하는 것이었다. 이것은 성경을 기록해야 했던 사도들과 관련된 성령의 역사였다. 이것은 또한 세상 끝 날까지 신자들과 관련된 성령의 역사이기도 하다. 그리스도께서 말씀하고 행하신 것들을 기록한 것은 우리가 "믿고 그 이름을 힘입어 생명을 얻게 하려" 함이다.^{요 20:31} 그 일들은 성경에 기록되어 있다. 따라서 이것은 그리스도께서 약속하신 성령의 역사다. 성령은 우리의 인도와 위로를 위하여 성경에 기록된 그리스도의 말씀을 우리가 기억하고 깨닫도록 하실 것이다. 그런데 지금 세상에 만연되어 있고, 많은 사람이 잘못된 길로 나아가는 것이 과연 성령의 역사인가? 그것은 거짓 영의 역사다. 이 거짓 영의 임무는 성경에 기록되어 있는 그리스도께서 말씀하신 것들을 부인하고, 대신 자기 자신의 새로운 계시를 주장함으로써, 사람들을 하나님의 전체 역사와 그리스도의 모든 약속이 기록되어 있는 기록된 말씀에서 분리하는 것이다. 몬타누스파의 영과 마호메트파의 영 그리고 오늘날 새로운 계시를 주장하는 모든 자의 영이 바로 이런 영들이다.

성령이 일반적으로 행하시는 두 번째 역사는 그리스도를 영화롭게 하는 것이다.요 16:14 성령은 예루살렘에서 고난받으신 그리스도를 영화롭게 하셨다. 그러나 세상에 있는 거짓 영은 자기를 영화롭게 한다. 거짓 영은 우리를 위하여 고난받으신 그리스도를 부인하고 경멸한다. 거짓 영이 추구하는 것은 자기 자신의 영광과 영예가 전부이고, 철저히 신적 섭리의 질서를 거스른다. 모든 신적 섭리의 근원과 원천은 성부 하나님의 사랑에 있다. 아들은 아버지를 영화롭게 하려고 오셨다. 예수님은 여전히 "나는 나 자신의 영광이 아니라 나를 보내신 분의 영광을 구한다"고 말씀하신다. 구속 사역을 수행하신 하나님의 아들은 이제 아버지와 함께 영광을 받으신다. 이것은 그분이 기도하신 것이다.요 17:1 따라서 성령도 하나님의 아들을 영화롭게 하는 역사를 위하여 보내심을 받았다. 그러나 지금 거짓 영이 와서 하는 일은 그리스도가 아니라 자기 자신을 영화롭게 하는 것이 전부다. 이것으로 우리는 세상에 있는 이 영이 어떤 영인지 알 수 있다.

성령이 일반적으로 행하는 세 번째 역사는 우리 마음속에 하나님의 사랑을 부어 주시는 것이다. 이 역사로 신자들의 마음은 기쁨과 평안과 소망으로 충만하게 된다. 그렇다면 사람들을 종으로 만들고, 두려움으로 가득 차게 하며, 성부 하나님에 대하여 유치한 태도를 보이게 만드는 영은 어떤 영이겠는가? 자신이 장악한 자들을 자신의 종과 노예로 만들고, 다른 사람들에게는 학대와 박해의 영이 되는 영은 도대체 어떤 영이겠는가?

성령이 일반적으로 행하는 네 번째 역사는 기도의 영으로서 하는 역사이다. 그렇다면, 기도하는 방법은 하나님과 교제하기에는 천박하고도 하찮은 것이라고 사람들에게 가르치는 그런 자들의 영은 도대체 어떤 영이겠는가?

한마디로 말해, 성령의 모든 위대한 역사를 살펴보면 적그리스도의 거짓 영이 성령의 참된 역사를 직접 반대하고 대적한다는 것을 보여주기가 매우 쉽다. 이처럼 사탄은 한쪽 끝에서 다른 쪽 끝에 이르기까지 성령의 역사를 철저히 멸시했다. 곧 그리스도의 영을 비열하게 신랄히 반대했을 뿐만 아니라 하나님의 참된 영을 저주하기까지 했다.

chapter 22

성령과 함께하는 교제를 위한 준비

성령과 함께하는 교제를 준비하기 위해서는 성령이 오셔서 행하신 역사를 숙고해 보아야 한다.

성령은 우리가 온갖 환난과 고통 속에 있을 때 우리에게 위로와 힘을 주신다. 고통과 환난은 하나님이 자기 자녀들이 사는 집에 허락하신 것이다.^{히 12:5-6} 이런 온갖 고통 속에서 우리는 성령의 위로와 힘이 필요하다. 고통이 무시되어서는 안 되는 이유는 그것이 주님의 징계이기 때문이다.^{히 12:5}

사람들은 종종 고통을 무시한다. 사람들은 자기에게 임하는 환난이 아무것도 아니라고 생각한다. 사람들은 환난 속에서 하나님의 손길을 보지 않는다. 사람들은 환난 속에서 아무래도 자기 자신에 대하여 더 신경을 쓴다. 그래서 성령의 위로와 힘을 구하지 않는다.

사람들은 종종 시련과 고통 아래 있을 때 절망에 빠진다. 그래서 히브리서의 그리스도인들은 "피곤한 손과 연약한 무릎을 일으켜 세우고"라는 권면을 받았다.히 12:12 피곤한 손의 경우는 교만한 마음 때문에 성령의 도우심을 무시하며, 연약한 무릎의 경우는 환난의 무게에 짓눌려 성령의 도우심을 구하지 못한다. 우리는 두 손 가운데 어느 손이 더 자주 피곤해지는가?

그런데 환난과 고통 속에서 우리의 영혼을 다스릴 다른 방도는 전혀 없다. 따라서 오직 성령의 위로를 통해서만 하나님은 영광을 받고 우리는 영적으로 강건해진다. 그리스도께서 제자들에게 그들이 세상에서 겪을 큰 환난과 박해에 대하여 말씀하셨을 때 약속하신 것은 보혜사가 전부였다. 바울은 이 약속이 이루어졌다고 우리에게 말한다.고후 1:4-6 그래서 바울은 "우리가 환난 중에도 즐거워하나니"롬 5:3라고 말한다. 그러나 우리가 어떻게 그렇게 할 수 있을까? 우리 마음속에 하나님의 사랑을 부어 주시는 성령을 통해 그렇게 할 수 있다.롬 5:5 따라서 신자들에 대해 "많은 환난 가운데서 성령의 기쁨으로 말씀을 받아"라고 말해진다.살전 1:6 신자들은 "자기 재물을 빼앗기는 것도 기쁘게 여겨야" 한다. 우리는 이 모든 것을 하나님의 영광을 위하여 할 수 있는 것도 보혜사 성령님을 통해서다.

성령은 우리가 죄의 짐을 지고 있을 때 위로를 베푸신다

율법 아래에서 부지중에 사람을 죽이고 피로 죄값을 치러야 했을 때 살인자는 도피성으로 도망을 쳤다. 그런데 우리가 죄책에서 피할 위대하고 유일한 피난처는 주 예수 그리스도다.히 6:17-18 그리스도께 피하면 성령은 우리에게 큰 위로를 베푸신다.

죄의식을 갖게 되면 마음은 괴로움과 슬픔으로 가득 찬다. 이 때 성령은 우리 마음속에 하나님의 사랑을 부어 주심으로써, 그리고 우리가 하나님의 자녀라는 사실을 우리의 영과 함께 증언하심으로써, 우리가 그리스도 안에서 평안을 누리게 하신다. 이런 식으로 성령은 하나님의 진노에 대한 모든 두려움을 제거하고 사탄과 율법의 고소에 대답하신다.

성령은 우리가 하는 순종의 전체 과정에서 우리에게 힘과 위로를 주신다

성령은 신자들이 즐겁게, 기꺼이 그리고 끝까지 인내하며 순종하도록 힘을 주신다.

한마디로, 이 세상에서 우리가 관심하는 모든 것뿐 아니라 다른 세상에서 우리가 기대하는 모든 것에 있어서도, 우리는 항상 성령의 위로와 능력이 필요한 상태에 있을 것이다.

성령의 위로와 능력이 없으면, 우리는 고통을 무시하거나 아니면 고통의 무게에 짓눌려 하나님이 우리를 고통받게 한 뜻을 알지 못하게 될 것이다.

성령의 위로와 능력이 없으면, 죄가 우리를 완악하게 하여 죄를 무시하거나 아니면 우리를 절망에 빠뜨려 은혜로 죄를 이기도록 하나님께서 우리에게 주신 은혜의 수단들을 등한시할 것이다.

성령의 위로와 능력이 없으면, 우리는 의무를 준수한 것에 교만하게 되어 기고만장하거나 아무 기쁨도 없이 의무를 준수함으로써 순종을 지속할 격려도 받지 못할 것이다.

성령의 위로와 능력이 없으면, 우리는 번성할 때 세상 것들에서 만족을 찾음으로써 세속적이고 육적인 자가 되고, 따라서 시련의 날이 오면 매우 연약한 자가 되고 말 것이다.

성령의 위로와 능력이 없으면, 우리를 사랑하는 사람들의 위로가 오히려 하나님과 거리를 멀게 하고, 그들을 잃으면 우리의 마음도 돌같이 굳어질 것이다.

성령의 위로와 능력이 없으면, 교회의 빈곤은 우리를 압도하고, 교회의 번성은 우리와 아무 상관이 없게 될 것이다.

성령의 위로와 능력이 없으면, 우리는 일할 때 지혜를 얻지 못하며 어떤 상태에서도 평안을 누리지 못하며 어떤 의무에 대해서도 힘을 얻지 못하며 시련을 이겨내지도 못한다. 또한 삶 속에서 기쁨과 위로를 얻지 못하며 죽을 때 빛을 보지도 못할 것이다.

그렇다면 보혜사 성령에 대하여 아무것도 모르는 자들의 상태는 얼마나 슬플까!

성령은 우리를 어떻게 위로하시는가

성령은 우리에게 성부 하나님의 사랑을 전하고 알려 주심으로써 우리를 위로하신다. 그리스도는 제자들에게 이 사실을 확신시키셨다. 그리스도는 "아버지께서 친히 너희를 사랑하심이라"고 말씀하셨다.^{요 16:27} 성령은 성부 하나님의 영원하고 변함없는 사랑을 우리에게 이해시키심으로써 우리를 위로하신다. 이런 영혼은 다음과 같이 말할 것이다. "세상은 나를 미워하지만 내 아버지는 나를 사랑하신다. 사람들은 나를 위선자로 멸시하지만 내 아버지는 나를 자녀로 사랑하신다. 나는 이 세상에서 가난하지만 내 아버지의 사랑 안에서 풍성한 유업을 갖고 있다. 나는 아무도 나를 보지 못하는 곳에서 은밀하게 정욕과 죄의 힘 아래 있는 것을 슬퍼하지만 내 아버지는 나를 보고 계시고, 나에 대하여 연민이 가득하시다. 생명보다 더 좋은 이 하나님의 사랑을 알고 있기에 나는 환난 중에도 즐거워하고, 고통 속에서도 기뻐하며, 정복자처럼 승리를 거둔다. 나는 온종일 죽임을 당하지만, 나의 모든 슬픔은 깊이를 헤아릴 수 있고 나의 시련은 한계를 파악할 수 있다. 그러나 내 아버지의 사랑의 넓이와 깊이와 높이는 누가 측량할 수 있겠는가?"

성령은 우리에게 그리스도의 은혜를 전하고 알려 주심으로써 우리를 위로하신다. 성령은 그리스도께서 사신 열매들을 우리에게 가져오시며, 그리스도께서 얼마나 사모할 만한 분인지를 우리에게 보여주신다. 성령은 그리스도의 탁월하심과 사모할 만한 분이심을 신자들에게 계시하심으로써 그리스도를 영화롭게 하신다. 성령은 그리스도 안에는 죄 사함과 다가올 저주와 진노로부터 해방이 있다는 것을 신자들에게 계시하신다. 성령은 또한 그리스도 안에 있는 신자들은 의롭다 함을 받고, 양자가 되며, 영광의 소망에 수반된 무수한 특권들이 주어지는 상속자라는 것도 보여주신다.

성령은 왜 우리를 위로하시는가

성령이 우리를 위로하시는 이유는 그분의 무한하신 사랑과 우리의 완전한 연약함과 무력함을 도우시겠다는 그분의 뜻 때문이다. 성령은 우리가 어떤 존재였는지, 우리가 무엇을 할지 그리고 우리가 자신을 어떻게 대할지 알고 계셨다. 성령은 우리가 자기를 근심하게 하고 화나게 하실 것을 알고 계셨다. 우리가 우리 안에서 행하시는 자신의 활동을 소멸시키고 자신의 거처를 더럽힐 것도 알고 계셨다. 그런데도 성령은 여전히 우리의 보혜사가 되신다. 성령의 이 크신 사랑을 적절히 살피지 못하면 우리를 순종으로 이끄는 모든 원칙들이 약화되고 만다. 이 지식이 우리 마음속에 있다면, 우리가 보혜사인 성령의 역사를 얼마나 높이 평가하겠는가! 우리는 우리의 구원을 위하여 자기 목숨을 버리신 그리스도의 사랑을 소중히 여기는 것처럼, 우리의 보혜사인 성령의 역사도 소중히 여겨야 한다. 그런데도 우리는 성령에 대하여 어떻게 행하고 있는가? 짜증 내고 완고하고 배은망덕하지 않은가? 성령을 근심하게 하고 애타게 하고 성나게 하지 않는가? 그렇지만 성령은 변함없이 우리에게 선을 베푸신다. 그러므로 우리는 믿음으로 성령의 이 사랑을 묵상하자. 성령이 우리를 위하여 이렇게 하시는 것은 우리를 사랑하고 우리와 교제하기 원하시기 때문이다.

chapter 23

성령을 향한 성도들의 행위

성령과 신자들의 관계와 관련해 신자들에게 주어진 명령

우리는 성령을 근심하게 하거나 소멸하거나 거슬러서는 안 된다. 성령은 우리 안에 거하시므로 우리는 성령을 근심하게 해서는 안 된다. 우리는 성령이 우리 안에서 행하기 원하는 일들을 소멸해서는 안 된다. 우리는 그리스도의 규례들과 이 규례들을 돕기 위해 주어진 성령의 은사들과 관련하여 성령을 거슬러서는 안 된다.

성령을 근심하게 하지 말라

성령을 근심하게 하거나 슬프게 해서는 안 된다. 근심은 변화, 연약함, 실망을 함축하고 있다. 이런 것들은 모두 성령의 무한한 속성과 양립할 수 없다. 그러나 사람들은, 우리를 사랑하는 어떤 사람을 근심하게 하는 일을 적극적으로 행할 수 있다. 성령에 대해서도 마찬가지다. 만약 성령이 근심하시지 않는다면, 그것은 우리 때문이 아니라 성령 자신의 불변적인 속성 때문이다.

성령은 우리를 사랑하고, 우리의 유익에 관심이 있으시다. 그러므로 우리가 죄를 범하면 성령이 근심하신다고 말해진다. 따라서 우리가 성령을 근심하게 하지 않으려면 우리를 향하신 성령의 사랑과 자비와 인자를 생각해야 한다.

우리는 그리스도께 접붙여진 존재다. 하지만 그런 존재에게 요구되는 온전한 성화가 우리에게 없으므로, 우리는 성령을 근심하게 한다. 그러므로 우리가 성령을 근심하게 하지 않으려면 거룩함을 따라야 한다. 우리의 보혜사가 되시는 성령이 우리의 순종을 기뻐하고 우리의 미련함과 우리가 행하는 악에 대하여 근심하신다는 것을 생각하라. 이것을 안다면 우리는 더욱 온전한 순종을 하기 위해 분발해야 할 것이다.

우리는 다음과 같이 묵상해야 한다. "성령은 내게 무한한 사랑과 자비가 되신다. 성령은 놀랍게도 나의 보혜사가 되기로 하셨다. 성령은 기꺼이, 값없이 그리고 강력하게 보혜사로서의 일을 행하신다. 내가 성령에게서 받는 것은 얼마나 엄청날까! 성령은 얼마나 자주 내 영혼을 위로하실까! 나는 하루라도 성령 없이 살 수 있을까? 그런데도 나는 성령이 내 안에서 행하고자 하시는 일을 유의하지 않겠는가? 부주의와 죄와 미련함으로 성령을 근심하게 해야 할까? 그분의 사랑이 나를 강권하여 그분 앞에서 행하면서, 성령께 큰 기쁨을 드려야 하지 않겠는가?" 이렇게 생각하면 우리는 성령과 거룩한 교제를 하게 될 것이다.

성령을 소멸하지 말라^{살전 5:19}

어떤 이들은 성령을 소멸하는 것을 영적 은사를 억제하는 것으로 해석한다. 그들은 이런 해석의 근거로 20절을 언급한다. "예언을 멸시하지 말고." 다른 이들은 성령을 소멸하는 것을 "하나님이 우리 마음에 주신 빛"을 억제하는 것으로 해석한다. 그러나 이 빛이 절대적으로 "성령"을 가리킨다는 보장이 어디 있는가?

여기서 의미하는 성령은 그분의 인격이 아니라 그분의 역사이다. 성령은 성전 제단에서 항상 타오르고 있던 불로 예표 되었다. 성령은 "불타는 영"으로도 불린다.^{사 4:4, NKJV, "소멸하는 영", 개역개정} 그런데 불을 거부하는 마음을 가지면 불을 소멸시키게 된다. 따라서 우리 안에서 역사하시는 성령을 반대하면 "성령을 소멸하는 것"으로 불린다. 이것은 젖은 나무를 불 속에 집어넣는 것과 같을 것이다. 또한, 우리는 우리 속에 있는 은사를 "불일듯하게" 하라는 말도 듣는다. 성령은 우리와 함께 애쓰고, 우리 안에서 일하고, 우리가 은혜 안에서 자라도록 격려하며, 우리 안에 자신의 거룩한 열매를 맺도록 하신다. 바울은 이렇게 말한다. "너의 정욕과 유혹이 힘쓰지 못하게 하라. 너는 성령께 관심을 두어, 네 안에서 행하시는 그분의 선하신 뜻을 소멸하는 일이 없도록 하라."

성령은 우리가 죄와 싸울 때 우리를 전적으로 도와주시는 분이며, 우리 마음에 모든 선한 일을 행하시는 분이며, 우리에게 필요한 모든 것을 은혜로 베푸시는 분이다. 이처럼 그분은 이 모든 일을 행하는 장본인이시다. 우리가 믿음으로 성령을 그렇게 생각할 때, 우리는 성령과 교제하게 된다. 우리가 이 모든 것을 생각할 때, 비로소 우리는 성령과 거룩한 교제를 하게 된다.

성령을 거스르지 말라

스데반은 유대인에게 "너희도……성령을 거스르는도다"라고 말했다.행7:51 유대인은 어떻게 성령을 거슬렀는가? 유대인은 그들의 조상들과 똑같이 성령을 거슬렀다. 그러면 그들의 조상은 어떻게 성령을 거슬렀는가? 그들은 선지자들을 박해하고 죽였다. 선지자들이 복음을 전하거나 의인의 길을 보여주지 못하게 반대한 것이 성령을 거스르는 일이었다. 말씀 선포를 멸시하는 것이 성령을 거스르는 것이라고 말하는 것은 말씀 선포의 은사를 성령이 주시기 때문이다. 그래서 그리스도는 제자들에게 세상을 책망하도록 성령을 주시겠다고 약속하실 때,요16:8 그들의 모든 대적이 능히 대항하거나 변박할 수 없는 구변과 지혜를 주실 것이라고 말씀하신다.눅21:15 따라서 성경은 스데반에 대해 다음과 같이 말씀하신다. "스데반이 지혜와 성령으로 말함을 그들이 능히 당하지 못하니."행6:10 그러므로 오늘날의 사역에서 선포된 말씀에 순종하지 않는 자들도 성령을 거스르는 것이다. 성령께서 그 사역을 교회에 세우셨기 때문이다.

하나님의 말씀이 선포될 때는 이 규례를 세우신 성령의 권세와 지혜와 선하심이 인정되고 존중되어야 한다. 이런 이유로, 말씀이 선포되면 우리는 그 말씀에 순종해야 한다. 오직 성령만이 말씀을 선포할 은사를 주시기 때문이다. 이 진리가 우리를 겸손하게 하고, 성령을 의지하도록 한다. 우리가 그렇게 될 때, 우리는 이 규례 안에서 성령과 거룩한 교제를 하게 된다.

chapter 24

성령과 교제하는 법

우리는 예배할 때 신적 속성을 지닌 하나님을 예배한다. 따라서 삼위일체이신 하나님을 예배하지 않고, 신적 속성을 지닌 어떤 한 인격을 예배하는 것은 불가능하다. 무한히 탁월함. 존엄성과 위엄 그리고 만물의 기원과 원인이신 신적 속성은 삼위 하나님 세 인격 모두에게 공통적이다.

우리는 성부 하나님께 기도할 때, 예수 그리스도의 이름으로 기도한다. 비록 성자의 이름이 기도 마지막에 특별히 언급되지만, 그래도 그분은 삼위일체이신 하나님의 중보자, 다시 말해 세 인격 안에 있는 하나님으로서, 성부와 함께 기도를 받고 경배를 받으신다. 우리는 성부 하나님께 기도할 때 하나님이신 세 인격에게 기도하는 것이다. 왜냐하면 성부가 하나님이신 것과 마찬가지로, 성자도 하나님이며, 성령도 하나님이시기 때문이다.

바울은 말하기를, 우리가 드리는 예배는 "아버지께"to the Father 드려지는데, "그리스도로 말미암아"through Christ 아버지에게 나아가서, 이 예배를 드릴 도움을 "성령으로부터"by the Spirit 받는다고 한다.엡 2:18 여기서 하나님의 각 인격은 각 인격의 정해진 역사에서 다른 두 인격과 구별되신다. 하지만 신적 예배의 대상이 된다는 점에서는 구별되지 않는다. 우리가 성부 하나님께 나아가 예배할 때, 성자와 성령도 성부 하나님과 구별 없이 예배를 받으신다. 우리가 성자의 중보와 성령의 도우심으로 얻는 아버지의 은혜는 우리가 하나님께 나아가는 이유다. 그러므로 우리는 삼위일체 하나님 가운데 한 인격을 예배하고 그분에게 기도할 때, 그것은 삼위 모두를 예배하고 그분에게 기도하는 것이다.

이런 사실을 이해하고, 이런 사실이 전제되어야 나는 다음과 같은 주장을 할 수 있을 것 같다. 즉, 우리는 성령을 신성을 지닌 한 구별된 인격으로 예배해야 한다. 예수님은 "너희는 하나님을 믿으니 또 나를 믿으라"요 14:1고 말씀하셨다. 우리는 하나님을 믿는다. 그리고 우리는 하나님을 믿는 신적 믿음과 동일한 믿음으로 성령 또한 믿는다. 우리가 그리스도를 예배하는 것은 그분이 중보자이기 때문이 아니라, 그분이 하나님이시기 때문이다. 이와 마찬가지로, 우리가 성령을 예배하는 것도 그분이 보혜사이기 때문이 아니라, 그분이 하나님이시기 때문이다. 그러나 성령이 보혜사가 되신다는 사실은 우리가 그분을 하나님으로 경배하는 강력한 동기가 된다. 다만 우리가 그분의 은혜로운 역사를 보혜사의 역사로 경험할 때, 우리는 그분을 우리의 은혜롭고 자비로우신 하나님으로 더욱 경험하게 된다.

그러므로 신자인 우리는 성령을 보혜사 하나님으로 믿는 법을 배워야 한다. 그 후에야 비로소 우리는 그분을 공경하고 그분을 예배하고 그분을 섬기고 그분을 기다리고 그분께 기도하며 그분을 찬양하는 법을 배우게 될 것이다.

자신을 보혜사로 계시하시는 성령에게 특별히 영광을 돌려야 한다. 그렇게 하지 않으면 성령을 거스르는 특별한 죄를 범하게 된다. 아나니아는 하나님이 아니라 성령을 속인 것으로 성경은 말한다.행 5:3 아나니아는 자신의 대외적인 신앙고백인 자선이라는 이 특별한 은사로 성령께 영광을 돌려야 했었다. 그런데 그는 그렇게 하지 않음으로써, 특별히 성령을 거스르는 특별한 죄를 범했다.

성령의 위로하시는 모든 역사는 그분의 사랑과 능력을 우리에게 보여주는 증거라는 사실을 유념하면서, 우리는 그분의 모든 역사들을 아주 소중히 여기도록 하자. 믿음은 모든 역사 가운데서도 그분의 인자하심을 특별히 주목할 것이다. 그분이 행하시는 일을 우리가 주목하지 못할 때, 우리는 성령을 근심하게 하는 것이다. 우리는 그분이 행하신 일들을 인정하고, 그 일들을 감사하는 자들이다. 하지만 우리 가운데 그분을 보혜사로서 생각하고, 그분에게 합당한 정도로 그분을 기뻐하는 자들은 정말 적다.

우리가 성령의 위로하시는 역사를 경험할 때, 믿음은 다음과 같이 말할 것이다. "이것은 성령으로부터 온 것이다. 성령은 보혜사로, 모든 위로와 안위의 하나님이시다. 그분께서 행하고 주지 않으시면, 그 어떤 기쁨이나 평안, 소망이나 위로도 없다고 나는 알고 있다. 그분께서는 내게 이 위로를 주시려고 기꺼이 보혜사라는 직분을 취하셨다. 그분께서 그렇게 하신 것은 나를 사랑하시기 때문이다. 그리고 그분께서 내게 계속 위로를 베푸시는 이유 또한 나를 사랑하시기 때문이다. 또한 나는 성령이 성부와 성자로부터 보내심을 받아, 고통받는 신자들의 보혜사와 권고자가 되신 것을 기억한다. 내가 이런 기쁨을 가진 것도 성령 때문이다. 내가 받은 성령의 사랑에 대하여 값을 치른다면 얼마를 치러야 할까? 내가 받은 긍휼에 어떻게 값을 매길 수 있을까?"

우리가 성령과 함께하는 사귐 또는 교제는—성자께서 행하신 구속 역사에 대해 우리가 그러했던 것과 똑같이—우리가 성령에게서 받는 긍휼과 특권들에 대하여 성령께 찬양과 감사와 영광과 존귀와 송축을 드리도록 우리를 인도할 것이다.계 1:5-6 그리스도의 구속 역사를 우리에게 효력 있게 하시는 성령을 똑같이 찬양하고 송축하는 것이 마땅하지 않은가? 성자께서는 무한한 사랑으로 우리의 구속자 직을 친히 맡으셨다. 성령 또한 그에 못지않은 무한한 사랑으로 우리의 보혜사 직을 맡으셨다. 우리의 마음이 기쁨으로 따뜻해지고, 평안으로 강해지며, 순종으로 견고해진 것을 느낄 때, 우리는 그분이 마땅히 받으셔야 할 찬양을 그분께 드리도록 하자. 우리는 그분의 이름을 높이고 그분을 즐거워하자.

성령의 영적 위로에 감사함으로써 성령을 영화롭게 하는 것은 성령과 함께하는 교제에서 결코 작은 부분이 아니다. 또한 우리가 성령의 위로를 받기 위해 그분께 기도할 때, 우리는 성령과 교제를 하게 된다. 요한은 보좌 앞에 있는 일곱 영, 다시 말해 그의 역사가 완전하고 온전하신 성령께 은혜와 평안을 위하여 기도했다.

성령은 성부와 성자의 보내심을 받은 분이다. 우리는 예수 그리스도의 이름으로 성부로부터 오신 성령께 날마다 기도해야 한다. 이것은 신자들이 매일 해야 할 일이다. 성령은 약속된 분이며, 보내심을 받은 분이다. 신자들은 성령을 믿음으로 그분을 그렇게 바라보고 생각해야 한다. 신자들은 성령이 약속 안에 자신들의 모든 은혜, 평안, 긍휼, 기쁨, 소망이 들어 있다고 알고 있다. 왜냐하면 약속된 분, 오직 그분만을 통해 이것들이 신자들에게 전해지기 때문이다. 그러므로 하나님의 영광을 위하여 사는 우리의 삶이나 그렇게 살아가는 삶에 대한 기쁨이 우리에게 중요하다면, 그렇다면 마치 우리는 자녀가 일용할 양식을 부모에게 구하는 것처럼, 우리 또한 성부 하나님께 성령을 간구해야 한다. 이렇게 성령을 간구하여 받는 가운데, 자신의 사랑으로 성령을 우리에게 보내 주신 성부 하나님과 우리는 교제를 하게 된다. 또한, 성자의 은혜—우리를 위하여 성령을 값 주고 사신—속에서 우리는 성자 하나님과 교제하게 된다. 그리하여 우리는 성부와 성자가 주신 선물이신 성령과 교제하게 된다.

우리가 성령과 교제하는 또 다른 방법은 우리의 죄와 불순종에 대해 겸손히 자신을 낮추는 것이다. 우리는 성령을 근심하게 했고, 성령의 은혜 역사를 소멸했으며, 성령이 정하신 규례를 지키지 않음으로써 성령을 거슬렀다. 이런 일들에 대하여 우리 영혼은 그분 앞에서 겸손해야 한다.

마지막으로, 성령과 성령의 은혜 역사에 대해 아무것도 모르는 불신자는 어떻게 될까?

불신자들에게는 위로와 영적인 능력이 없다

불신자는 그들 스스로 자신의 짐을 짊어져야 한다. 그러므로 하나님이 그들의 짐을 손으로 누르시면, 그들은 어떻게 감당할 수 있을까? 이런 사람들은 속으로는 비참하지만, 겉으로는 행복한 척한다.

그들이 행하는 모든 결심과 결단은 하나님을 거스르는 헛된 시도에 불과하다. 그들은 하나님이 그들을 방해하기 위하여 보낸 것 아래에서 평안을 얻으려고 애쓴다. 성령을 받지 못한 자들을 하나님께서 이렇게 괴롭게 하시는 것은 그들의 인내를 연단하기 위함이 아니라, 그들의 평안과 안전을 방해하기 위함이다. 인내와 선한 결심으로 그들이 스스로 완전 무장을 해보지만, 그것도 실은 거짓 안전에 자기 몸을 내맡기는 것이다. 왜냐하면 하나님은 그들을 내쫓으시거나 아니면 영원한 파멸 가까이 그들을 이끌 작정이기 때문이다. 사실은 이것이 환난의 때에 그들이 찾을 수 있는 최선의 위로다.

만일 그들이 자신들을 향한 하나님의 보호와 약속들에 대하여 거짓 확신이 있고 이 거짓 확신으로 스스로 위로를 받는다면,

그들의 위로는 마치 배고픈 자가 자신이 먹고 마시는 꿈을 꾸지만 꿈에서 깰 때는 여전히 배고프고 목마른 것과 같다. 많은 사람이 마지막 날에 그렇게 깨어서 모든 것을 분명히 보게 될 것이다. 그 날에 그들은 하나님이 자기들의 원수라는 것을 깨닫게 될 것이다. 그들은 하나님이 자기들의 재앙을 비웃는 것을 보게 될 것이다. 자기들에게 심판이 임박할 때, 하나님이 자기를 조롱하는 소리를 듣게 될 것이다.

불신자들에게는 평안이 없다

불신자는 하나님과 화평도 없고, 그들의 영혼 속에 어떤 평안도 없다. 성령이 주시는 평안은 참되고 견고하지만, 성령에 참여하지 못한 불신자들에게는 이런 평안이 없다. 그들은 "평강이 있을지어다 평강이 있을지어다"라고 말하지만,[사 57:19] 갑작스러운 멸망이 눈앞에 놓여 있다. 쉽게 입증할 수 있는 것처럼 불신자가 평안을 위해 의지하는 것은 자기 의이고, 이 헛된 소망은 하나님에 대한 무지와 사악한 양심에서 나온다. 주님이 그들을 심판하시는 날에 이 자기 의가 그들에게 무슨 소용이 있겠는가?

불신자의 기쁨과 소망 또한 거짓되고 사라질 것이다

성경은 우리 안에 그리스도의 영이 없으면 우리는 죽었고 버림받은 자이고, 그리스도의 사람이 아니라고 말한다. 그리스도의 영이 없으면 우리는 그리스도의 영광스러운 역사를 조금도 경험할 수 없다. 만약 우리가 신자라고 고백한다면, 진실로 성령을 받았는지를 알아보기 위해 진지하게 자신을 살펴보아야 한다. 만약 성령이 여러분 안에 거하지 않는다면 또한 성령이 여러분의 보혜사가 아니라면, 하나님은 여러분의 아버지가 아니고 성자도 여러분의 구속주가 아닐 것이다. 그때 여러분은 풍성한 복음 속에서 어떤 몫이나 분깃도 얻지 못할 것이다.

성령을 소홀히 하고 경멸하면 성령을 무시하게 된다. 이것은 회복할 수 없는 죄악이다. 이런 일들이 일어나기 전에 하나님께서 몇몇 불쌍한 영혼들을 깨우셔서, 이것들에 대해 숙고했으면 하는 마음 간절하다. 그들 마음의 어리석음을 주님께서 보이셔서 그들이 부끄러워하고 당황하여 더 이상 주제넘게 행동하지 않기를 바란다.